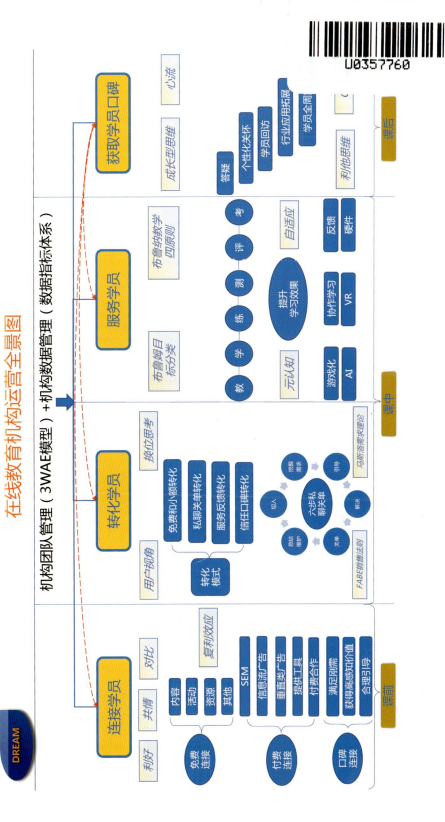

在线教育运营之道

程中凯 著

清华大学出版社
北京

内 容 简 介

本书对在线教育机构人员进行系统性、实战性的运营指导，从在线教育机构最关心的流量、转化、产品、服务、数据、管理等方面入手，结合互联网、教育、心理、管理等领域的经典总结，为教育机构和教育从业者提供了专业的方法论、实战技巧和落地案例，帮助大家快速上手，高效落地，精准提升运营技能。另外，本书通过对线上的"教和学"，尤其是对科学学习原理的进一步剖析，帮助在线教育机构从学员视角了解如何学习更科学、效果更佳，从而制定更有效的产品和服务策略。此外，还对人工智能(AI)技术融合、线上线下深度融合(OMO)、游戏化学习、项目式学习(PBL)等国内外在线教育前沿进行了充分的探讨。

本书适合教育行业从业者(尤其是在线教育机构负责人、管理者、授课教师、运营人员、销售、助教等)，以及通过个人知识变现的教师，还有互联网、教育行业关注者、转型者、投资者等人士阅读。

本书封面贴有清华大学出版社防伪标签，无标签者不得销售。
版权所有，侵权必究。举报：010-62782989，beiqinquan@tup.tsinghua.edu.cn。

图书在版编目(CIP)数据

在线教育运营之道/程中凯著. —北京：清华大学出版社，2021.11
ISBN 978-7-302-59409-3

Ⅰ. ①在… Ⅱ. ①程… Ⅲ. ①网络教育—研究 Ⅳ. ①G434

中国版本图书馆 CIP 数据核字(2021)第 212829 号

责任编辑：桑任松
封面设计：李　坤
责任校对：么丽娟
责任印制：沈　露

出版发行：清华大学出版社
网　　址：http://www.tup.com.cn, http://www.wqbook.com
地　　址：北京清华大学学研大厦 A 座　　邮　编：100084
社 总 机：010-62770175　　邮　购：010-62786544
投稿与读者服务：010-62776969, c-service@tup.tsinghua.edu.cn
质量反馈：010-62772015, zhiliang@tup.tsinghua.edu.cn

印 装 者：天津鑫丰华印务有限公司
经　　销：全国新华书店
开　　本：170mm×230mm　印　张：21.5　插页：1　字　数：375 千字
版　　次：2021 年 12 月第 1 版　　印　次：2021 年 12 月第 1 次印刷
定　　价：79.00 元

产品编号：093462-01

序
FOREWORD

纵观人类文明的发展进程，技术的发展是文明发展的一个重要基础，同样科技水平的提高，也不断地推动着教育水平的提高。技术与教育的成熟结合，在教育领域全面深入地应用。开放、共享、交互、协作，让教育信息化促进教育现代化，从而降低教育的不公平性，跨越式地提高教学质量，更好地实现教与学的融合。

近年来，以互联网为核心的新一轮科技创新蓄势待发，人工智能、大数据等技术日新月异。一方面，交互设计和感知设计应运而生，这些技术与教学的结合让学习有了场景式的沉浸感，与此同时，技术创新让教学方式的拓展拥有了更加宽阔的想象和发展空间。另一方面，随着技术和教学方式的变化，在线教育的运营方式也是"八仙过海各显神通"，快速发展的背后，需要有人对在线教育运营作出系统性的梳理和沉淀。

本书笔者拥有多年互联网教育运营的从业背景，与此同时结合心理学、管理学、前沿科学的一些思考与观察，提出了在线教育运营的"三板斧"体系，即流量获取、产品打磨、转化提升，沉淀了系统的在线教育运营方法论。并在此基础上，进一步扩展到在线教育数据运营体系、团队管理、学习质量、前沿技术等教育培训机构常关注问题的讨论和应用，从而帮助在线教育运营从业者构建系统、全面、实战的运营观。

在线教育的早期，通过互联网技术将教学内容搬到网上，拉近了无数有学习需求的人和优秀教学资源之间的距离,在一定程度上改善了地域和资源不均的教学情况。近年来 AI 与 VR 技术的不断发展,不论是学习过程定制化分析反馈、教学沉浸感的打造,还是自适应学习资源搭建等,都正在为这场教学变革注入源源不断的新能量。

我特别欣赏笔者的一句话,也以此不断勉励自己:教育的本心要永远在,未来一定属于那些肯在自己专业领域反复锤炼、用心打磨的专业耕耘者。他们既有专业的运营技能和优质的课程,更有一颗启迪开明的诲人之心,时刻挥洒着汗水,呈现着教育的美。

林正刚

企业教练、刚逸领导力公司 CEO、
前思科全球副总裁

一直以来,笔者都想写一本关于在线教育运营的书。这个想法源于笔者在教育平台做运营工作时遇到的大量教育培训从业者,他们因为不知道如何做好在线教育运营,走了很多弯路,这其中既有大机构,也有小团队,还有个人教师。

他们遇到的问题很多,例如用户思维不到位,新媒体引流效果差,流量转化"漏斗"流失率高,课程体系不完善,团队不好管理,缺乏有效的数据运营体系,线下转型线上找不到落地方向,缺乏前沿技术应用视角,等等。

其实解决这些问题的经验和方法笔者都有总结,日常也会和教育机构交流沟通,但总觉得不够系统,没有书籍来得踏实和全面,而且书籍可以时常翻阅。于是,笔者有了提笔写书的动机。

另外,笔者发现大多数在线教育机构愿意在营销获客方面花费较多的精力,但不太愿意在如何让学习者"学习更有效和高效"方面花更多的心思。事实上,只有对学习者进行深入了解,运用科学的教学策略和方法,让学习者产生最佳学习效果,机构的口碑才可能得到质的提升。因此,本书也会涉及心理学、教育学、脑科学、信息科学等学科知识。

基于此,本书中既有"俗",即帮助在线教育机构运营增收的部分;也有"雅",即实现高效教学,专注教育本身的部分。笔者的初心是希望在线教育机构能做到商业价值和社会价值的平衡，既能通过产品价值获得可观的商业利润，又能从效率和公平的视角，持续不断地推动教育进步。本书各章内容安排如下。

第一章　在线教育发展的"前世今生"。本章重点介绍在线教育的诞生、现状、主流教学形态、常见的在线教育商业模式。

第二章　在线教育运营概述。本章重点介绍在线教育运营的概念、在线教育运营的必要性、在线教育机构营收公式以及机构营收增长的三个策略。

第三章　在线教育运营"三板斧"——流量获取。本章重点介绍各种有效流量的获取方式和技巧。

第四章　在线教育运营"三板斧"——产品打磨。本章重点介绍打造一门优质课程的全流程方法论和落地细则，以及如何通过核心的在线教育服务来实现教学交付的高价值。

第五章　在线教育运营"三板斧"——转化提升。本章重点介绍转化的本质、常见的转化模式和技巧，并就私聊关单、直播体验课、教学服务转化、训练营等主要转化模式进行详细的介绍。

第六章　数据运营体系搭建。本章重点强调数据运营思维的重要性，从数据运营分析的视角，给出详细的、在线教育可落地的机构运营指标体系以及通用性较强的数据运营方法及注意事项。

第七章　在线教育团队管理——精兵强将。本章通过 3WAE 模型对在线教育机构管理做系统性的方法论介绍，帮助机构负责人做好自我管理以及团队管理。

第八章　科学学习方法及对应教培策略。本章通过对科学学习方法的系统介绍，进一步帮助在线教育机构了解学习者如何科学学习，进而制定有针对性的教培策略。

第九章　展望未来。本章重点展望在线教育的未来，分享在线教育在技术、课程和服务创新等方面的发展可能。

以上各章基本独立，读者可以根据自己的需求有选择地阅读。但如果是对在线教育运营不太熟悉的读者，笔者还是建议从头到尾地阅读，以便拥有比较全面的在线教育运营视角。

为了便于读者理解，书中每个模块都会借助案例切入分析，但花更多笔墨的地方还是在线教育背后的运营逻辑和方法论。随着在线教育的快速发展，流量媒体、转化媒介、课程形式、技术实现方式等都可能发生变化，但其背后的产品体验逻辑、运营思维和方法论、对人性的理解等本质层面的东西，基本不会发生变化。因此，阅读本书时，知其所以然，显得尤其重要。

对于在线教育的从业者，以及长期关注或未来有意向进入在线教育行业的朋友们，笔者相信本书不论是在提升运营能力方面，还是在启迪运营思维方面，都会对你们有所帮助。

长技明法，学思践悟，终身学习，与君共勉！

目录
CONTENTS

第一章　在线教育发展的"前世今生"　/ 1

　　在线教育的诞生　/ 2
　　在线教育处于什么阶段　/ 4
　　主流教学形态　/ 5
　　常见的在线教育商业模式　/ 9
　　本章要点　/ 14

第二章　在线教育运营概述　/ 15

　　在线教育运营的概念　/ 16
　　　　运营层级　/ 16
　　　　业务覆盖　/ 19
　　　　运营核心　/ 20
　　在线教育运营的必要性　/ 20
　　在线教育机构营收公式　/ 21
　　　　公式介绍　/ 21
　　机构营收增长的三个策略　/ 24
　　　　提升课程销量　/ 24
　　　　提升课程价格　/ 24

纵向、横向做扩增 / 26

本章要点 / 30

第三章 在线教育运营"三板斧"——流量获取 / 31

流量的概念 / 32

获取流量的方式 / 35

免费流量的获取方式和技巧 / 37

    内容型流量 / 38

    活动型流量 / 50

    资源型流量 / 58

    "薅羊毛"型流量 / 60

付费流量的获取方式和技巧 / 61

    付费广告投放 / 62

    付费合作 / 74

    提供工具 / 76

被动流量的获取方式和技巧 / 77

    满足刚需 / 78

    获得高感知价值 / 80

    合理引导 / 81

本章要点 / 84

第四章 在线教育运营"三板斧"——产品打磨 / 85

产品和服务的概念 / 86

提升在线教育产品的体验 / 87

打造一门优质课程的流程 / 89

    需求调研 / 89

    主题确认 / 92

    课程设计与课程大纲确认 / 93

    丰富内容 / 103

    课程制作 / 106

    课程包装 / 107

在线教育服务的重要性及方式 / 115

　　　　在线教育服务的重要性　/　115

　　　　八大重点服务　/　118

　　本章要点　/　131

第五章　在线教育运营"三板斧"——转化提升　/　133

　　转化，这个神奇的存在　/　134

　　常见课程转化模式　/　136

　　　　低价变现课程　/　137

　　　　高价系统课程　/　142

　　六步私聊关单法　/　151

　　　　第一步：切入，找一个漂亮的抓手　/　152

　　　　第二步：挖掘需求，了解学员真正要什么　/　155

　　　　第三步：引导，检索需求并做课程引导　/　157

　　　　第四步：解决，结合"痛点"做需求解决　/　159

　　　　第五步：关单，结合利益点获得客户　/　162

　　　　第六步：总结维护，做学员全周期管理　/　163

　　直播体验课的安排　/　167

　　　　直播体验课课程设计　/　168

　　　　直播体验课课前准备　/　169

　　　　直播体验课课中流程　/　171

　　　　直播体验课课后跟进　/　178

　　　　录播体验课课前准备　/　179

　　教学服务转化　/　181

　　　　打卡　/　182

　　　　微信朋友圈　/　182

　　　　点评模式　/　185

　　训练营玩法技巧　/　186

　　　　训练营的概念和作用　/　186

　　　　训练营准备　/　187

　　　　训练营转化　/　190

　　本章要点　/　194

第六章　数据运营体系搭建　/　195

常见运营分析数据指标　/　196
　　流量数据指标体系　/　197
　　转化数据指标体系　/　200
　　上课数据指标体系　/　206
　　口碑推荐数据指标体系　/　208
提升数据化运营的方法　/　211
　　关键路径法　/　211
　　漏斗分析法　/　214
　　趋势和对比分析法　/　215
数据运营注意事项　/　216
本章要点　/　219

第七章　在线教育团队管理——精兵强将　/　221

个人和小团队的美与不足　/　222
在线教育机构管理 3WAE 模型介绍　/　224
3WAE 模型之概念篇　/　227
3WAE 模型之方法论篇　/　231
　　方法论之价值层　/　231
　　方法论之制度层　/　233
　　方法论之业务层　/　246
　　方法论之执行层　/　262
机构负责人的自我管理　/　266
本章要点　/　268

第八章　科学学习方法及对应教培策略　/　271

重新了解你的学员　/　272
科学学习方法　/　273
高效学习对应的教培策略　/　286
本章要点　/　291

第九章　展望未来　/　293

在线教育技术发展 / 294
　　人工智能 / 294
　　VR 相关 / 299
　　硬件结合 / 300
未来教学模式创新 / 301
　　不同类目教学形态展望 / 301
　　以学员为中心 / 305
　　在线协作式学习 / 306
　　OMO 的发展 / 310
　　游戏化教学 / 314
面向未来的三个立足点 / 323
本章要点 / 326

结语 / 327

第一章
在线教育发展的"前世今生"

"路漫漫其修远兮,吾将上下而求索。"

——屈原《离骚》

在线教育的诞生

什么是在线教育？相信这是很多读者阅读本书时产生的第一个问题。别急，在定义在线教育之前，先来回顾一下我们非常熟悉的教育是如何定义的。

从基础的"教"和"育"两部分来看，教育既包含了普遍意义上的知识和技能增进的部分，又包含了启迪思想和培育品格的部分。这两个部分在人的一生中，基本上会通过家庭、学校、社会、自我四个重要的教育场景来完成。

家庭教育一般是由父母帮我们完成的，父母通过言传身教来教授孩子说话、识字、保持身体平衡等知识和技能，培养其品德、行为价值观等。从某种程度上而言，家庭教育应该更重视孩子"育"的方面，即人的心性、态度、习惯等方面。因为大部分人的原生世界观是由家庭教育决定的（个体心理学先驱阿尔弗雷德·阿德勒在其经典著作——《自卑与超越》一书中阐述过类似的观点），所以父母或家庭的教育理念对孩子一生的行为内核会有根深蒂固的影响。

学校是"传统教育"的主阵地，是大多数人由家庭走向社会的重要桥梁。我们大多也是在学校开始学求知、学共处。在这个阶段，除了父母，学校中的教师和同学也会对我们的知识志趣和品格心性产生重要的影响。戴维·索恩伯格在其《学习场景的革命》一书中也提到了和同龄人交谈、讨论，即书中提到的"水源"场景和其他三个学习场景[分别是营火(演讲陈述)、洞穴(自我反思)、生活(社会实践)]对于学习的重要性。

社会则是人一生的修炼场，通过各种社会教育、培训、实践，一方面使我们的知识和技能不断增加，让我们在社会中可以生存发展得更好；另一方面也会强化我们的世界观、价值观、人生观。

而自我教育相当于个体的自我修行和进化，我们通过自我教育来反思进步、锤炼技能、提高心性。当然自我教育对于大部分人而言，是在和家庭、学校、社会教育场景的融合下进行的。

不管是家庭、学校、社会，还是自我的教育场景，我们的目的都是让教育更有效果，让学习者不论是在知识、技能的学习上，还是在心智启迪、品格锤炼方面都能做得更好。

这就需要对应教学场景的角色，拥有专业完整的教学全链路视角，从而可以从"教、学、练、测、评、考"的全维度，从学习者如何更科学地学习的视角，来制定系统化的解决方案。大部分情况下，这件事只有学校和教育培训机构可以做到，因为他们更专业。但学校属于非市场化体制，在教学方面缺少商业视角的服务意识，缺乏可供运营空间的发挥，所以本书探讨的是社会教育范畴中教育培训领域的教育。

当然，由于心性态度和品格素质在社会教育里很难有明确的教学衡量标准和培养方式，不像知识、技能的传授培养有相对明确的教学效果，因此教育培训领域的从业者大多集中在知识、技能的教学上。但这并不代表"育"的部分不重要，一家社会口碑良好、拥有长久生命力的教育培训机构，一定在"育人"方面也有很强的影响力。

对教育的概念和范畴以及本书讨论的侧重点有了了解之后，接下来我们来认识在线教育。广义上讲，凡是通过线上的形式发挥教学作用和价值的，都可以被定义为在线教育，在线教育的形式一般包括音频、视频、直播、社群等。

行业里也有不少朋友用"线上教育"来代替"在线教育"的说法。如果从严格的字面意思上讲，"在线"有同步的意思，"线上"则没有同步的要求，所以就这个层面而言，线上教育的范围更广一些。实际上，这两个概念在社会传播的过程中，边界越来越模糊，对从业者而言，概念基本没有区别，为了和大部分行业报告一致，本书采用"在线教育"的说法。

其实，在线教育从开始走入人们的工作和生活，到被大家普遍了解和认同的时间并不长。世界范围内我们所熟悉的比较有影响力的现代在线教育产品，如可汗学院、Coursera、Udemy等，也才诞生10多年。

当然，从在线教育的历史来看，可以追溯到第二次世界大战时期军事系统的教学影片，之后是一些 500 强企业内部的 E-learning 平台、网校的点播系统，以及托尼·贝茨教授在 20 世纪 80 年代开发的拥有相对完整概念的第一门线上课程，其主题为"妇女与计算机在教育中的应用"。它们都为在线教育的推广普及奠定了基础。

随着信息技术的发展和移动互联网的普及，现在的学习者可以通过 PC 客户端、网页、App、小程序、H5、社群等多种方式，进行碎片化或系统化的线上学习，极大节约了线下交通出行费用及时间成本。

过去，线下教育有距离和场地限制，导致机构服务学员的范围和数量有限，这些问题在在线教育中得到了有效的解决。现在，一位北京的教师不是必须飞到深圳才能给深圳的学员上课，而只要在线上就可以通过各种形式给世界各地的学员授课，且学员数量基本上没有限制。

2019 年底暴发的新冠肺炎疫情，加速了在线教育的渗透和对它的认同。以前笔者和很多线下机构人员沟通，引导他们转战或转型线上，收效甚微，但这一次他们认为的不可能，其中一些教育机构却已经收到了效果，甚至走得比之前还要好。

在线教育处于什么阶段

如今，在线教育机构如雨后春笋般涌现。据相关统计，2020 年上半年，平均每天约有 150 家在线教育企业成立。而且经过调研，在 2020 年年中新冠肺炎疫情后，越来越多的学习者开始认可在线教育的学习效果，愿意通过在线教育完成一系列的学习，这就为未来线上终身学习奠定了基础。不过，在线教育虽然蓬勃发展，但就整体发展情况而言，目前还处于初级阶段。

首先，在教学模式上，还没有形成成熟、立体的教学观。不少在线教育机构还仅停留在把内容、知识、课表硬搬到线上的阶段，对所有学习者采用单向输出型的教学方式。其中做得稍微好一点的，会在视频里加一点动画和解说，让单向输出没那么枯燥。也有一些机构为了提升学员满意度，会提供学习跟进、答疑、批改作业等服务。但其整体的意识和精细化表现较弱，与因材施教、有的放矢，引导学员主动学习的个性化教学阶段还有较大差距。

其次，科学技术在教学中的应用比较有限。目前仅有人工智能(Artificial Intelligence，AI)在语言、少儿素质等少数领域应用得相对广泛，其他大多数在线教育还停留在传统的录播、直播、资料交付学习的层面上。

最后，在线教育行业人才的专业度和标准化建设刚刚起步。目前的在线教育从业者，有的是有一技傍身，有的是"考试高手"，有的是外行转入。整体看来，在线教育行业的门槛不高，从业者大多处于实战摸索的状态，而且他们在系统的教育学和心理学方面的专业度也相对有所欠缺。这些都导致整个在线教育行业的从业者水平参差不齐，在某种程度上也存在"劣币驱逐良币"的情况。

当然，一个快速增长的行业不可避免地会遇到各种各样的问题，这也说明这个行业未来的机会很多。不论是政策、市场的良性化驱动，还是更多专业高素质人才的涌入，都会让在线教育这个行业变得更加有活力，更加规范。

主流教学形态

我们从宏观上对在线教育有了初步了解后，接下来将从在线教育的交互形式上来看看大部分在线教育是如何完成教学的。在线教育中有两个重要的角色：一个是教学内容的提供方，即教师或机构教学团队；另一个是学习方，一般指学员。提供方通过录播、直播、AI、社群驱动等几种常见的形式给学员提供教学内容。如今在线教育主流教学形态，如图1.1所示。

1. 录播教学

正如我们所知，早期的网上学习基本是指在网上看视频来学习课程，这种传统视频学习模式一直延续到现在。各种网校平台上传对应的学习视频并收费，学员就是采用这种模式在平台上购买视频并学习。后来图书、试卷、题库等配套学习形式慢慢完善起来，逐渐让线上学习形式走向多元化。这种模式尤其常见于财会、医疗、建工等传统考证考试领域的机构。现在，通信技术的发展带来视频直播的盛行，大部分教育机构也在提高直播教学的比例。

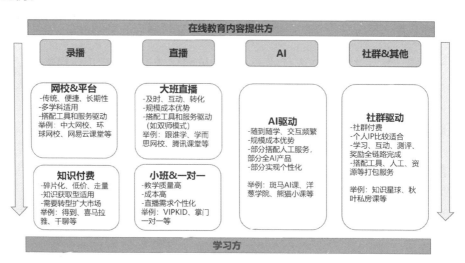

图 1.1　在线教育主流教学形态

2016年左右，知识付费模式开始兴起。顾名思义，知识付费模式主要是通过音频、视频等形式帮助学员高效筛选信息，向他们传递知识价值，从而获取收益。相较于之前的传统视频学习模式，知识付费模式下录制的课程大多比较碎片化。一节课持续15分钟左右，一门课的节数比较多，覆盖范围也比较广，包含亲子、理财、时尚、文艺修养、个人提升、技能考试等。这类课程由于价格相对亲民，教师的个人影响力较强，内容看起来较多，且画面效果较早期有所提升，部分还加配了动画、解说等方式辅助学员学习理解，再借助公众号软文和各个新兴的知识付费平台的推广，很快就出现了不错规模的量级增长。借由知识付费模式的普及，精细化的音、视频教学形态开始广泛市场化。

2. 直播教学

除了音、视频内容售卖这种录播教学形态外，现在越来越多的教学形态就是线上直播。直播当然也分为视频直播和音频直播。音频直播的使用场景一般是进行一些轻知识的传播，也可能会搭配图文做有效补充。但相较于视频直播，音频直播和图文直播配合的模式比较缺乏系统性，也不利于诸如乐器表演、舞蹈等实操性强和需要真人上镜的类目的学习，而且随着视频直播工具越来越方便，音频直播教学形态正在逐渐减少。

按直播覆盖人数来分，视频直播模式一般可以分为一对多的大班直播教学模式、一对几个学员的小班直播教学模式以及一对一的教学模式。

大班直播教学模式覆盖学员规模大，但也需要较多的服务来保证教学效果，因此大班直播教学形态下的"双师模式"越来越常见。常见的形式是名师授课+普通教师(或助教)辅导，即名师通过大班直播教学，辅导教师进行辅导和作业批改，这也是能把教和学做得相对比较周全的模式。这种模式下的在线教育是靠一对多实现规模化盈利，但一对多相对较难获得好的学习口碑，因此才会有规模中的特殊化，通过辅导服务更到位来做好补充。小班直播和一对一直播教学模式相对而言，教学个性化和效果会更好一些，但其成本也会更高，也同样需要服务来进行学习效果反馈。这也是笔者认为未来在线教育机构会在服务上竞争较大的原因。

按产品形态来分，视频直播模式一般可以分为屏幕分享、真人主导、伪直播三种。

一是屏幕分享模式。这种模式可以是单独进行 PPT 等课件的分享，也可以结合真人上镜呈现画中画模式，就是我们经常看到的大视频中有小视频的模式。当然，真人上镜非必选项，视需要而定。屏幕分享目前主要还是通过课件分享的类目用得较多，例如 IT 编程、平面设计、技工技能、亲子关系等。从严格意义上来讲，只要 PPT 分享能讲清楚的，这种模式都适用。在实际教学中，这种模式也是应用得最多的。在此模式下，学员和教师的直播交互主要是以结合讨论区问答的形式来进行的。

二是真人主导模式。这种模式主要应用如少儿英语、声乐、领导力等需要真人互动，以及需要方便教学展示的类目，也可以搭配智能屏、教具、实物等开展教学。特点是互动性强、教学服务感受好，但一般课程的价格比较高，而且对教师的直播要求较高。

三是伪直播模式。这种模式一般是提前录制好的视频,根据视频内容的卡点和呈现形式,来营造直播的氛围,通常直播间也会配备辅导教师,对直播间的问题进行现场答疑。可以规模化且有效地降低成本,但与此同时,也会因为缺乏一些现场直播的真实感和直播教师的精彩应答,而让这种模式产生局限。

视频直播还有一个好处,就是场景扩展比较方便,例如线下大会在线上同步直播、线下实操教学场景线上直播等都可以通过推流等方式轻松实现;除了学员参与性稍弱,其他各方面都逼近在现场的体验。

3. AI 教学

除以上教学形态外,越来越多的机构在借助 AI 交互模式进行课程教学,这种教学形态也被称为 AI 互动课,尤其是对于少儿领域的编程、思维、英语等课程以及成人的语言、能力通识等课程。

学员可以在系统中进行课程学习,学习模式有教学模式、问答模式、答题模式、游戏化闯关模式等,系统支持图片、文字、视频等教学载体,学员学习的主动性比较强。这样提前写好脚本的智能学习程序可以极大地降低机构的成本,在流量允许的情况下,基本可以实现无限制的教学覆盖,而且可以配套社群辅导服务,有效进行人工答疑和交流。

还有一些在线教育产品完全可以通过纯 AI 技术驱动,只要产品逻辑和交互教学效果反馈好,学员就能拥有很好的学习体验,如 Duolingo、Yousician 等。国内纯技术驱动付费软件的应用较少,所以需要运营参与,即使是"英语流利说"这样的 AI 驱动型产品,也有较多的人工参与运营和服务,以帮助提升转化率和学习效果。

4. 社群与其他教学

因为教学过程的多样性,不同学科在"教、学、练、测、评、考"各环节的侧重点和有效性有所不同。这就导致很多机构会将其中一个或多个环节作为线上教学的主打模式。例如,有的机构是通过视频配合打卡学习的模式教学,有的是通过直播点题配合题库学习的模式教学,也有的是通过测评配合视频及小组学习的模式教学等。

还有更简单的基于社群的模式,其中一些教育机构是直接建立付费群,围绕某一主题在群里进行主题知识讲解和关键信息的分享,并做不定期的答疑;也有一些教育机构把社群作为主导,配合视频来进行教学;还有一些教育机构结合小程序等在社群中做练习、测评、学习进度分享、奖金激励、作业点评等。

实际上,机构的教学交互形态是多样化的、多场景结合的,不是单一的。例如,有的机构会通过录播视频做知识点讲解,然后结合真人直播为学员答疑;还有的机构是通过伪直播授课,并结合社群学习小组进行作业教学。本节提醒在线教育机构或个人教师,不要局限于同行或自己当下使用的某一种教学形态,要开拓边界,以教学效果和学员需求为准绳来推进,方能收到好的效果。

作者互动 假设你现在要开设或优化你的(机构的)课程,你会采用怎样的教学形态来开展,为什么?

常见的在线教育商业模式

为了帮助读者对目前在线教育的盈利模式多一点了解,笔者梳理了几种比较常见的在线教育商业模式,有 B2C 模式、B2B2C 平台模式、B2B 模式、会员模式、广告模式等。商业模式包含的角色比较多,因此笔者引入企业和客户的视角来说明。企业是指提供产品的一方,可以是在线教育机构、平台,也可以是工具;客户是获取产品的一方,可以是企业,也可以是学员。接下来我们逐一了解,如图 1.2 所示。

1. B2C 模式

B2C 模式是最为常见的一种在线教育商业模式,即 Business to Consumer,通常由机构提供专业且形式多样的教学内容,学员付费学习。其中有 VIPKID 的一对一模式、跟谁学的大班直播模式、洋葱学院的 AI 教学模式,还有在主流教学形态部分提到的考证领域的传统视频学习模式、知识付费模式以及各种形式都有涉及的混合教学模式等。

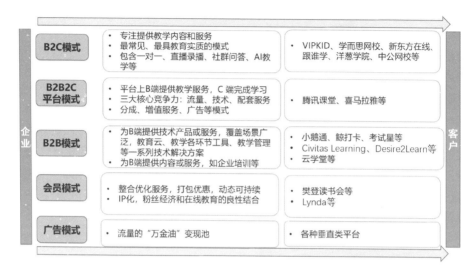

图 1.2 常见的在线教育商业模式

本质上，B2C 模式是最常见的在线教育商业模式，也是其他各种商业模式的依托。本书基本上也都在讨论如何让 B2C 的主体——在线教育机构，运营得更好，生存和发展得更好。

随着在线教育技术的发展，以及机构和学员对于"如何学习更有效"的重视，再加上产品和服务在多样化和精细化需求方面的成长，未来 B2C 模式依然会是主要的在线教育商业模式，而且它的形式会越来越多样，最终将一切以学员价值为依归。

2. B2B2C 平台模式

B2B2C 平台模式，即 Business to Business to Customer，是指一个 B 端提供教学内容(机构或个人教师，内容方)，另一个 B 端提供教学交易平台(平台方)，从而满足 C 端学习需求的模式。这种平台模式最常见的就是抽成模式：一方面 B 端平台给教学场景提供学习、支付、售后等服务；另一方面 B 端平台从 B 端内容方或 C 端获取商业抽成。综合类的平台如腾讯课堂、喜马拉雅等。

B2B2C 平台模式集结了 B 端和 C 端的双重资源，本质是通过聚合供求信息，提升匹配效率，创造整合价值。流量、技术、配套服务是其三大核心竞争力。其盈利模式也可以基于此进行多角度尝试，除了传统的一次性分成或阶梯分成模式外，可以依托流量售卖流量资源，广告变现；可以依托技术来实现工具价值，进行整体或模块工具开发，通过售卖工具获取收益；可以利用教学核心过程中的配套产品和服务来实现增值，例如，通过版权维护、运营培训、证书系统等来获取产业环节的收益；还可以连接第三方，通过对接细分行业或需求，提供如企业培训、产业增值对接等服务来获取合作收益。

未来的 B2B2C 平台模式会随着行业深入发展，也会随着新媒体行业的发展而扩展。行业深入是指结合垂直类行业的发展涌现对应类目的教学平台，如专业考试、投资理财、美食、音乐等平台，本质上体现的还是人群的聚合性；新媒体扩展要观察总体的流量往哪里汇集，并根据新媒体的特性产生对应的平台模式，本质上体现的是人群的开放性，前者侧重 C 端的质量，后者侧重 C 端的数量，会让 B2B2C 平台模式更加多样化。

3. B2B 模式

B2B 模式，即 Business to Business，是指 B 端通过售卖产品或服务来满足另一个 B 端的需求，从而获取商业利润的模式。B2B 模式一般可以分为两种，一种是 B 端工具付费，另一种是 B 端内容或服务付费。

(1) B 端工具付费，笼统地说就是技术付费的模式，也是现在比较常见的一种商业模式。因为不同学科、不同类型的学习者学习方式差异较大，所以满足多样化需求的工具也非常多。例如，在不同教学场景中的某些工具诉求，可以通过题库、打卡、作业批改、论坛等工具满足，因此也就有对应的商业场景来实现。

此外，还有教研、排课管理等教学类工具，销售分派、任务管理、管评考核等人员管理类工具，广告营销转化工具，以及"一站式"服务的全技术解决方案提供方，智能校园系统等。它们都围绕教学全链路，为帮助机构提升效率而提供各种技术解决方案和产品。

B 端工具付费目前也是比较热门的商业模式，国内常见的如小鹅通、鲸打卡等，国外常见的有 Civitas Learning、Desire2Learn 等。B 端工具付费模式大部分是通过软件售卖来获取收益的。对于中小型在线教育机构，如果所用工具和体验较好，按年缴纳系统费用，相对于自建的投入和维护，性价比会更高。

(2) B 端内容或服务付费也有很多应用场景，尤其是在企业管理培训领域应用较多。很多企业都需要优质的培训内容和相对完善的培训课程体系来推进企业的人才建设和发展。这就会催生一些内容课程方或者课程平台，它们专门给这些企业提供内容或服务，从而获取收益，比较典型的如云学堂等。除了课程内容，还有咨询服务等形式。

对于 B2B 模式，笔者认为未来的付费场景会越来越丰富。一方面，技术在不断进步，会出现更多结合前沿技术的新工具、新技术服务；另一方面，教学场景会越来越多样化、细分化、数字化，衍生大量需求解决技术产品，例如，中小型企业培训的教育系统、智慧教室、智能教具、校园智能方案等。

4. 会员模式

会员模式也是比较常见的在线教育商业模式，不管是平台、机构还是个人教师，都可以构建属于自己的会员模式。会员模式相当于把原有的单项付费的服务整合起来形成系统服务，从而降低客户决策成本，提升产品付费价值和黏性。如 Lynda 采用的就是典型的会员模式，花 25 美元就可以获得平台所有课程一个月的学习权限，课程包括编程、商业、个人提升等。

从严格意义上讲，会员模式既可以归属于 B2C 模式，也可以归属于 B2B2C 或 B2B 等模式，因为会员模式在这几种模式的应用场景中都有对应的需求场景。之所以单独把会员模式提出来，是因为会员模式除了传统理解之外，还想侧重强调 IP 概念(原本是指知识产权，在互联网行业泛指有影响力、有流量的人)。IP 驱动下的用户做付费决策更加容易，黏性也更强。笔者认为未来这种模式会随着粉丝经济的发展而变得更加普遍。

运用会员模式比较典型的有樊登读书会，其一方面主打产品"365元听书"，每年持续更新，通过会员续费来保证收益；另一方面持续细分各场景，通过粉丝进行多次变现，如一书一课、樊登小读者等。

中小型机构或刚起步的个人教师也可以用会员模式开展服务，不一定局限于视频课程，也可以是答疑、诊断等多种形式的服务。运用会员模式时，可以进一步结合权限给会员分等级，构建黄金、白金、钻石等会员体系，来区分不同的会员权限。

其实会员模式比较符合新媒体时代的"粉丝"经济的形式，一方面，粉丝认可度较高，购买意愿较强；另一方面，粉丝忠诚度高，复购和推荐率较高。随着5G技术和直播技术的发展，相信未来会员模式的应用会越来越广泛，从而带动更多的知识商业变现。

5. 广告模式

广告变现是互联网行业的"万金油"，广告模式在在线教育行业也同样适用，例如各大垂直类平台的固定展位、资源位、Push广告、小程序广告等。只要有用户、有流量，就永远不缺多样的广告变现方式。但由于教育产品的使用人数和频次本身就不如社交、娱乐、购物、信息等方面的产品，所以产品广告变现模式发挥作用有限。

当然，在线教育的商业模式不止以上几种，有些机构或平台会提供进一步的增值服务，如就业、咨询、考证托管等方面的业务，做二次或多次的变现升级；有些机构采用C2C模式，搭建平台提供知识问答、咨询服务，一方面方便某领域专家通过知识或咨询变现，另一方面方便有需求的学员获取知识、技能或信息；有些机构将在线教育课程作为纯粹的流量入口，结合行业做深度整合；有些机构采用线上、线下融合发展，互相支撑供给；还有些机构与在线教育硬件产品进行场景结合等。

随着技术的不断更新迭代和用户需求方式的升级，未来的商业模式一定会更加丰富多彩。只要能解决实实在在的问题，就是好的商业模式。

本章要点

1. 教育的四大主要场景为家庭、学校、社会和自我,本书侧重对市场化的社会教育培训部分的探讨。

2. 在线教育具有覆盖范围广、不受地理位置限制等优势,已有越来越多的人认同在线教育的学习效果,但其整体发展目前仍处于初级阶段。

3. 在线教育主流教学形态有录播教学、直播教学、AI 教学、社群与其他教学,运用时可以根据机构的实际情况将多种教学形态组合起来使用。

4. 常见的在线教育商业模式有 B2C 模式、B2B2C 平台模式、B2B 模式、会员模式、广告模式等。

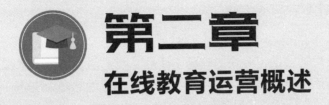

第二章
在线教育运营概述

"没有自我教育就没有真正的教育。"

——苏霍姆林斯基

在线教育运营的概念

对在线教育的"前世今生"有所了解后,我们需要进一步了解这些教育形态和模式背后的驱动逻辑,了解在线教育商业驱动的两大主体——机构和学员之间是如何交互的,这就离不开我们常说的运营。

在线教育行业里提到的运营,不少从业者认为是指新媒体运营、内容运营、活动运营等具体的岗位角色,但这是相对狭义的切入视角。一般在有增长需求的场景中使用时,运营会和销售、营销等岗位做区分。销售一般定岗负责课程的售卖;营销则要根据机构规模来划分,在大一点的机构中营销侧重品牌、市场、公关,在小一点的机构中,营销侧重渠道的推广、整体的包装推广;而运营这种笼统的角色一般是对课程的营收负责。不过从现在的在线教育发展现状来看,这些岗位的职责逐渐出现了较多的模糊地带,因此运营岗位的职责也要看不同机构基于实际业务对其做出的定义。

本书强调的运营不是狭义的运营岗位的职责,而是指在线教育机构的整体运营,这样的运营要对机构的生存和发展负责。

你觉得在线教育的整体运营具体包含哪些方面呢?请写出来。

关于作者互动的这个问题,本书从运营层级、业务覆盖、运营核心三个视角来逐一介绍。

运营层级

如果按运营层级来分,运营可以分为运营思维、运营战略、运营战术、运营落地四个部分,如图2.1所示。

图 2.1　运营层级

1. 运营思维

运营思维是运营者做决策时底层的习惯性依赖，它决定了运营者的能力上限。对于大部分人而言，某些场景是有和无的区别，有和无是什么意思呢？笔者用除尘的例子来说明，你们可能不知道，最早的除尘器是通过压缩空气把尘埃吹入容器中的方式清理尘垢的，所以各种除尘的机器方案都是应用"吹尘"这个思维去做除尘动作的，直到英国的工程师胡伯特·布斯"反其道而行之"，应用"吸尘"的思维，发明了吸尘器，才有了后续我们广泛使用的工业和日用的吸尘器。

同样，一些机构会固守原有的运营思维，没有在线上运营教师人设、聚焦流量、推动变现的思维，而有些机构拥有这样的思维，并借此获得了不错的效果，这就是有和无的区别。有时候，机构短期的成败就在一念之间，这里的运营差别往往是由底层思维决定的。这部分的运营思维告诉我们，人的思维方式和思维习惯要不断升级优化、拥抱变化，而不能一味地抱残守缺，束缚思维的求真、求新。

还有一些场景是粗放型和精细化运营的区别，下面几种运营思维的例子都是基于此类场景。例如对于同一批潜在的意向学员，粗放型运营思维通常就是给这部分学员提供体验课，在体验课中简单介绍自己的系统课程，邀请他们购买课程。而精细化运营思维可以怎么做呢？

一方面，我们可以通过纵向的逻辑思维展开。首先，细分学员，可以根据学员诉求类型、学员意向优先级等进行细分，从而进行有针对性的运营。其次，对从邀请参与体验课到购买系统课的过程进行细分，把每一个环节都流程化、逻辑化、数据化，做到销售、体验课教师、助教等角色能清晰地知道应该在什么时间节点进行跟进、反馈、转化等，也知道用哪些指标和路径来衡量是否达到目标。这样，整个过程就会清晰很多，运营效率也会提升不少。

另一方面，我们可以通过横向的水平思维来展开。细想一下，除了通过体验课给这些学员介绍系统课程这条路径外，是不是还有其他路径？例如邀请学员参与社群活动、组织线上比赛、组成兴趣小组参加训练营等都能达到同样的目的，这样就横向扩展了多条路径，不再局限于原来的单一路径。

那么除了纵向的逻辑思维和横向的水平思维之外，还有其他可以利用的思维吗？其实我们还可以通过全局思维来展开。这意味着我们可以跳出原有的平行路径，用全局思维发现新的切入点，重新布局思考路线。我们可以进一步思考这部分潜在学员来自什么渠道，有什么特点，从流量端看是不是有更优质的渠道，从而发掘更多优质的高意向学员，间接提升整体的购买率。

总而言之，对于在线教育机构而言，好的运营思维一定是能在最合适的时间，找到最适合的机构的解决方案的思维。这其中，"求真""利他"是重要的参考秘诀。

2. 运营战略

运营思维的培养需要长期积累，不是一蹴而就的，运营思维往往也会影响运营战略的制定。对于机构而言，运营战略通常是阶段性的运营方向，所以能否准确抓住不同时期的机遇，考验的是运营者是否有战略制定能力。

例如在 2015 年左右，就有机构抓住微信公众号的内容红利，进行多矩阵账号布局，实现快速涨粉，成功将私域流量进行课程变现；同样也有机构在 2016 年左右即知识付费浪潮兴起时，快速上线热门领域课程，联合平台及分销渠道，成就"爆款"课程。

在 2018 年左右，短视频受到空前的关注，不少机构开始调整运营策略，打造"网红名师"，布局短视频，获得了大量的优质用户，并通过此策略使机构实现源源不断的课程变现。在 2020 年上半年，有的线下机构及时调整策略，开发线上课程体系，借助线上工具或平台成功转型在线教育，不仅解决了疫情期间公司的生存问题，还获得了新的发展机会。

这些关键的运营策略，假设在同样的时间节点，你是否能有所掌握呢？

3．运营战术

运营战术是依托运营战略制定的一系列阶段性策略。以"打造网红名师策略"为例，后续战术上就需要分解出流量渠道铺设、教师人设和形象包装、课程主题方向拟定、变现渠道和转化率指标建立等，进而拆解各环节的具体策略。

4．运营落地

"运营落地"很好理解，所有的运营战术组合都需要实践。所谓"玉瓷之石，金刚试之"，无论事前制定的运营战术有多好，都需要团队根据对应指标要求，在落地的过程中不断调整优化，直到高效完成目标。对于大部分中小型机构而言，它们的时间基本被花在如何把各环节中的细节执行到位上，这也是此区间范围内的机构间有较大差异的主要原因。

以上是本书从运营层级的视角对整体运营进行的分析。通过分析，我们了解了运营思维、运营战略、运营战术、运营落地各个部分的运营内涵以及其对机构运营的影响。

业务覆盖

如果从在线教育业务覆盖的视角来看，产品打磨、营销招生、售后服务等方面都属于运营范畴。它们具体包含对流量、活动、内容、渠道、管理、数据等多个方面的运营，对应地也囊括了讲师、教研教辅、助教客服、广告投放、新媒体、销售、数据分析等岗位。

机构内部的每一个运营团队都需要从全运营视角出发开展工作，而不是简单地只负责好自己的部分。因为这些看似简单的环节和流程，其实背后都有较为复杂的运营体系在驱动，也都有比较成熟或者有实效的方法论在支撑，多模块的业务最终凝聚成产品或教学服务供学员使用、评价。

运营核心

就在线教育的运营核心而言，一般会围绕流量、产品、转化三大部分进行重点运营，笔者把它们称为在线教育运营的"三板斧"。在后续的章节里笔者将单独就每一部分做重点介绍和展开，也会融合前文提到的业务模块，一并阐述清楚。

在线教育运营的必要性

在了解了在线教育运营的概念之后，笔者觉得有必要强调一下运营在在线教育中的必要性，或者为什么说我们现行的在线教育离不开运营？

一方面，从国内外在线教育运营对比的视角来看，国外的在线教育运营投入远远没有国内的多。因为在互联网时代，国外很多产品是以软件思维为导向的，所以他们的想法往往是："我要研发一款很厉害的产品，让用户使用后都觉得很惊艳，后面就尽量不要再找我，找我的次数越少，代表我的产品做得越好。"就某些方面而言，这是正确的，因为商业本身追求利润，后期投入成本越少，代表产品净利润越高。

但这也意味着产品提供方比较难玩转互联网最重要的免费商业模式，即先圈人，后变现。而国内互联网，如即时通信、社交网络、虚拟增值、广告等主要业务，基本上是围绕这个模式来运作的：前期通过免费来获得很好的用户基础，后期则需要花费更多的运营精力来变现。尤其是在线教育相对比较新，用户对线上教学的效果缺乏了解，需要一定的时间来建立信任并普及，所以运营资源和人力的投入都是很有必要的。

另一方面，在线教育本身相对于其他产品，满足需求的复杂度比较高。现阶段运营的加入会让一些复杂、多元化的需求得到更好的满足，也意味着可以帮助学员获得更高的课程完成度，产生更好的用户口碑。不过，即使到现在，还有不少人持有"不就是线上卖课听课，还需要这么复杂吗"的观点，严重低估了在线教育运营的价值。

学员和非本行业从业者有这种理解，情有可原。但比较令人惋惜的是，很多在线教育从业者也不能理解运营的重要性，他们觉得只要自己的课程做好了，内容讲好了，自然就会有人购买，这种想法尤其容易出现在对自己的授课有极大信心的教师中。我们姑且不说他们认为的"好"是不是学员认为的"好"，只重视课程就意味着他们忽略了渠道、营销、转化、课程系统化等多方面需要考虑的因素。

虽然从商业本身来说，强运营驱动并不见得是一件好事，因为运营本身就意味着成本，意味着需要通过各种非产品本身的动作和用户建立可能的购买联系。但毕竟市场的阶段和教育产品的形态目前是这样，而且竞争也相对激烈，所以需要在线教育机构不断地和用户交互，对产品或服务的售卖产生积极作用。而且运营得越好，这种积极作用就越明显，机构的营收就越多，商业利润也就越发可观。

在线教育机构营收公式

万变不离其宗，对于在线教育而言，无论以什么载体展开教学，都会以售卖核心知识、技能、服务等方式获取收益，这是在线教育行业最核心的商业环节。那么在线教育运营对于营收增长的具体作用是以怎样的形式表现出来的呢？

公式介绍

如前言所提到的，本书大部分内容的出发点就是帮助在线教育机构通过运营提升营收，实现商业价值。一套简单的在线教育机构营收公式，可以帮助我们快速了解机构是如何获利的，其长处和短板是什么，以及接下来应该优化或调整的方向是什么。

$$机构课程营收 = \sum_{i=1}^{n}(N_i \times P_i)$$

下面对这个营收公式做简单说明,其中 i 是课程的编号,n 是课程的数量,N 是课程销量,P 是课程价格。

这个营收公式看起来很复杂,其实很简单,接下来我们用一个简单的例子来解释一下。

如果某机构只有两门课程,一门是体验课,另一门是系统付费课。此时,该机构的课程营收就可以表示为课程营收=体验课销量×体验课价格+系统付费课销量×系统付费课价格。

从上面的公式可以看出,影响课程营收的关键因素有两个,一个是课程销量;另一个是课程价格。

1. 课程销量

课程销量又会受到哪些具体因素的影响呢?下面我们通过进一步细分具体场景来看一下。

如果是通过直播体验课实现营收的机构,且驱动营收的主要场景是直播间转化和销售私聊转化,以及部分服务后的口碑推荐,那么,销量就可以这样表示:课程销量=直播间人数×直播转化率+销售私聊学员×私聊转化率+口碑转化量。当然直播间人数还可以再进行拆分,例如"课程详情页访问量×打开率",详情页访问量还可以拆分出"付费流量投放触达量×转化率"等,运用时可以根据具体情况来进行拆分。

如果是一家知识付费机构,且驱动营收的主要场景是公众号分销合作,那么课程销量可以这样简单表示:课程销量=(n_1 公众号阅读量×转化率)+(n_2 公众号阅读量×转化率)+…+口碑转化量。如果是垂直类内容渠道,只需要把公众号阅读量替换为对应渠道的核心展示指标即可。

如果是通过社群实现营收的机构,且驱动营收的主要场景是社群服务转化,那么课程销量可以表示为课程销量=社群人数×购买转化率+口碑转化量。

还有很多其他的场景，本书就不一一展开介绍了。不管是哪种场景，基本上课程销量离不开流量、转化、产品和服务三个部分。流量是描述对内容感兴趣的人从哪里来，转化是怎样让这些感兴趣的人付费，产品和服务是付费学员能否获得价值并进一步产生口碑推荐的核心。

2. 课程价格

本书所指的课程既包含以引流为目的的小额体验课程，也包含承担营收目的的系统付费课程。从前文的营收公式可以看到，课程价格越高，对应的机构课程营收似乎就会越高，实际上，还要考虑课程价格对销量的影响。

所以课程价格的制定要考虑两个方面：一个是定价本身；另一个是价格对课程销量的影响，即成交量情况。

1) 定价本身

从企业经营的视角来看，定价即经营，一门课程和其他任何一款产品一样，机构需要给予合理的销售价格。那么这个价格由什么决定呢？由其背后的市场价值决定，而市场价值的评估依赖于市场客观行情和机构主观认定两方面。

市场客观行情要参考市面上的供需情况而定，如果是稀缺且对需求而言确实是高价值的课程，价格自然会很高；反之，则需要参考竞争比较激烈的情况下的市场价格。而机构主观认定往往是指机构自己认为对产品打磨投入的精力和成本是否到位等。

2) 成交量情况

从公式上我们可以看出，针对同一门课程，课程销量和课程价格在理论上是负相关的，也就是说，课程价格越低，往往销量越高。但机构又不能通过一直降价来获取高销量，这样整体营收还是不能得到提升。

可以想想日常生活中的其他市场行为是如何解决这个问题的。例如我们在点外卖的时候，经常会有各种满减和套餐的组合，通过打折优惠等方式来影响价格，最终往往能带来较高的成交量，也能让商家获取更多的利润。

对在线教育而言，也是同样的道理，我们可以通过多门课程捆绑打折、享受套餐优惠的方式来激发学员的潜在需求或购买愿望，从而带来更多营收。需要注意的是，课程的需求相关性的洞察要比餐品更难，机构需要把握好学员对关联课程的准确需求再去推进。

机构营收增长的三个策略

初步了解机构营收公式后，接下来通常会沿着公式的思路制定进一步的策略，来提升营收。本节分享三个常见的机构营收增长策略。

提升课程销量

一方面，通过对公式的理解，我们知道课程销量包含流量、转化、产品等核心因素，只要不断优化这些因素，课程销量就可以持续提升。由于后面的章节会对以上核心因素做重点介绍，本节暂不赘述。

另一方面，通过我们前文提到的折扣、套餐、满减等价格策略来激发学员的潜在需求，从而提升课程销量，带动机构课程营收增长。

例如，我们经常会遇到的场景，单独购买一个 Excel 课程是 399 元，单独购买一个 PPT 课程是 399 元，但组合一个办公技能套餐则是 599 元。由于课程关联性比较强，且会让学员感觉比较优惠，购买量就会增加，从而机构就会获得更高的营收。

提升课程价格

作为公式的两个相乘变量之一，理论上只要提升课程价格，课程营收就会一直上涨。但是，因为有市场调控和需求管理，一直上涨就不太现实。此外，我们需要弄清楚为什么能提升课程价格和怎样提升，这非常重要。因为课程价格的提升核心在于课程价值的提升，只有课程价值提升了，从市场的角度而言，这个课程才值更高的课程价格。以下是几种常见的提升课程价值的方式。

1. 增加或优化配套服务

涨价要有理由，不能说涨就涨，否则会让学员产生不信任感，同时也会把自己的定价体系搞乱，所以最常见的就是通过增加或优化配套服务来涨价。服务成本提升了，所以要涨价。那为什么要增加或优化配套服务呢？因为它可以改善教学效果。教学效果变好了，我们的课程价值就会更高，价格上涨也就比较合理。因此，增加或优化配套服务和教学效果呈正相关，至少从学员的感知来说是这样，然后机构再从中赚取实际和感知的差价。常见的如增加一对一服务，增加就业推荐服务，优化专项教师答疑服务等。

2. 优化教、学、练、测、评、考等环节

对于教学全链路的每一个环节，我们都可以结合自己机构的情况来做扩增和优化。例如，增加打卡和作业批改服务，智能题库每周一测，优化测评系统，增加在线测评报告，等等。这些都可以帮助学员更高效地学习，都是非常利他的涨价理由，而且细分场景有很多，具体可以根据实际教学情况灵活调整。

3. 提供额外福利

提供各种各样的福利也是有效提升课程价值的方式。常见的福利有买课赠书，赠送行业论坛门票、"大咖"一对一线上课等礼品或资源来提高课程价值。

本质上，课程价格的提升都是价值和价格的差值在变动，其核心是让学员感知到变化后的课程价值是大于课程价格的，这样才能促成成交，做到有效提升课程价格。当然，有些机构涨价的理由直接就是通货膨胀或运营成本提高了，这也许是事实，但对于学员来说并不是一个很让人信服的解释。

需要注意的是，涨价一定不是单向的通知和表达，而是对需求满足的升级，升级的"痛点"找得越准，那涨价带来的副作用就越小，并且有时候副作用还能出现积极的效果，其核心取决于升级后的需求能否解决得足够好。课程价格的提升是和销量联动的，所以有的时候更好销售、更容易销售就是好的提升方式。

纵向、横向做扩增

从公式上看,除了提升两个相乘变量外,我们还可以不断复制出更多的课程。机构刚开始往往只有一门主打课程,所以课程营收来源也比较单一,靠一门课程拉动营收。但当机构到了一定规模后,科目、课程、师资等都需要多元化经营,如此才可以进一步扩大机构营收规模。大体上我们可以把这种复制扩增的方式分为纵向和横向两个维度。笔者把常见的扩增方式整合成参考模板,并做了相应的举例以方便大家理解,如图2.2所示。

1. 纵向扩增

纵向扩增,简单来说就是指围绕某一科目,升级出更多的课程。为什么可以升级出更多的课程呢?这是由于学员对于同一科目的知识体系中内容的诉求不同,不同的课程可以更精准地满足学员不同的学习诉求。

因此,我们常见的基础、进阶、提高班,就业、协议、线下班,其他定制化课程等,都是有效的纵向扩增方式。请看以下互动案例。

假设你是一家摄影机构的运营负责人,你所在机构现在只有一门小白入门的摄影课程。在其他条件基本具备的情况下,如果让你做纵向扩增,你会怎么做?你有几种扩增方式?请写出来。

对于作者互动案例,我们可以基于入门班进一步扩增出进阶班,水平再高一点的可以扩增出一个摄影大师班。这样三套核心课程可以针对不同的用户群体,自然能带动营收提升。同样,你也可以按专项或主题进行扩增。例如若发现机构里面的老年摄影爱好者较多,而且他们大多喜欢拍摄风景照,那么就可以扩增出一个"风光摄影提升班"。

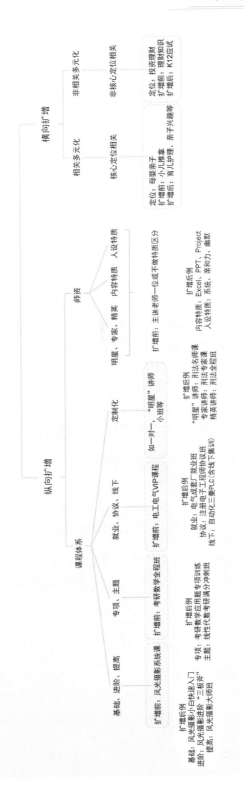

图 2.2 机构营收增长策略之纵向扩增、横向扩增模板

除了这些还能做纵向扩增吗？你想了想，你所在机构在本地有些影楼资源，也有学员学习摄影后想通过你们机构对接到影楼做兼职或就业。于是，你继续纵向扩增，推出了一个当地的"影楼就业班"。这个班因为能帮助学员对接就业，所以课程价格比较高，加上本地的一些资源和线上已有学员的转化，机构营收自然就增加了不少。

假设这些都做了，还能进一步纵向扩增吗？依然可以，因为你发现玩摄影的有很多"发烧友"，他们经济条件都还不错，就是学习时间和需求比较个性化，对师资的要求也比较高。正好你认识一些摄影协会的"大咖"教师，于是就联合他们一起开设了定制化的一对一摄影小班课，一门课程的收入是之前课程的 5 倍。这就是纵向扩增带来的营收。

此外，你发现除了从学员对课程的诉求出发外，还可以从学员对教师的诉求出发来做纵向扩增。例如，你们机构的"王牌"教师老王技术扎实，讲课又风趣幽默，很多学员就是慕名而来学习他的课程。但也有不少年纪大的学员更偏好亲和力比较强的小李教师，于是你进一步扩增课程，推出了"老王教师摄影弟子班""小李教师全能服务班"两个班型，通过不同的定位有效满足学员的需求，提升课程营收。而且小李教师还可以有效地同"王牌"讲师老王教师竞争，内部的良性竞争机制也被建立起来。

当然，教师们也有对应擅长的课程内容，你也可以根据"教师+内容"的方式进行纵向扩增，但整体不建议太过花哨。因为有心理学研究表明，选择太多反而不利于人们快速做出决策。为了方便大家多角度参考，笔者在图 2.2 给出了不同学科的例子，原理与上面所讲的内容相同。

同样，作为一家摄影机构的运营负责人，你也会问自己：我们机构还能开设其他科目的课程吗？经过几年纵向扩增经验的积累，现在你可以举一反三，尝试做横向扩增了。

2. 横向扩增

横向扩增一般指教学科目的扩增，有相关多元化和非相关多元化的区分。相关多元化就是基于主打学科做相关科目的扩增。例如，在摄影中除了你所在机构现在主打的摄影原理和拍摄技术课程外，还有很多内容涉及摄影后期，因为长期在摄影技术方面积累了知识，其中不少学员对后期修图也有较强的需求，因此你可以将课程扩增到摄影后期。而且摄影后期的图片处理技术对于电商美工、广告设计而言都是通用的，因此你还可以横向扩增到相关领域。

在做了相关多元化的扩增以后，你又有了新的想法：做非相关多元化的扩增。根据你所在机构自身的资源优势和行业风口，你决定进入短视频培训领域，因为短视频课程体系和主打课程业务相差较远，所以是非相关多元化扩增。当然，非相关多元化的外延会更广，有着非常多的可能，但笔者要提醒大家的是，对类似完全跨人群、跨行业的非相关多元化扩增要相对慎重。

二者相较，一般情况下，优先做相关多元化扩增。俗话说"隔行如隔山"，虽然就教育培训领域而言各科目是相通的，但对于涉猎的行业本身，都有其特别的门槛存在；而且就现在的教育培训市场来看，能做好教育培训领域的非相关多元化扩增的机构不多。虽然大家对于"好"的标准的要求不一样，但是有两个指标还是可以作为参考的，一是要看市场规模有多大，二是要看市场占有率有多少。通常对于中小型机构而言，非相关多元化扩增，会相对灵活一些。

最后，想要提醒大家的是，无论是横向扩增还是纵向扩增，一定要基于实际需求来看，要顺着机构自然发展的脉络推进，要充分做好用户调研，跑通对应的线上运营体系，也需要有强大的教研团队支持。而一个科目还没做好，一门课程还没做好，一位教师还没搞明白，就想着扩增做其他项目，最后很可能导致哪个都做不好。

具体扩增的契机需要机构的核心团队来把握，一般有主动和被动两种情况。主动拓展触发条件是原有主打营收科目、课程、师资等在运营流程上基本已经标准化，可快速复制原有经验和模式进行扩增。被动拓展是市场增长和机构实际资源支撑已经到比较明显的增长"瓶颈期"。这两种情况下机构可以尝试做扩增。当然二者相较，主动要比被动好，被动意味着更多的风险和不可抗力。

对于在线教育机构而言，除了线上课程的营收之外，能获得收益的方式还有很多。例如可以通过电商、广告、直播变现，或者是办学校、品牌加盟和进行产业上下游的扩增合作等。在"用户在手,品牌我有"的基础上,可以做的变现途径有很多,但要注意交付价值永远是第一位的,不要为了追求利润而追求利润。

本章要点

1. 运营思维没有对错之分,但从商业价值上来看有高低之别,在线教育从业者需要不断积累、应用才能获得好的运营思维。

2. 运营旨在更高效地转化课程价值,从而提升机构营收。

3. 在线教育机构营收公式:机构课程营收 $=\sum_{i=1}^{n}(N_i \times P_i)$。

4. 机构营收提升策略中除了对公式的两个变量提升之外,还可以进行复制扩增,通过横向扩增和纵向扩增来实现科目、课程、师资的多元化,从而提升营收。

第三章
在线教育运营"三板斧"
——流量获取

"最重要的教育方法总是鼓励学生去实际行动。"

——爱因斯坦

流量的概念

根据第二章营收公式和营收提升策略的直观展示，我们知道在线教育运营要充分重视流量、产品和转化，笔者把这三个部分称为在线教育运营"三板斧"，如图 3.1 所示。为了大家能对这三个部分有深入的了解，接下来笔者会专门对每一个部分的关键指标进行深入剖析，帮大家树立在实战中有效的运营全局观。

图 3.1　在线教育运营"三板斧"

 你所理解的流量是什么？请写出来。

"流量"在现行的移动互联网时代是一个热门词汇，这对在线教育也同样适用。从商业产品的角度来定义流量，它是指在线教育机构提供教学产品或服务的"潜在用户池"，其中的用户有可能对教学产品或服务感兴趣进而产生购买行为。

从某种程度上说，对于在线教育来说，流量是先行的，也就是用户先行。机构需要先组建自己的潜在用户池，然后针对这部分用户去挖掘需求，才有机会创造价值。也就是说，你从意识上要先知道哪些用户有什么样的需求，然后再有针对性地定制和优化你的产品或服务，从而更精准地做到有的放矢。不进行了解直接埋头开发课程，对于找到课程的用户是不容易的，除非该课程的市场需求已经被其他机构验证过。

在实际工作中，笔者发现很多机构看到某个领域、某个机构的课程卖得好，他们就马上推出类似的课程，但并没有多少人购买。这其中很重要的原因就是忽略了流量先行这个重要环节，没有调研清楚其他机构这么多购买课程的学员是从哪里来的。

所谓流量先行，有时候是已经拥有一部分用户，在归纳他们的特性后开发出能够解决他们需求的课程。例如你拥有了大学生的流量，抓住大学生阶段主要的需求点，可以提供英语四六级、考研、计算机等级考试等大学生升学、考证的课程，也可以提供类似声乐、乐器、摄影等兴趣类的课程，还可以提供大学生求职、职业规划的课程。这些都是流量先行，后进行课程变现的思路。

不少机构是早期通过非课程培训的方式获取第一批用户，到后来才发现在线教育的变现方式的。例如，考证机构早期通过售卖图书获客，电工、汽修等培训机构早期通过售卖资料获客，音乐类培训机构早期通过免费曲谱和分享音源获客。他们凭借低成本的方式集聚了大量垂直类流量，到后来发现在线教育的变现价值更高，于是就找到了对应的教师开发课程提供教学服务，从而获取利润。本质上他们都是利用之前在垂直类领域积累的用户转化而来的流量。

除此之外，有一些机构本身就是做相关业务的，反过来可以把"如何做该业务"作为培训内容。我们看到一些专门从事新媒体培训的机构，他们早期都是通过帮别人做新媒体流量增粉业务来获取收益，后来发现自己教别人怎么做新媒体反而能获取更多收益，不仅课程价格足够高，而且培训现金流更快。

现在短视频比较热门，所以我们可以看到很多教你如何通过抖音、快手变现的培训课程，立足于流量，教怎么通过流量变现也更能体现出流量的价值。当然被动的方面也有：随着新媒体的更迭，这部分教培机构也会发生变化和更替，长期能踩准流量机会节点的机构并不多。

对于在线教育机构而言，流量应该是所有在线教育机构都需要长期关注的部分，因为只有源源不断的新流量、新用户付费购买课程或者教学服务，才能够保证机构正常运转并发展。而且后移动互联网时代，本质上是用户流量的移动，因为流量的增速已经有所下滑，所以机构要时刻关注互联网技术带来的产品变革和新流量阵地，才能不被动甚至抢占先机。

很多线下教育机构在做线下教育时知道怎么找准细分市场，做好定位，找到目标用户，但是做在线教育时却一头雾水，常常和笔者抱怨说："这线上的流量怎么做啊？我们之前线下选好市场和地址，把课程讲好，自然就有学员报名了，现在在在线教育平台发布了，怎么没有人主动买我们的课程啊？"

这些机构之所以会遇到这些问题，本质上是因为他们对在线教育还不够了解，不能有效区隔线上和线下的用户路径，对流量关键路径的理解还不够透彻。那么线上、线下具体的流量关键路径是如何的呢？如图 3.2 所示。

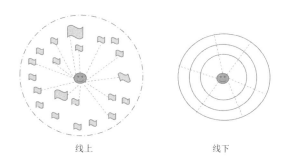

图 3.2　线上、线下流量关键路径

对于线下教育机构来说，教学服务和授课地点是固定的，日常教学的区域也是有限制的，但相应的好处就是集中化，流量也比较好获取。线下教育机构流量的关键路径是以机构为中心进行扩散，类似同心圆，中心选取的位置会影响到辐射的广度和密度，但影响圈层一定是在有限的范围内。

例如，有一家开在广州的 STEAM 教育机构，每次扩张新店主要做一件事，那就是选址，选择最合适的地点。这个机构最终只要在附近学区房较多、商区比较繁华、亲子阶段的家长人流比较集中的地方选好店铺，保持教师教学水平正常，这家店的生意就不会差。因为好的中心位置会覆盖更多的用户，而且开展的各种活动会帮助机构扩大"同心圆"范围，并加强和范围内用户的交互。

当然，反过来看，线下教育的缺点也是集中，机构只能在有限的"同心圆"范围内辐射。这也是有人称线下教育为"5公里的教育"的原因。

那线上呢？我们会发现线上流量的关键路径和线下流量的关键路径完全不一样。和线下流量不同的是，线上流量最外层的圈层线用的是虚线，这意味着，线上流量这张大网的边界是不断变化的，即获取流量的边界也是动态变化的，不像线下基本上固定在一个同心圆内。

另外，我们可以看到这张大网上有数不清的"流量渠道"，在线教育机构都有机会和它们建立联系，有机会从对应渠道获取用户。但没有一家在线教育机构能覆盖所有的流量渠道，这就是线上流量分散、广袤的重要特质所导致的。当然，这里也有残酷的竞争，你经常会发现自己想获取的流量渠道已经被别的机构抢占了。所以各机构需要各显神通，找到对于自己而言，效率最高、成本最低的流量渠道以获取流量。

通过观察图 3.2，我们应该已经对线上和线下流量的关键路径有了更清晰的理解，那具体到单个在线教育机构应该如何获取这些流量呢？我们接下来讨论这部分的内容。

获取流量的方式

在讨论获取流量的具体方法前，我们先对当下的在线教育机构常见流量分类进行定义，然后再进一步看在每一个分类下在线教育机构如何获取流量，以及如何运营好对应的流量渠道的。

在线教育机构的流量一般可以分为主动流量和被动流量。主动流量是指机构通过主动铺设渠道来获取的用户，可以进一步拆分为免费流量和付费流量。免费流量是指机构通过免费渠道的运营获取的流量，付费流量是指机构通过付费找渠道推广、投放、曝光或其他合作形式来获取的流量。

而被动流量是指由于产品或服务的口碑，学员主动转介绍或多次复购获取的用户，类似于我们熟悉的"被动收入"的概念。一个机构如果能持续不断地获取被动流量，且被动流量在机构流量中占比较高，那么基本上不会出现"断流"的现象。不会"断流"对于机构而言意味着什么呢？意味着机构基本不会"断钱"。流量分类的简单框架，如图 3.3 所示，详细的内容我们在后文介绍。

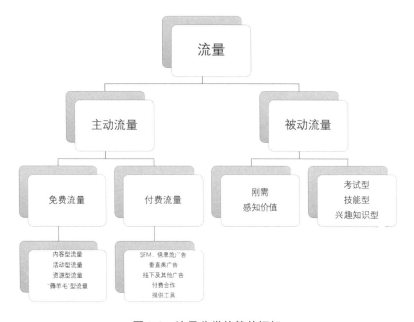

图 3.3　流量分类的简单框架

我们先来看主动流量中的免费流量和付费流量，这两种流量没有绝对意义上的好坏和先后之分，不是说付费的就一定更好，也不是说一定得先免费后付费。之前和一些中小型在线教育机构或个人教师交流，笔者发现他们获取流量的方式非常多元。

有一个教育机构只有两位教师，一位负责讲课，一位负责找流量和转化。在没有获取任何免费流量的情况下，他们每个月依然可以靠付费投放公众号获客，从而获取利润并扩增。

而和另一位教师交流时，笔者发现他是靠自己生产内容，放在内容平台上引流，然后上课完成教学服务的，所有工作都是他一个人做。这种"一条龙"搞定的模式，一年可以帮助他获得 100 多万元的营收，而且他自己还有其他的工作。

虽说他们都闭环得不错，但这两种方式也有其明显的不足：免费流量有比较明显的"瓶颈"；而付费流量虽然起量快，但有比较高的成本。所以对于成熟一点的机构，两部分流量都会获取，也会阶段性地调整免费和付费流量的比重，推进有效流量快速、健康地增长。

接下来，我们就详细剖析具体如何获取免费流量、付费流量和被动流量。

免费流量的获取方式和技巧

免费流量有很多种，只要能把一个类型或一个渠道的流量做精，年营业收入破千万元并不是一件很难的事情，笔者了解过的不少机构都是以此起家的。当然这并不是成长的终点，后续的发展还要看机构的运营和类目的"天花板"。为了进行详细的分析，笔者把常见免费流量进一步分为内容型流量、活动型流量、资源型流量和"薅羊毛"型流量，如图 3.4 所示，下面我们逐一进行了解。

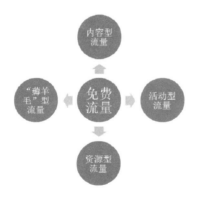

图 3.4 常见免费流量类型

 请写下你所在机构目前主要的免费流量运营渠道和方式。

内容型流量

内容型流量是一种比较常见的免费流量,是指机构或个人教师以音频、视频、图文等媒介形式,在可能有"潜在流量池"的地方传播优质内容吸引用户。这是一个比较抽象的定义,下面我们将对它进行具体细分。

1. 音频类内容型流量

音频类内容型流量是指将部分教学内容或者为了吸引特定平台的用户专门录制的内容,以音频的形式上传至对应平台来获取的用户播放、订阅、私信等。

典型的音频平台如喜马拉雅、蜻蜓、荔枝、企鹅、懒人听书、考拉、网易云等。

1) 适合获取此类流量的类目

所听即所见,利用听觉的培训类目如语言类、声乐类、情感类等都比较合适。当然,也不要被自己的想象所局限,以前我们总觉得需要动手操作的、需要实景辅助的类目,靠听音频应该是不可能的。后来发现,小儿推拿、瑜伽都可以用音频表现,而且在实践中做得还不错,因为所有可见、可想的都能通过"说"的方式输出。有时候,换一个视角,就能多一条出路。

2) 此类平台的运营技巧

(1) 内容音频要简短,逻辑清晰、重点突出,一般单节不建议超过 5 分钟。除非你的音频内容故事性或者内容的稀缺性比较强。因为音频本身就是轻量级的内容,听音频时注意力很容易被视觉、触觉分散,而且很多人听音频的场景都是在日常消遣放松时,所以啰唆、混乱、耗时长的音频都不可能成为优选。

(2) 尽量用比较专业的设备来录制,对背景杂音、配乐要有基本概念。因为现在有不少多频道网络 (Multi-Channel Network,MCN,可以简单理解为自媒体经纪公司)布局音频内容,和早期的人人都可以轻松做主播的时期不同，如果基本的音质、背景杂音处理都很差，一开始就容易被其他专业机构甩在后面，就更别提在声音、语言组织、表达方面的专业性差别更大的部分去进行比较了。

（3）在做好内容、有一定粉丝基础的情况下要多参与平台方活动，积极和平台方建立联系。所有的平台都希望有忠实、高质量的玩家活跃在平台上，做积极的榜样，在线教育机构不要放弃这种快速成长和学习的机会。当然，本质上还是要做好内容，"打铁还需自身硬"，内容品质不好，其他都没用。

（4）学会利用平台的关键词、搜索等规则技巧，结合当下平台的热点来做内容上的配对和结合，提升内容的曝光度。

（5）多账号运营，形成矩阵引流，可以给不同的教师打造人设，也可以从不同内容方向出发。

下面简单对音频类内容型流量进行小结，如表 3.1 所示。

表 3.1　音频类内容型流量

常见流量平台	流量特点	运营技巧	适合教学类目
喜马拉雅、蜻蜓、荔枝、企鹅、网易云、考拉、懒人听书等音频平台	广泛性强，轻量级，制作门槛相对较低	① 精简，时间不超过5分钟/节 ② 尽可能专业驱动 ③ 平台联动 ④ 热点联动 ⑤ 矩阵号	① 所听即所见，声乐、情感、语言类等 ② 口乃心之门户，所想即所说，围绕用户场景，各种类目皆可尝试

另外，有很多音频平台都在做付费音频课，大多是以知识付费形式驱动的，课程价格比较低。因为平台有收入驱动，愿意投入资源推广，所以机构可以多让利给平台，让平台帮忙重点推广精品小额课，从而获取对应垂直类的精准流量。方便未来做进一步转化变现，典型的平台如喜马拉雅、千聊以及一些垂直类音频平台等。

2. 视频类内容型流量

视频类一般可以分为视频网站、短视频平台以及互联网电视等其他终端。

视频网站中比较典型的有腾讯视频、爱奇艺、优酷、哔哩哔哩(B站)等。

短视频平台发展迅猛，典型的有抖音、快手、微视、视频号、西瓜、好看视频等。它们吸引流量的方式主要是拍摄、录制上传对应的视频内容以及直播来获取播放、转发、关注、私信等。

互联网电视等终端诸如 CIBN、创维、小米等，互联网电视渠道有的可以作为曝光展示，有的可以直接付费点播，但需要找对接渠道按要求提供内容并合作。此外，点读机、学习机、台灯等终端也有专门的内容合作渠道。

1) 适合获取此类流量的类目

传统的视频网站一直是早期在线教育从业者获取免费流量的最佳阵地之一，内容时长普遍都比较长，偏课程属性。本书重点说一下 B 站，严格意义上按视频长度来算，B 站的视频时长有长有短，边界其实并不是很清晰。用户画像也是，除了不断地涌入年轻新用户，早期用户依然活跃在 B 站，再加上 B 站在正能量传播发声方面的加强，越来越多传统主流的用户也开始进入 B 站。

所以除了我们原来了解到的二次元文化主打的原画、漫画、摄影、音乐等教培类目是和 B 站用户非常吻合的之外，还有一些迎合早期 PC 时代主导的"80 后"和"90 后"对应的职业技能类需求的类目，也能在 B 站上获取对应的流量。

短视频平台就更加广泛了，现在基本已经分布各行各业，例如 K12 考试、技工技能、设计等成人技能领域，音乐、美食、摄影、语言等兴趣领域都已经遍布玩家。这些玩家尤其集中在抖音、快手、视频号等平台。

在互联网电视终端，用户喜欢关注的主要内容是亲子少儿、传统文化、投资理财、书法棋牌等，主要受众是孩子和老人。这部分市场也在不断下沉增长，涉及相关类目的机构可以重点关注一下。

2) 此类平台的运营技巧

（1）对于视频网站中的账号运营，持续更新很重要，机构不要轻易中断或放弃。尤其是算法推荐类平台，是否持续更新是判断账号是否活跃的重要指标，这是获取视频类内容型流量的第一步。太多机构想凭借自己短时间的一点用心就获取高预期的流量，低估了同行长期投入形成的竞争力。

（2）重视标题和关键词，了解各平台的搜索、关键词、展示位等曝光规则，学会适当借用热点来获取更多流量，但注意借用热点时自己的内容与热点要有相关性。还要熟悉各平台的引流审核细节，不同平台的审核方式和侧重点不一样，不能笼统运营。

（3）长视频平台目前基本有专门的知识频道，是知识付费机构合作的主要渠道之一。另外，可以借用优质小额知识课程吸引用户，获得平台推荐，进一步获取流量。

（4）B站的运营也可以非常细节化，例如视频包装、标题拟定、打标签、话题制作、平台联动、粉丝联动、UP主互动、课堂和直播联动等方面，都有需要反复优化的细节，优化这些细节可以有效提升运营效果。B站的用户质量相对较高，所以提供学习效果类、作业点评类、干货价值类的视频吸粉效果会比较好。

笔者有一个印象很深刻的例子：有一家音乐教育机构将自己三个月一次的学员作品大会直接放在B站上展示，甚至没做剪辑；但因为这些作品都是学员在机构系统学习课程后的效果展示，所以对于零基础的学员而言，还是比较震撼的。这可以让看视频的人联想到自己要是跟着机构学习，几个月后也能达到同样的水平。虽然获得的粉丝不多，但依然有一些看了视频直接联系机构购买课程的学员，这让该机构在此期间每天增收翻倍。对于高质量的作品，虽然垂直类的受众曝光有限，但是粉丝转化率很高。

（5）短视频的布局需要更多的投入，尤其是竞争比较激烈的领域。由于短视频是目前比较热门的流量获取渠道，本书将多花点儿笔墨来介绍通过短视频获取流量的技巧。

① 做好人设和内容定位，打造垂直类领域IP。虽然短视频是通过内容

和用户在交流，但本质上是内容生产者和用户之间的交流，所以生产者人设的定位非常重要。"95 后数学女博士""清华汉服小哥哥"这些人设都会加强内容生产者和用户的联系，拉近其和用户的距离，从而使用户产生爱屋及乌的内容认同感，进而产生"粉丝效应"，而不只是简单的教学内容分享。除非你的内容价值能大于类似主题的"内容+人格化"的价值合力，但这通常比较难。

② 直播。由于直播可以让用户和内容生产者进一步拉近距离，产生更直接的交流，促进用户对内容生产者价值的认同，所以直播的涨粉效果通常较好，尤其直播时间节点卡在某个视频获得推荐、快速涨粉的时候，机构可以最大化地获取直播的优势效应。而且直播在转化和变现上也是非常有效的手段。

③ 创意和热点。运营短视频账号，要想获得持续的粉丝增长，需要不断有好的创意，因此也需要专门的团队来负责创意启动、剧本制作、内容卡位、BGM 卡点等工作，以保证创意的持续输出。借势热点是短视频运营常用的手法，好的热点结合会不断带来粉丝增长的波峰。但切记借势热点要考虑需求，不能太刻意。

④ 账号矩阵。现在短视频领域的竞争已经比较激烈了，所以多账号运营，形成矩阵合力已经是有能力的机构常见的运营方式。在这种运营方式中，账号之间可以互导粉丝，机构也可以对账号分类并精细化运营，进行多人设联动等，在遇到风险时也可以有效规避。其背后的原理我们可以用塔勒布提出的"从不确定性中获取收益"来解释：多账号可以降低原有单账号的脆弱性，从而使账号产生坚韧性，进而获取收益。未来其他渠道的新媒体策略也可以参照此原理制定，有助于产生 1+1>2 的效果。

⑤ 官方合作。短视频平台在官方合作、活动参与方面的机会要比传统视频网站多得多，所以机构要主动做好视频，多多参与活动，提高账号活跃度，必要时可以用平台自有的付费推广模式达到锦上添花的效果。关于引流的具体细节方式，各家玩法不一，但大体上都会通过主页留咨、直播留咨或直接转化、资料留咨、私信、评论区回复留咨、购物车等方式来获取。视频号因为在微信基础上运营，社交性较强，因此要注意结合微信账号进行联动

运营。官方合作最重要的是要灵活调整，积极关注平台功能和政策调整，多做思考和尝试，不要局限于传统视角。

（6）互联网电视终端的流量获取可以分为两个部分。一部分是直接流量获取，通过视频内容中的二维码、关键词露出，或者片头片尾、栏目介绍等方式引流。这部分内容一般是体验内容，是免费的，为了丰富互联网电视终端方而设置的内容。另一部分是知识付费型的，直接通过分成模式分发，后续如果有更高阶的课程，也可以通过服务线索引流。

下面简单对视频类内容型流量进行小结，如表3.2所示。

表3.2 视频类内容型流量

常见流量平台	流量特点	运营技巧	适合教学类目
腾讯视频、爱奇艺、优酷等	流量相对发散；传统渠道；需要长期坚持	① 长期更新 ② 搜索规则 ③ 知识频道合作 ④ 平台差异化	各类目都可以尝试
B站	用户质量较高；流量特性逐渐多元化	① 运营细节化 ② 直播和课堂联动 ③ 教学效果呈现	基本覆盖；可重点关注语言、绘画、音乐以及大学生技能相关、财经等类目
快手、抖音、微视、好看、视频号等	流量相对发散；新型渠道；算法推荐驱动；有一定随机性	① 打造人设和定位 ② 直播联动 ③ 创意和热点获客 ④ 账号矩阵 ⑤ 官方活动合作	各类目都可以尝试。常见的有搬运、原创（记录模仿、深度创作）两种形式，具体可结合类目细分
CIBN、小米、创维等	老少型流量；居家场景较多	根据对应分发终端要求而定	老年人喜欢的书法、摄影、棋牌、投资理财等；孩子喜欢的亲子类课程等

3. 图文类内容型流量

图文类一般是指以图文为主要载体的类型，对于在线教育领域而言，一般会有普适型和专业型之分。

普适型的如知乎、百度知道、搜狗问问、新浪爱问以及百度文库、简书、豆丁网等。

专业型的一般是指对应的垂直类论坛或网站等。例如，与设计相关的花瓣网，与摄影相关的蜂鸟网，与 IT 相关的开发者头条，与互联网产品相关的人人都是产品经理，与母婴亲子相关的宝宝树、妈妈帮等。

本书的一个重要划分方式就是，垂直类平台是按用户需求来划分的，不是按机构课程类目的行业来划分的。因此，我们要学会在不同的垂直类里发掘用户。

假设要找学习日语的潜在用户，除了想到在日语垂直类的社区论坛里引流外，还要想到这部分潜在用户可能比较喜欢动漫、游戏。所以这时候你要关注半次元、腾讯动漫等二次元漫画类的垂直类网站，以及橙光之类的游戏网站。另外，日本招聘软件工程师待遇比较好，所以 IT 类型人群可能都是潜在流量，这时要关注上面提到的 IT 垂直类网站，这些网站都可能拥有潜在的用户群。从用户需求视角思考很重要，这对付费流量的获取也同样适用。

总而言之，普适型的受众比较广泛，有专门的小组或话题讨论区，讨论内容基本以图文形式为主导。因此以优质内容的提供作为流量切入点，也是很好的引流方式。而垂直类的流量虽然有限，但非常聚焦，流量质量很高，如果能学会从用户视角来找垂直类的用户，有时会有意外的惊喜。

1) 适合获取此类流量的类目

知乎等普适型的问答平台中，有很多内容型引流机会，尤其在职场提升、PS、考研、专业兴趣爱好等方面，机构可以自己组织问题，自己回答问题，然后把问答作为一篇主题文输出以展示优质内容，往往也很容易获得流量。百度文库等文章平台在职场、产品运营、思维方面的流量比较多。

2) 此类平台的运营技巧

(1) 在普适型图文平台，"干货+人设"的曝光是目前常见的引流方式。机构可以同时运营多个教师 IP，由专门的内容生产团队来运营，提高更新频次。但也要注意内容质量，因为太注重数量而不注重质量也不利于人设打造，而且低质量引流容易被平台限制，且不利于口碑积累。

在其他平台，如豆丁网可以通过外链排名等方式引流，但对排版和格式等细节的要求较高；在简书上可以借助专题创建来获得曝光；在百度文库上则可以通过分类和标签做进一步优化来获客等。大部分这类平台上运营账号都有一个"养号"的过程，所以运营者需要有一定耐心，也需要多和同行交流，在细节上反复优化。

（2）在垂直类社区、垂直类网站，机构要和版主或垂直模块的影响力 IP 多沟通。有的时候民意 IP 的输出效率最高，找到的用户也更精准，而且可以帮助机构有效变现，实现双赢。如果没有好的合作契机，则可以通过大号小号互动以及跟帖等方式来做引流。

综合来看，图文类的引流需有更长期的投入，即俗称的"养号期"相对较长。而且随着各平台对内容的严把关，图文载体本身的局限性，以及受众对内容的质量要求越来越高，投机性的引流会越来越难，除非机构在新的平台快速增长时期引流。但从目前各细分领域的内容专业度来看，许多机构还是有非常大的优化空间，这也说明干货足、持久运营的机构会拥有更多的流量机会。

下面简单对图文类内容型流量进行小结，如表 3.3 所示。

表 3.3　图文类内容型流量

常见流量平台	流量特点	运营技巧	适合教学类目
知乎、百度知道、搜狗问问、新浪爱问；百度文库、简书、豆丁网等	内容门槛越来越高；需要长期坚持	① 干货+人设 ② 多账号运营	问答平台适合教学类目相对广泛，尤其在职场提升、兴趣爱好方面较多；文章平台在职场、产品运营、思维方面较多
各种细分领域里的垂直类平台	用户质量较高；有一定的封闭性	① 机构和垂直类平台的影响力 IP 互动合作 ② 多账号运营	各垂直类目均有自己的垂直类流量平台

4. 综合类内容型流量

综合类一般指图文、音频、视频均有的综合类内容型平台，例如微信公众号、头条号、微博、小红书、QQ 看点等。它们会有某些方面的侧重，但整体而言是在多个方面均比较突出的类型。

这部分平台的流量量级比较大，是很多营收规模不错的机构流量获取的主阵地，在某种程度上也是机构的主要门户，即官方展示地。因为这些平台的综合性较好，可做官方信息展示，可做主页集合，可做多角度变现，所以也比较受机构欢迎。

1) 适合获取此类流量的类目

我们所熟悉的微信公众号基本上覆盖了整个教育培训行业，只是把公众号作为主流量渠道的类目可能有所差别。例如经营母婴亲子、语言、考研等类目的很多规模较大的机构都把公众号作为流量主阵地。

头条号等除了把算法推荐作为主导这一点与公众号不同之外，对在线教育而言，还有一点就是其行业下沉覆盖相对较好，例如电气、维修等技工技能培训的普及度更高，还有传统文化、历史、"三农"方面也比较热门。

微博在文体类、情感类、美妆类、考研类话题的粉丝集中度不错，这里主要看垂直类"大 V"的集中度。

小红书的综合性也比较强，囊括生活所有领域，其中音乐、时尚美妆、穿搭、摄影、婚恋等方面的内容比较丰富。

QQ 看点则在动漫、二次元、游戏、时尚美妆方面的用户较多，但由于其整合了浏览器和天天快报的内容分发，因此在科技、法律、时政、健康等偏严肃领域的用户积累也不少，是比较综合的流量平台。

2) 此类平台的运营技巧

（1）在公众号上发布纯干货内容想要短期获取较大流量的难度很大，机构需要结合活动裂变、资源换取等方式快速拉新，然后沉淀运营有效内容。如果采用早期的文章内容引流模式，目前吸粉的效率会比较低，公众号"死亡率"比较高。但目前微信生态用户量级最大，综合性比较强，而且是官方门户的主阵地，如果机构有活动或资源撬动，还是建议在公众号中做重点运营。另外，微信生态还衍生了视频号、直播、圈子等流量运营阵地，机构可以将其与公众号结合以便有效吸粉。

除了自身在内容上做耕耘，微信公众号也可以在外部获取流量来助力公众号的涨粉。有一家做 K12 阶段的大语文机构就和某地教育局合作推进了"大语文家校公益行"的活动，教育单位作为主要合作渠道帮助推广公益活动，让他们的公众号增加了很多粉丝，并且粉丝还比较精准，都是 K12 阶段孩子的家长。机构后续也比较灵活，在主账号中细分粉丝群体，以大号带小号的方式又增加了 5 个账号，这几个账号的粉丝都比较垂直且数量很可观，为他们后续做教学变现提供了源源不断的新流量，其间该机构甚至没有花费一分钱的推广经费。

(2) 在头条号等算法推荐的综合内容分发平台上实现短期涨粉相对不难，一般要做到以下两个方面：一方面内容要垂直、精准，打造垂直类专家 IP 形象；另一方面要多参加头条号活动，做到坚持更新内容。

目前头条号的主要图文类形式有三大块：一是长文章，二是微头条，三是问答。这三个涨粉形式在不同类目下各有千秋，一个形式遇到"瓶颈"后可以尝试另外的形式。有的机构仅凭借微头条就能获取几十万粉丝，但其早期在长文章上并没有得到很好的推荐，所以机构要多尝试，快速调整。

另外，头条体系的抖音、西瓜视频、火山视频等视频分发平台也可以打通，图文与视频的结合也有助于内容传播并实现涨粉。值得注意的是，目前头条号在内容上的深度要求相对较低，不建议机构在头条号上走高、精、尖路线，通俗易懂的内容反而推荐效果较好。具体类目需要结合平台推荐策略以及用户的反馈情况来定。

(3) 微博平台的流量更具多样性。在微博上，一方面官方品牌可以发声，相当于设置了一个对外的窗口；另一方面可以做专业内容输出，打造 IP，扩大影响力。

微博在及时性、传播力度方面都比较好，因此，机构要运营好微博超话，多配合话题活动和官方活动做运营，涨粉一般较可观，但垂直类效果要因类目而异。另外，机构通过微博的头条文章、问答、热门评论、视频等引流方式均可获取流量，技巧相对比较成熟，不再赘述。

(4) 小红书在泛兴趣方向的流量内容比较好运营，而且展现形式非常丰富，除了主页、评论、私信引流外，机构可以结合目前的平台政策做流量聚集，未来和电商、付费流量做结合，进一步变现。

在运营技巧上多注意笔记的收录和曝光，通过标题、标签、封面、内容以及话题切入等方面来做优化。尤其是标签方面要突出专业性和主题，系统识别后才会优先推荐，不要盲目打大众标签。

小红书平台目前在权重和策略上优先推荐视频，所以机构运营上可以往视频方面侧重。另外，小红书的账号等级体系比较复杂，等级和推荐权重有直接关系，所以"养号"的必要性会比其他平台更强。除了创作优质的内容外，多互动点赞、多在平台上活跃也可以有效加速等级，提升权重。

(5) QQ 看点用户覆盖较广，运营上可以通过评论和 Biu 一下(有好友红点提醒)来带动文章推荐和阅读。同时也建议机构进行多账号联动，效果会更好。

下面简单对综合类内容型流量进行总结，如表 3.4 所示。

表 3.4 综合类内容型流量

常见流量平台	流量特点	运营技巧	适合教学类目
公众号	综合性强；稳定但增长缓慢	① 干货、长期运营 ② 活动裂变 ③ 微信圈子、视频号联动	各类目都覆盖
头条号	内容驱动；算法推荐型	① 文章、微头条、问答 ② 积极参与官方活动 ③ 图文视频联动 ④ 垂直类 IP ⑤ 内容通俗易懂	各垂直类目均有自己的垂直类流量平台

续表

常见流量平台	流量特点	运营技巧	适合教学类目
微博	成熟度高	① 短、平、快运营 ② 参与官方活动 ③ 评论、超话、头条文章等多方式灵活运营	情感、财经、美妆、摄影、绘画、考研等
小红书	女性流量较多；相对封闭	① 注意标签的专业度 ② 优先选择短视频 ③ 学会巧用话题 ④ 积极"养号"，快速升级账号体系	音乐、时尚穿搭、摄影、婚恋等
QQ 看点	年轻化；成熟化	① 多账号运营 ② 评论+Biu	动漫、二次元；法律、健康等

综合来看，获取内容型流量要先学会聚焦和专注，不管是选平台还是做内容。

基本上所有机构"白手起家"获取的大部分流量主要来源于一个平台，可以是微信、头条、B 站、微博等，也可以是其他还没有提及的平台。所以机构在一开始选平台时可以多尝试，一旦找准了，就集中精力做好一个平台。只有这样，才可以通过坚持获取规模和时间积累的优势以及平台的信任优势。如果运营者一开始就选择了好几个平台，在每个平台都运营一段时间后，发现效果不好，就认为内容型流量难以获取，那有效流量就与这类运营者无缘了。

做内容也要专注，不要一开始就想实施大而全的解决方案，想取得好的效果最好先集中一个方向，往深处扎根，例如 PS 就是 PS，不要做成设计软件；在人力资源是专项的情况下，就不要做成管理通识类，一方面，人的精力有限，分散后不容易形成精品和口碑；另一方面，平台往往也喜欢对垂直类内容做推荐，机构也容易从中脱颖而出。

从长期来看，在内容为王的时代，只要你坚持输出用户需求的高价值内容，就能获得用户的认可，获得流量。想要输出高价值内容，机构也要注意内容的结构化整理和呈现，迈克·阿瑟顿在其《内容即未来：数字产品规划与建模》一书中强调了内容结构化的重要性，结构化最大的好处是可以依托合理的结构形成高效的内容排列组合，这样可以有效地解决内容重复、素材不当、呈现吸引力不足等问题，让机构在内容运营的排兵布阵上更具效率和科学性。

当然，内容型流量从运营视角来看都会有一个快速成长期，这个时期内的流量极速膨胀，内容质量不高也可以获得很多流量；但一旦到达相对稳定期，就需要高质量的内容才能胜出。所以做流量运营的从业者一定要对快速成长的内容型流量非常敏感，把握好"新风口"的关键机会。

本书想提醒大家关注的是内容和搜索引擎优化(Search Engine Optimization，SEO)的结合可以放大内容型流量的势能。即通过搜索引擎技术和规则优化网站排名，当然现在还有应用商店搜索优化(App Store Optimization，ASO)、微信搜索优化(WeChat Search Optimization，WSO)等。如果你在多平台通过分发内容引流时，关注对应的搜索优化，并结合对应搜索规则和技术，把关键词、内容呈现、账号权重等方面都优化到最佳，那么每天就可以额外多获得不少的免费流量，这是一件性价比很高的事。

活动型流量

活动型流量是指通过各种活动吸引到用户。活动型流量的获取基本贯穿在线教育机构运营的大部分过程，无论是我们熟悉的新课上线限时优惠折扣、早鸟价抢购、多人拼团限时免费，还是帮人砍价学习、朋友圈(好友)转发免费或小额获取课程学习、领取资料大礼包以及各种节假日活动等，都可以吸引有效的流量。

活动对于在线教育机构而言非常重要，它并不是很多从业者理解的简单粗暴的降价优惠，更重要的是，活动是机构和学员交流沟通的一个机会。原来可能对你爱理不理的学员，这个时候就很可能被活动吸引过来；另外，通过一些老学员主动或被动的转发推荐，机构又能触达新的学员，这样其实就是在获取新的免费流量。

永远要记住,只要有机会多和学员接触一次、交流一次,就增加了一次被学员信任的机会,也就增加了一次机构的教学产品或服务被购买的机会,以及品牌被曝光、被认可的机会。

活动型流量,如果从活动方式来展开介绍,可能一本书都介绍不完,因此笔者挑选了几种常见的活动型流量的玩法进行介绍。

1. 朋友圈/社群裂变拉新

凡是在微信生态做过流量运营的机构,对通过朋友圈或社群快速获取到新用户的玩法一定不陌生,我们经常会称之为"裂变"。裂变从物理学视角来说一般是指核裂变,即一个原子核分裂成两个或多个原子的一种核反应形式。对应到用户增长上,就是指一个用户能快速带来多个新用户,新用户又能持续带来多个新用户的模式,从而不断扩展外延边界,如图3.5所示。

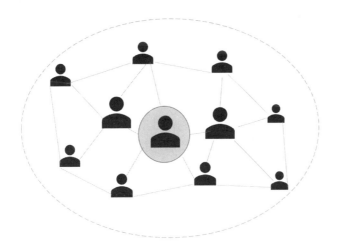

图3.5 流量裂变

有人说这不就是"一传十,十传百"吗?应该很简单。其实不然,不少教育机构的裂变在第一层的传播中就中断了,但也有教育机构靠裂变的模式获取了大量新用户,甚至某种程度上将裂变作为一种机构常用的获客思维来做到长期获客。一个成功的课程裂变大体上需要按以下几个步骤执行,如

图 3.6 所示。

图 3.6 课程裂变获客参考流程

1) 确认传播利益点

这一步是流程中的核心,是活动成功的关键。裂变开始时一定要分析清楚学员的利益驱动是什么,它相当于产品的核心卖点。如果裂变的动能不足以让人为之所动,那么这个传播过程就容易很快中断。

确认传播利益点有三个原则可供参考:第一个是准确性原则;第二个是唯一性原则;第三个是差异化原则。

准确性原则是指根据学员的需求,结合要裂变课程的类目、行业和机构的资源进行综合评估,给学员最准确的利益点;如果不了解学员诉求,就无法准确把握利益点。唯一性原则强调利益点的定位要清晰简洁,往往好的定位不会是很多利益点相互交叉,利益点越多,学员越不容易记住,因此利益点要尽量精减。差异化原则是指尽量显示机构所独有或特别的优势,否则其他机构都能第一时间快速跟进,容易变成低价值。

另外,传播利益点需要有较强的行业时效性和易用性,让学员有充分的动心理由,例如,"新能源汽修 10GB 资料免费送""互联网运营实战地图限量前 300 名免费领取""亲子专家育儿手册免费领"等,这一点也可以结合线下的活动来做利益点确认。

2) 确认关键传播路径

具体活动一共有几个关键步骤,有哪些关键的传播节点需要注意,都是需要确认清楚的。不同关键传播路径的侧重点也不同。可能的关键传播路径是扫码→进群→分享朋友圈→领取奖励,也可能是扫码→加企业微信好友→分享朋友圈→进群→领取奖励,还可能是扫码→关注服务号→进群→领取奖励等。当然还可以形成很多变种,具体要根据机构的实际情况来确定。也有一些裂变是通过组队或团队 PK 模式展开的,也要做好传播关键路径确认。

另外，不仅要对关键传播路径进行确认，而且要对相关环节进行进一步确认，例如在裂变工具、微信号、风控预案、截流预案等方面做好详细准备。

3）产品打磨

产品打磨是指围绕裂变关键传播路径，怎样把每一个和学员交互的细节做到极致，至少要做到机构和团队在当时的状态下，已经没有可优化的地步。产品打磨中最重要的就是传播载体——海报。

之所以要对海报的设计足够重视，是因为这是裂变出现场景最多的产品载体。海报要突出传播利益点，要强调学员的需求场景，标题要精简、有吸引力，要营造紧迫感和限时限量的稀缺性，还要尽量展示信任面。例如，海报中教师照片和介绍所营造的专业感、名人推荐的权威感、以往培训效果的数据展示等。另外，海报要有基本的美感，即使做得不是很到位，也要尽量突出核心，使重点明晰，如图 3.7 所示。

除了海报，教育机构还要根据实际裂变场景对其他可以提前优化的步骤进行充分优化，例如话术、详情页等。话术方面要把所有环节中可能运用到话术的场景，都提前做好系统整理，尤其是上述关键传播路径中的关键环节以及常见的问答部分。如果有具体落地页面，还需要做详情页设计优化，详情页可能激发学员参与的欲望。

图 3.7　裂变海报参考图例

4）种子用户准备

对于裂变，不少人认为它是完全意义上的 0 到 1，其实不然，专业的裂变团队都会强调种子用户的原始积累，从而尽可能保证裂变的成功。种子用户可以是老用户也可以是新用户，可以是关键意见领袖(Key Opinion

Leader，KOL)也可以是普通用户，还可以是非个人的组织单位，关键是他们要有比较强的传播能力。

就像马尔科姆·格拉德威尔在《引爆点》一书中非常强调量大的个体在社会传染中扮演的重要角色一样，在线教育机构在裂变过程中要特别关注那些在人际网络中有效"连接点"高的关键人，可以更快地引爆传播。

对于种子用户，机构可以用活动早期的特殊权利或福利来吸引，并与其产生强黏性，例如专属邀请名额、不同渠道的联合首发、资源置换等，核心是要找到大家的双赢利益点。

5) 裂变扩增

做好打磨好产品和种子用户积累这些步骤后，机构就可以开始裂变了。通过种子用户和自己原始积累的微信号、公众号、微信群等资源进行同时宣发，可以第一时间刷屏并产生引爆效果。

宣发后更重要的是开始对各渠道进行监控，一方面保障所有预先动作落地；另一方面根据前面步骤制定好的流程做意外情况的处理，例如工具的不正确使用情况、外部截流扰乱情况等。当然，这个过程也可以提前做小范围的测试来积累经验。

接下来，教育机构需要对成功引流的学员进行价值交付，满足他们参与活动的传播利益点。这个过程通过提前设计好的话术和场控流程等来实现，最好能做到120%的价值交付，超出学员预期，这样对后续的留存转化场景更为有利。

6) 总结复盘

最后一定要做总结复盘，因为看似已经流程化的步骤里其实蕴含着非常多的关键细节。例如，服务号设置关键词、群公告设置、个人微信号过载、路径断裂、工具失效、A/B 测试等细节，都需要做好总结，才能为下一次做得更好创造条件。尤其是新媒体裂变的规则和思路经常发生变化，所以每一次做活动对于教育机构来说基本上是新的挑战。

由以上内容可知，许多看起来很成功、轻松的裂变涨粉，其实背后都要从全流程的视角出发，尤其是在内容本身没有明显稀缺价值的时候，把每一个环节做到最好，才有可能产生所谓的"爆款"。

接下来，我们介绍一下朋友圈/社群裂变过程中，具体可以采用哪些裂变拉新的方式，如表3.5所示。

表3.5 朋友圈/社群裂变拉新的常见方式

裂变利益点	具体裂变方式
优惠	通过获取资料、领取优惠券、领取专属福利的限量免费/低价名额、领取海量资料大礼包的玩法，在朋友圈或社群吸引新流量，并可以视具体情况给学员设置获取门槛
主题知识	通过7天/14天/n天免费(1元或小额)疯狂/假日/××主题训练营的模式，引导学员转发朋友圈，吸引新流量
参与感	通过打卡、冲榜、刷题、伴读、听书等计划，来吸引用户转发朋友圈获取免费参与的机会，获取新流量。其中也有付费的玩法，如告知学员只要参加完打卡等全部计划，就会以返还现金或报名金额的机制来激励用户报名和分享。有很多训练营、读书计划采取类似方式来快速获取学员
社交感	通过拼团、学伴助力等模式，学员拉人帮忙助力，从而获取体验课程学习权限。也有不少机构借助微信小程序来做鉴权和玩法普及，效果比较好
赚取收益	主要通过分销裂变，分销是知识付费模式比较常用的玩法，尤其对于精品课程，通过分销课程可以赚取收益或者获取免费学习名额；也可以进行组队分销、多级分销、限时分销等，吸引新的流量购买课程或教学服务，从而获取新流量收益
反馈评估	通过测试、测评等方式，吸引学员免费获取专业测评或者做简单测试来实现获客等

以上裂变方式可以搭配使用，具体根据机构的实际情况和需求而定。另外，群裂变等活动会涉及第三方工具的使用，机构一方面要注意用好工具，

如文案测试、渠道效果追踪等；另一方面要注意在社交平台规则范围内运营，防止被限制并导致前功尽弃。随着微信生态对产品本身体验的保护，未来企业微信在营销广告方面会发挥更大的作用。

2. 节假日、周年庆、热点活动拉新

每一个做在线教育的机构，每年至少应该有一张机构全年活动运营图。

请画出你所在机构的全年活动运营图。

活动运营图可以包括几个维度：节假日、行业热点、机构活动日、合作平台等。一年有很多节假日，不同节假日会带动不同人群的消费。例如春节和寒暑假，一般都是K12的开班高峰期；在儿童节，少儿亲子类机构就可以做各种运营活动等。

行业热点要结合机构从事的教学科目来看，有的机构做读书类教学，那每年的世界读书日就要做好活动策划，借势带动课程销量增长。考试类的机构对相关考试的报名期、冲刺期、成绩发布期要格外关注，做好对应的活动策划。当然还有广泛意义上的行业或社会热点，机构要增强快速借热点做活动引流的能力，运营者不可"两耳不闻窗外事"，嗅觉要灵敏。

机构自身节点主要指机构围绕自己的品牌做活动，例如周年庆、福利狂欢节等，往往是推出全新服务、课程体系更新、涨价或限时优惠抢购等活动的好时机。

另外，在线教育平台或流量平台每年也会有自己的平台活动，建议机构参加以促进双赢。

有些机构担心让利优惠等活动会让老学员感到不平衡，其实大可不必，只要机构不刻意在前后几天内做大幅度的价格变动，学员基本是可以接受的，不要因为这一点而放弃做活动。而且教育是投资型产品，站在学员的视角往往是越早投资越有利，因为投资越早，就可以产生越大的学习价值。

3. 围绕教学类目本身的活动

在线教育有其独特的优势，机构可以结合各自类目的特点做活动。例如，针对语言类，推出教师一对一发音纠正限时活动；针对常用技能类，推出对应行业"大咖"专项论坛免费交流活动、作业点评活动、最受欢迎教师评选活动、最佳学员作品活动等。

下面以一个声乐教学的例子来做说明。传统的声乐教学，会通过线下赠送免费现场试课名额的活动来吸引用户关注，以获得新的流量。那线上呢？线上往往是一对多的环境，在这样的环境中如何借助活动把其优势发挥出来呢？

针对上面遇到的问题，有的机构就尝试在线上做"直播间唱歌诊断活动"：只要带一位新人来直播间听课，本人和带来的新人就有机会获得教师的免费唱歌诊断，这个活动最终取得了很好的效果。哪位学员不希望由专业人士指出自己当下的特点和不足呢？更何况是免费的。学员只需要通过唱歌软件把自己唱的歌曲发布在社群中，助教筛选后发给直播教师，一经直播教师点评，就可以知道自己唱歌的特点和不足，机构也可以借此把学员的痛点变为营销点，提高转化率。

同样，其他类目也可以借助这种即时点评的活动来获取流量，并且采用这种方式可以兼顾拉新、促活、口碑的提升，是一举三得的拓流方式。

4. 线下活动

不少教育机构的运营思路是有问题的，他们认为线上和线下是互斥的，有的认为只有线上才有未来，有的认为线上就是给线下带量的一个渠道，这些看法都比较片面。相反，有些机构能利用从事的教育培训类目的属性和线下行业的特点做一些线上线下融合，以此为线上带量。关于线上线下融合的部分，在后面的章节中会专门进行论述。

常见的传统线下图书渠道，对于考试考证类的带量效果就很好。通过在图书中配置学习卡片或辅助手册等引导学员扫码学习线上课程，这种图书获客的方式，帮助很多在线教育机构获得了源源不断的有效新流量。

也有机构通过低价购买线上课程的方式给线下增收，这样就会有学员为了参加线下活动集中购买线上课程，从而也能给机构带来可观的新流量。

还有最简单的线下论坛、会议、培训、招聘的现场活动推荐或咨询获取，都可以通过扫码、加群等方式转移到线上，为线上提供新流量。

未来的教育不是线上线下谁成谁败的问题，而是如何相互结合或者融合得更好的问题，所以建议机构在获客思路上先不要把自己局限在某个地方。

资源型流量

不管是哪一个领域的在线教育机构，都会有产业链的上下游，以及同一受众人群的不同客户群。因此，我们要学会挖掘需求，撬动合作流量，促进共赢。

假设你是一家做器乐培训的线上教育机构的运营者，机构需要获取新的用户，你觉得有哪些资源可以撬动？

实际上，不管是教授吉他还是钢琴，有一条产业链一直存在，那就是乐器售卖行业。每年线上线下有很多的代理商在售卖各种品牌的乐器，那机构是否可以与售卖乐器的天猫、京东店铺进行合作，为他们提供免费课程、资料来获得新用户呢？显然可行，他们也需要线上课程来提高用户的整体满意度，而机构通过这种方式可以接触到更多新用户，这样的资源合作就是双赢的。笔者了解到有机构通过这种方式每个月可以为机构带来 30%左右的新用户。

假设你在经营一家做高中数学培训的个人教师，你觉得有什么资源可以合作帮助你获取新用户呢？

我们来还原一下学员的学习场景。实际上对于高中生而言，他们在很大程度上有参加多科培训的诉求，可能同时要参加英语、化学、物理培训。在这种情况下，你就可以找其他学科的教师或机构，形成资源共享圈子、互推

第三章 在线教育运营"三板斧"——流量获取

联盟。笔者曾遇到过数、理、化、生几科教师共享流量，大家都愿意把共享池做得更大，不仅不影响原有利益，而且一年的盈收较之前就翻了 3 倍多，整合后的口碑影响力也更强了。当然，采用这种模式要基于互信的合作机制。

 作者互动 假设你在经营一家专注于大学生领域的在线教育机构，你觉得可以利用哪些资源实现合作共赢呢？

做大学生群体教培的机构，一般涉足考研、英语四六级、计算机等级考试、财会考试、求职辅导等领域的较多，你可以根据情况寻找合作方。除了纵向寻找目标群体外，你还可以和一些专门提供大学生服务整合的资源方合作，他们手里有大量的大学生资源，但有的不能很好地变现。例如，有做计算机考试的机构通过与一些大学生服务商平台的合作，每年可以获取几百万元的分成收益。有时候，只要换一种视角，就多一个获益机会。

 作者互动 假设你在经营一家少儿英语的亲子类线上教育机构，除了正常的流量渠道外，你觉得还有哪些资源可以利用起来帮助扩大市场？

很多少儿英语机构是通过付费广告、内容流量、口碑推荐等来扩大市场，除了这些，是不是可以往 B 端的横向资源想一想？例如有一天，你看到公司的行政人员帮你们对接了外面的甜品供应商，给你们提供甜品和奶茶，你突然想到，为什么你们的课程不可以对接企业呢？其实，每家公司有低龄阶段孩子的员工都是你的目标用户。

于是接下来你可以和企业沟通合作，通过提供优惠套餐或福利活动，来销售体验课或系统课。像腾讯、华为等公司内部就会不定期对接优质的课程内容供应商，不仅可以借助企业专属优惠给员工提供福利，而且能帮助机构获取用户，是双赢的合作。除了家长需要的亲子类课程之外，个人成长类的知识付费课程、企业培训课程等都可以沿用此思路。

以上的案例告诉我们，只要你能深入洞察课程受众的需求和场景，你的思路就会被打开，机会连接的可行解就会增多，原来很多看似不是你的课程的用户群体，也会变得可能。尤其通过多视角、多链条的 B 来找 C 的方式，对于在线教育获客，会是一种非常有效率的方式。另外，作为在线教育从业者，我们需要培养并维护好自己的人脉和对接的资源，不定期进行思想交流或资源互换，这样不仅思路会开阔很多，往往还能有意想不到的收获。有时，搭建一些资源友情互推可能比设计好的流量方案效果还要好。

总之，教育行业的流量玩法是经常变动的，所以从业者要保持好奇、积极的心态去了解、探索、整合，这样才能做到真正的主动。

请分析你当前的行业人脉或上下游渠道资源，看看是否可以找到一种途径帮助你扩展流量渠道，从而实现获客。

"薅羊毛"型流量

"薅羊毛"类型的流量，并不是主流的获客渠道，但事实上它广泛存在于教培类目的运营中，因此，有必要做简单说明。"薅羊毛"是指通过免费、低价等低成本手段的方式获客。一般是充分利用各个软件或网站的非主要途径去获取流量的，下面做一些常见相关场景的介绍。

不管是微信还是 QQ 抑或是其他社交工具，每天都会有大量的用户建群、加群，在群里交换信息。有机构通过搜索 QQ 群目标关键词，从而免费进群或者低价付费进群扫量进行"薅羊毛"。有的机构更直接，会与群主合作，进行单次低价付费或分成式合作，对群主来说也是一种变现方式。

除了社交软件类，一些社区类的产品也非常受用这种方式引流的机构的欢迎。像百度贴吧、天涯社区、豆瓣、58 同城等，就有大量机构发帖引流，甚至发布霸屏的广告。这些机构往往还是多账号联动，就像早期的墙贴广告一样，到处留咨曝光，以获取目标用户。

本书不得不提的是近年来兴起的二手交易类平台，其中也有很大的信息交互量。笔者经常看到一些机构通过闲鱼、转转等二手交易网站发布商品需求或者评论来引流。这对一些和商品结合比较紧密的培训类机构还是有一定帮助的，例如二手乐器交易，往往意味着需求发布者可能需要器乐培训；还有二手摄影器材交易，可能是摄影课程的目标用户等。

还有最直接的方式，就是直接在各种消息群发布广告信息，这种方式不管怎样更换，信息载体都不会消失。这些渠道偶尔也会发挥作用，但这种方式极易引起他人反感，容易在同行中口碑变差，甚至被举报封号，因此，不建议机构作为优先考虑和长期采用的获客方式。

以上列举的或没有提及的"薅羊毛"方式，本质上都是在寻找"人群聚集的地方"，然后从这群人中尽量获取潜在用户。不管是在各种评论区、圈子引流还是在各大社交群发布广告，都是基于这个原理，只是方式或内容上有直接和委婉的区别罢了。

和其他相对持续的流量渠道相比，"薅羊毛"的方式成本太低，建立的连接太弱，与用户产生的关系太不稳固。用户还没有对机构建立起信任，机构就开始着急营销获客，效果自然受限很多。而且对于有一定影响力的品牌而言，采用这种方式可能存在潜在的口碑风险。

 通过上面的介绍，请写下你认为的你所在的教育机构有哪些免费渠道可以进行新增或者优化，并说明原因。

综上所述，我们介绍了四种常见的免费流量获取方式，以及每种方式的特点及运营技巧。基于此，机构可以根据自己对所在类目用户群体需求的洞察，结合以上平台和运营方式的特点，系统地分析出最优的免费流量获取唯一的切入点或组合方案，之后根据运营数据和运营技巧动态优化，直至免费流量可以作为机构有效且稳定的获客渠道。

付费流量的获取方式和技巧

流量有免费的，就一定有付费的。付费流量主要指通过付费合作、广告投放、工具产品带来的新用户。(本部分会涉及一些付费投放流程，对于不涉及付费投放的读者来说会比较枯燥,所以如果读者目前不做付费投放,可以先跳过此部分,后续有需要再返回查阅,不影响整体阅读。)

目前来看,通过付费投放来获客已经成为在线教育机构比较常见的拓展新流量的方式,尤其每年暑假、寒假,很多 K12 机构纷纷付费在各流量平台投放广告。激烈的竞争让不少在线教育机构的营销成本变得非常高,但在他们的逻辑里,摆在他们面前的选择只有两个:一个是通过付费投放快速获客,继续抢占市场,争取新的机会;另一个是用户增量跟不上市场增速,市场被竞争对手瓜分,某种程度上只能等待"死亡"。所以这些头部机构进入了一个被迫扩增的循环中。

虽然对于头部机构来说付费投放是一场不得不参与的流量战争,但对于中小型机构以及很多没有付费投放大量涌入的类目而言,这条路依然是一条效率还不错的获客之道。

那么,常见的付费流量有哪些呢?又有哪些付费投放的策略技巧是我们需要知道的呢?

从大的方面来看,我们可以分三部分来介绍付费流量:一是付费广告投放;二是付费合作;三是提供工具。

付费广告投放

广告投放是在线教育机构付费获客最常见的方式之一,目前主要有搜索引擎营销(Search Engine Marketing,SEM)、信息流广告投放、垂直类广告投放、线下及其他广告投放几种。接下来我们逐一探讨。

作者互动 请写出你所在机构目前付费流量运营的渠道和方式,并做简单效果评估。

1. 搜索引擎营销(SEM)

在讨论 SEM 之前,我们先要明白一件事,就是人们为什么需要搜索引擎?因为人们需要从纷繁复杂的信息海洋中找到自己想要的精准信息,而搜索引擎可以通过关键词的语义联想来帮助我们相对满意地实现这个目标。

那为什么要通过关键词来实现呢？一方面，从用户的角度来看只输入关键词可以帮助我们提升效率；另一方面，从机器的信息识别匹配的工作来看，只输入关键词往往会让机器工作更加准确，有效降低人们因为个性、主观带来的不确定性。

所以不管是机器还是用户，共同的诉求都是通过关键词获取到准确的信息。而 SEM 就是在用户检索信息的时候把广告信息传递给目标用户。

早期 SEM 还包含我们前面提到的 SEO，SEO 本质上还是通过规则和技术来优化排名，只不过这部分现在指的是自然排名的优化。而 SEM 现在基本上已经是关键词搜索付费推广的代名词了，主要指百度、360、搜狗、神马等搜索引擎的关键词搜索付费推广，也就是我们常说的竞价排名。其简单逻辑就是根据付费的多少以及用户的偏好决定用户在搜索时广告的排名位置，这也是我们主要讨论的部分。

1) SEM 流量转化的路径

用户搜索需求关键词，并点击搜索结果跳转到展示页，即可通过图文、子链、列表或混排等形式了解信息；进而部分用户会进行咨询，机构则可以通过留咨进行下一步的课程售卖交易。

举例：一个用户想学习 PS，假设他(她)在搜索引擎上搜索"PS 课程"，那么搜索结果页前排就会出现几个 PS 课程的广告，然后这个用户点击广告进入网页后，机构会通过页面留咨或互动等方式获取用户信息，之后通过电话等沟通方式，促使用户购买付费课程。(如果你对 SEM 类渠道不熟悉，现在就可以在百度或其他搜索引擎上搜索相关课程，点击第一个广告留咨体验一下，从用户的视角来体验会使你对流程有深刻的理解。)

2) SEM 适合类目

要根据搜索需求来定，通常搜索量较大的，诸如 K12、IT 编程、医疗建工等各类目都比较适合。

3) SEM 的优势和不足

SEM 的优势是可以获得相对精准的用户，因为用户都是通过搜索关键词来获取信息，这个行为是主动行为，是用户主动想要查询的，所以在关键词相对精准的情况下获得的用户质量非常高。缺点是不少领域里的竞争太激烈，投放成本较高，用户量相对有限。

4) SEM 投放策略和技巧

(1) 要做好调研。为了充分了解目标用户的需求，机构可以初步通过搜索引擎的搜索指数来做一个简单的调研，了解目标相关关键词和同类关键词的搜索频次、浏览数据等。好的调研可以让广告投放有的放矢，更加准确。

(2) 巧借工具和经验。SEM 是一个比较成熟的付费广告投放方式，无论是搜索引擎投放账号自带的分析工具，还是第三方拓词工具、营销漏斗模型、出价模型等都比较成熟，机构可以直接借鉴、使用。

(3) 动态优化要有专业的标准作业程序(Standard Operating Procedure, SOP)。竞价投放是一个需要不断关注出价、关键词、创意、落地页、转化率等关键指标的动态监测业务，机构可以借助投放漏斗来做关键指标及影响因素的监控，如图 3.8 所示。机构还需要有专门的日、周、月检测投放优化指标和 SOP，这样才能及时地发挥最大化作用。

图 3.8　SEM 投放漏斗指标及影响因素参考

如果找第三方代投放，第三方成功的先验案例，标准的调研、投放、优化 SOP 都可以作为机构是否合作的重要参考。当然，在自己有能力投放的情况下，整合效率会更高。

总之，基于 SEM 的方式虽然没有新媒体等信息流广告的关注度高，但还是有大量的用户在搜索引擎中获取信息，SEM 也还有较大的优化空间。

2. 信息流广告投放

信息流广告投放是目前最受欢迎的广告投放方式。简单来说，信息流广告就是穿插在内容流中的广告，使广告看起来也像内容。平台会通过用户的人群画像和机构的目标诉求结合投放。例如，在介绍免费流量时提到的内容型流量，其对应的平台也都有信息流广告投放。信息流广告在移动互联网时代增长迅猛，基本上各大互联网公司都开展了信息流广告投放的业务。

1）信息流广告投放的优势和不足

信息流广告投放的优势比较明显，除了用户量相对较大外，一方面还表现在用户体验上。做得好的信息流广告是不太容易看出有硬广告的嫌疑的，和正常的内容信息区分较小。不过随着信息流广告的需求越来越多，信息流广告的质量也参差不齐。另一方面就是对于投放机构来说，广告投放形式比较丰富，好的创意发挥效能可能超出预期，而且成本相对不高（虽然成本也在逐年递增）。

信息流广告的不足体现在覆盖人群上，由于边界比较模糊、分散，不够准确。因此一般没有 SEM 精准，导致转化成本也相对偏高。因为本质上 SEM 是用户在寻找信息，目标性更强，但信息流广告的很多场景中，用户是在逛内容，没有明确的目的驱动。

2）信息流广告投放的分类

一般常见的信息流广告可以根据平台的属性分为新闻资讯类、社交媒体类、视频类几种。

新闻资讯类有今日头条、腾讯新闻、天天快报、新浪、搜狐、网易等平台；社交媒体类有微信、QQ、微博粉丝通、贴吧等平台；视频类有腾讯视频、爱奇艺视频、优酷视频以及 B 站、西瓜、抖音、快手等平台。还有诸如各浏览器以及其他品类的信息流广告等，像小红书、网易云音乐、喜马拉雅以及一些行业垂直类的网站也都得到了一些广告主的青睐。

3) 信息流广告投放的展现形式

信息流广告前端显示样式比较多样化，有开屏、大图、单图、三图以及加视频等形式，方便机构结合内容特点和用户喜好来选择。机构可以通过免费课、小额课、加群、表单等方式来投放，从而获取用户，进一步转化关单。

本书重点介绍一下信息流广告投放的运作流程，以及每个环节需要关注的问题。一般信息流广告投放运作流程大体上包含定位目标用户、创意设计、落地页确认、数据分析、投放优化几个环节，如图3.9所示。

图 3.9　信息流广告投放运作流程

(1) 定位目标用户。信息流广告由于本身相对比较分散，所以难点也在于怎样找到精准用户，这就要求机构对目标用户的定位要尽可能准确。所以和 SEM 等的广告投放一样，做好调研是最重要的一步，机构要充分了解目标用户的展现和学习场景是什么，对什么样的产品感兴趣，竞争对手的切入点是什么等。

一个好的广告投放分析师基本上大部分时间都在思考用户需求，并基于此制定策略，而不是只进行技术上的表面优化。这一步，机构就会把投放地域、人群、时间、基本素材等用户基本画像信息以及切入的场景初步确认下来，也会根据需求定向、设置出价。各资源渠道、各成熟行业、各端口、各位置等的出价一般有历史数据可以参考。

(2) 创意设计。在想明白什么样的人可能会对你的课程感兴趣，以及哪里有这些人之后，我们需要知道这些人对什么样的切入点和形式感兴趣，从而获取高点击率和参与度，这就涉及创意设计。其中可借鉴的用户思维有很多，比较重要的，笔者称为创意设计思维的三大吸引法则，分别是利好吸引、共情吸引、对比吸引。

一是利好吸引。一个好的创意切入点大部分是从利好用户的思维切入的，本书进一步细分成稀缺性、占便宜、专业权威、及时性、从众性等，借助这些特性来表述创意，要比直接表述效果好很多。创意设计"利好"吸引法则案例，如表 3.6 所示。

表 3.6 创意设计"利好"吸引法则案例

利好原则细分特性	特性原理	普通描述	利好原则描述
稀缺性	越是稀缺的东西，越能吸引人们的注意力并激发人们的占有欲，越容易使人们产生急迫感，从而带来高点击量	BAT"大咖"教师一对一辅导的产品经理课	BAT"大咖"教师一对一辅导的产品经理课，只剩最后100个名额
占便宜	人们都喜欢占便宜，通过占便宜可以获得满足感，营造"赚到"的感觉	5节外教英文课，只需 19.9 元	外教直播教英文，5 节只需要 19.9 元，送教材还包邮
专业权威	任何人都更愿意听取行业、领域专业权威人士的意见，因此权威、专家等的推荐对于点击量提升会有直接帮助	在职 MBA 火热招生中，你要不要试一下	商学院"大佬"推荐的在职 MBA 火热招生中，你要不要试一下
及时性	借助如"今日""现在""终于"等词来增强推广的及时性，让学员觉得你的信息具有高价值	在职博士申请的朋友请注意，正在火热招生中	今日起，在职也能申请攻读博士学位，正在火热招生中
从众性	从众更多的是 C 侧实力的展示，如果有很多人都学习或者都参与了这个课程，其吸引力就会更强	给孩子的少儿编程课，现在就学，不要输在起跑线上	10 万+父母让孩子学习的少儿编程课，现在就学，不要输在起跑线上

二是共情吸引。共情吸引是指对用户"痛点"的共鸣反应，用户看到你的创意后能产生强烈的"在说我自己"的感觉。举一个例子，如果你准备投放一个成人绘画课的广告，你用直接的"绘画课程学习"是比较难击中这些职场忙碌人群的内心的。

这个时候就要采用共情吸引的方式，以"跟着教师，从零开始，实现你童年的绘画梦"这种视角切入，就更有带入感。如果采用视频载体展现，脚本编排上也要传达出童年时渴求学习绘画，但没有机会学的遗憾，再加上一些孩子被家人反对学习绘画的场景，将这些内容在视频中表达出来，代入感就非常强,更容易让有过类似经历的用户产生共鸣。类似的还有成人大学、职场深造等,核心是让用户感觉"你说的就是我,你表达的就是我想要表达的感觉",这种方式配合视频创意设计会更加深入人心。

三是对比吸引。大部分人都会有这样的心理假设:一旦开始做两者对比,人们就更容易对其中一个产生倾向性。最常见的场景就是在谈判中,世界著名谈判策略研究专家 G·理查德·谢尔在其《沃顿商学院最实用的谈判课》一书中就讨论了"红脸白脸"的谈判技巧,对其中使用的对比心理进行了说明。基于这种心理,广告投放中不同的人生对比、不同的产品特点对比、不同的用户场景对比、不同的时间对比,都会让用户从心理上进行比较,从而选出更倾向的那一个。

例如,如果你准备投放一门理财课程,目标用户准备瞄准工薪阶层,你准备从"普通工薪阶层该如何理财"的创意切入。这个创意是完整的,但你可以再想想怎样可以使这个创意变得更有吸引力。这个时候我们借用对比吸引法则,将创意改成"现在钱越来越不值钱,作为普通工薪阶层的我们该如何理财"。这样既借助了时间对比,也借用了工薪阶层的共情,就更容易获得高点击量。

以上涉及的三大法则及其中的细分原则也可以应用在视频创意设计中,为了检验大家对上述法则的理解及应用情况,下面进行了创意设计三大法则视频场景案例分析,如表 3.7 所示。

表 3.7 创意设计三大法则视频场景案例分析

视频场景案例	细分特性	你的优化方案
场景: 单人口播 内容: 现在学心理学好处多多,不仅就业面广,而且薪酬高,很多知名企业家都在学心理学,将来在为人处世、职场晋升上都用得上。朋友有心理问题时,你还能运用心理学帮助朋友走出困境,成为他人心目中的"牛人"。现在购买心理学课程就有优惠,还等什么,快来学习吧	稀缺性 占便宜 专业权威 及时性 从众性 共情 对比	

续表

视频场景案例	细分特性	你的优化方案
场景： 多人对话情境 内容： 妈妈 A：怎么办，我家孩子就是不爱学英语，我好担心他以后跟不上社会发展。 妈妈 B：是不是对英语学习提不起兴趣，我建议你报某某外教课，外教一对一辅导，纯英文环境，在实际案例中学习。我家孩子就报了这个，现在，每天都不用我们管，自己就打开软件学习啦，英语成绩现在班级排名前三。 妈妈 A：真的吗？那我也让我家孩子试试，在哪里可以报名？ 妈妈 B：点击下方链接就可以啦，现在报名还免费送教材，包邮呢	稀缺性 占便宜 专业权威 及时性 从众性 共情 对比	
场景： 纪录片式镜头 内容： 小张出生在农村，从小家里穷，家里兄弟姐妹多，她是老大。虽然她学习成绩好，但为了早点帮助家人分担压力，她高中没毕业就辍学打工了。这几年家庭条件变好了，自己不用太补贴家里了，但她还是忘不了上大学的梦想，于是她参加了某机构的成人学历集训班。通过努力，她现在拥有了成人本科学历，现在，在一家公司做人力资源管理，父母也为她感到自豪	稀缺性 占便宜 专业权威 及时性 从众性 共情 对比	

 作者互动　请在表 3.7 中选择视频案例应用的吸引法则以及细分特性，并提出你认为更好的优化方案。

最后，回到设计表层来看，字体简洁、版式合理、主视觉清晰、色彩和内容主题吻合，这些都是基本功。

(3)落地页确认。广告落地页的确认往往需要重点关注以下几点。一是展现逻辑。展现逻辑是最重要的,这和写文章的本质是一样的,从用户顺着标题文案进来后读取的感知信息,再到了解信息后的信任,到信息的填写或课程购买,这个路径要非常顺。有的机构落地页逻辑很混乱,即使广告有比较高的点击量,进入落地页后也没法留住用户。

二是信息量和美观度。落地页是核心信息的载体,信息密度不需要很大,要让用户可以快速得到关键信息,快速做决策。如果落地页展示的信息量太大,往往会让用户抓不住重点,从而产生流失,所以该页面的内容取舍要平衡好,也要和美观度做好平衡。当然在做到这些前,要保证页面加载顺畅,尽量降低跳出率,预先充分做好测试并不断优化。即使到现在,还有一些机构因为页面卡顿、加载缓慢等原因产生高跳出流失。

(4)数据分析。确认好以上几个环节后,机构就可以开始进行投放了,投放时要紧密关注投放数据反馈。数据分析的目的不仅在于分析报告,更重要的是要基于数据监控进行动态调整,数据分析是优化的主要决策因素。广告投放优化师需要根据展现、点击、留资获取、转化购买等方面的数据及时调整投放策略。

(5)投放优化。投放优化是涉及全链路的优化。关于信息流广告投放优化策略,如图3.10所示。

在投放流程中,从展示曝光到用户点击,从用户触达到留资,再到最后的转化成交,这些环节的转化都会受到整体投放策略的影响。在整个过程中遇到的问题主要有三个:带量少、用户质量差、投资回报率(Return On Investment,ROI)低。

首先是带量少的问题。除了在测试期,一般如果在正式投放过程中发生了有效点击量比较少的情况,需要立即反映到用户的定向上,可以对人群、兴趣标签、地域等基本信息重新确认,包括用户的触达场景和时间、传达媒介等。然后就要去校验创意,看是不是创意的切入点不能很好地匹配用户需求。如果是,就要考虑创意逻辑要怎么去调整优化;另外,还要检验落地页的呈现效果,看是不是展示逻辑不够好导致流失。对于好的创意素材,可以进行拆解重组、排列组合,有效保证投放时广告的新鲜度。假设前面这些都没有问题，页面加载速度、页面的切换体验是否流畅等，这些也都是常见的优化点。

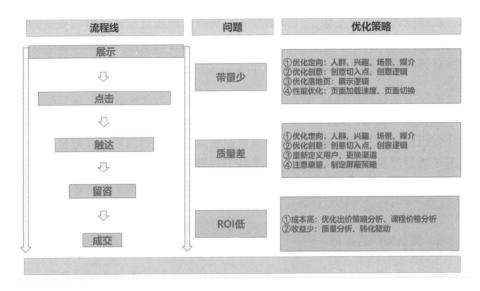

图 3.10　信息流广告投放优化策略

其次是用户质量差的问题。其定位和解决流程大体和带量少一致，因为本质还是看对用户需求的洞察和解决是否达到要求，有可能是一开始用户的定位出现了问题。笔者曾遇到过用户定位出问题的实际案例，某机构售卖兴趣日语课程，在抖音上投放信息流广告，从展示、点击、触达、留咨这几个环节看数据都很好，但是到了转化成交环节，却发现非常难转化，因为不少中小学生对日语感兴趣，他们有兴趣但没有消费能力。虽然该机构也进行了基本信息限制，但效果还是不理想。对于这家机构而言，这些用户的质量就比较差，因为短期无法转化成付费用户。所以机构就需要及时调整创意，从创意上明确学习群体和场景，如果还不见效，就需要及时更换渠道。

最后是 ROI 低的问题。ROI 低基本上是所有问题的落脚点，表现在成本高和收益低两方面。成本高，机构需要不断优化出价策略，除了单纯的价格，还有排名、设备、位置、关键词影响等多方面的因素，需要从多方面来考虑。对于新广告投放策略一般倾向于先宽后窄，宽可以快速获量，窄是指后续进一步的精准优化，提升质量，在宽与窄切换的过程中要给账户留有一定的观测和优化时间。而且投放有时要学会"错峰出行",适当避开行业或竞争对手的出价高峰。

收益低,是因为成单少,成单少有可能是用户质量低,也有可能是机构转化能力不行,或者本身课程价格问题等。这部分的策略笔者在转化提升和产品打磨篇章会重点介绍。

关于投放账号的搭建流程、准备资质以及第三方代理的合作细节等,本书不做赘述,基本上通过收集即可获取相关信息。不过值得提醒的是,有一些小型机构被一些资质较差、不怎么靠谱的第三方代理伤害过,或者是由于渠道和类目属性匹配不当以及机构发展阶段较低,没有达到预期效果,从而彻底否定了付费广告投放,这样是完全没有必要的,还是要根据实际业务需求积极辩证地尝试,快速总结优化。

3. 垂直类广告投放

我们都知道,几乎所有的教学类目,都有属于自己类目的垂直类网站、论坛、社区等,这些也属于广告投放中常见的平台,这种广告投放称为垂直类广告投放。一般而言,这类广告投放需要机构自己对相应行业比较熟悉,投放这类广告的优势是相对比较精准,触达效率通常会比较高。但是,这样的垂直类平台流量通常有限。

例如,IT 编程的机构除了在广泛的信息流平台、搜索引擎等投放广告外,还可以在垂直类社区平台投放广告,例如开发者社区掘金、CSDN 等。我们了解到一些 IT 编程机构经常通过广告投放、专区合作、活动等形式在此垂直类平台上获客,且获得的用户质量都比较高,转化成交效果也都不错。当然,由于这些用户经常浏览类似论坛,对课程质量的要求也相对较高。

和免费流量部分介绍垂直类流量一样需要注意的是,机构要以用户需求来判定,而不仅仅是直接需求。如果你所在的机构做配音课程,你肯定知道喜欢兴趣配音课程的用户在喜马拉雅、懒人听书等有声平台较多;但除此之外,也有可能存在于垂直类动漫领域的网站中。因为动漫都是由专业的配音演员配音的,这些迷恋动漫的用户人群,很大概率是对配音课程感兴趣,所以机构投放广告时也要关注这种垂直类平台。当然也要考虑所关注人群的经济能力。

还需要注意的是，垂直类广告投放要先了解对应位置的相对参考数据，最好和同行了解一下大致数据情况，口径也要对齐。因为不少垂直类网站提供的口径、数据和实际投放的不一致，所以机构要提前确认，了解情况后再投放。

4. 线下及其他广告投放

线下渠道常见的有楼宇电梯、地铁公交等位置的广告，这种广告投放成本比较高，是头部机构抢占市场常用的渠道。不过很多时候这种广告对于品牌曝光的作用大于带客引流的作用，其目的是让用户对品牌有所了解并释放积极信号，毕竟能够投放广告的机构，对于消费者而言是相对有实力的。

另外，随着在线教育发展势头的迅猛增长，在网剧、综艺、电视、电影广告中也陆续看到在线教育机构广告的身影，或是独家冠名、联合赞助，或是植入，相信后续随着资本的涌入，还会有更多的此类广告投放。

当然，本书讨论更多的是大部分机构在日常运营中利用常见付费投放方式获得的流量渠道，因此，本书的重点还是讨论广告效果，品牌付费广告暂不做深入讨论。

通过以上付费广告投放的几种方式和策略的介绍，相信你对付费广告投放已经有了更全面客观的认知。也希望你可以借此重新整合一下你所在机构目前广告渠道的资源安排情况，并优化接下来的广告投放策略和技巧。

最后笔者想再说一点，付费广告投放获客本身是一种正常的运营方式，但现在有些细分领域竞争激烈，机构为了获客已经有些不计成本，导致营销成本整体变高。但最终"羊毛还是出在羊身上"，高营销成本对应的课程价格也不低，当学员需要支付的课程费用超过其承受能力时，可能会诞生新的黑马或者新的产品，从而反噬原有市场，产生泡沫。因此，每一个高价获客的机构应该时刻提醒自己不应营销大于教学，舍本逐末。有时候回归教学本质，可能会发现新的流量"绿洲"。

付费合作

接下来我们讨论付费合作部分。付费合作泛指机构付费与外部渠道合作来带量。常见的形式主要有新媒体渠道付费合作、第三方渠道和合作伙伴付费合作。

对于新起步的机构,在课程、转化基本跑通后,还想进一步快速扩展流量的情况下,除了前文讨论的广告投放外,通过找目标学员所在的自媒体账号或渠道,直接和他们进行付费合作,这种带量的效率也相对较高。当然合作成熟后,机构将其作为长期带量的渠道也比较常见。

对于不少新媒体的大 V、中 V、小 V,他们虽然有粉丝、流量,但很多账号都没有很好的变现方式,所以借推文、视频、创意等付费合作来变现,是有效的变现方式。一般对于公众号的付费合作,自媒体账号的头条、次条等广告都会有比较明确的广告报价。双方通过提前沟通预定时间和频次来推动合作。其中也有机构和公众号签署排他协议,或进行一定周期的锁定,这样可以更集中地获取流量。

在公众号付费合作领域,不少机构在微信公众号流量红利期就布局了公众号矩阵,并进行付费合作,获取了大量的流量。其中批量选号、集中化推广、内容模板建设、社群运营以及后续的销转体系等都比较标准、成熟,可以直接借鉴学习。

同样,在 B 站,机构可以付费给 UP 主,让其通过视频或直播等形式为机构带来新的流量。抖音、快手等短视频平台也有不少自媒体接受付费合作,会根据创意制作的程度来分阶段收费,简单直接地通过账号门户开放联系信息、挂店铺跳转、私信自定义链接等获客。在其他新媒体平台上或垂直类渠道的合作原理也类似,只不过,要注意传达的载体最好是自媒体本身擅长的,效果也相对较好。当然,自媒体背后不少是 MCN 在运作,已形成比较成熟的变现模式。

关于新媒体渠道的付费合作,教育机构需要注意的事项有以下几点。

(1)选号时要注意选择比较活跃的账号,因为有不少人买一些粉丝号,专门用来做付费合作推广，由于不怎么运营，效果较差。而且最好不选近期投放过广告的账号，因为很容易被洗量。可以借助西瓜数据、微小宝等一些第三方平台的公众号数据，以及与目标公众号商务沟通获取的数据、日常关注搜集的数据进行多方面参考，尽可能地了解账号的阅读量、合适的推送时间、以往案例效果等，提高合作转化率。

（2）选号时还需要注意粉丝匹配程度，有的账号质量固然不错，但如果和机构的授课内容不匹配，效果也不会很好。机构要学会站在用户需求视角挖掘关联账号，例如学习英语的合作账号，可以选择一些女性读书群，因为通识类的个人提升比较相似。机构要学会不断挖掘目标用户的需求场景，从而做高效匹配。

（3）设定推广方式。推广最好结合比较好的利益点，例如用限时优惠、免费名额赠送、名师一对一等利益点来吸引学员。当然也可以走软文风格，这要看具体领域和用户接受度，像知识付费这种低价但相对制作精良的课程，比较适合用软文的推广方式，制造成长利益点，通常转化效果比较好。

（4）素材准备和优化。像推广文案的标题，素材案例的可视化、流畅度，文案逻辑都需要提前准备、多次验证，因为很多微信公众号用户是不会去细看的，因此文案和投放专员需要认真准备。不同的素材、标题和文案，其转化率是完全不一样的。

（5）投放时间也要关注，一般最好和微信公众号日常运营的时间契合为好，因为老用户会习惯在某个时间阅读推文。如果时间差太大，会影响阅读量和转化。

对于售卖高价课程的机构，付费合作引流往往只是其流程中的一环，后面如何将流量转化成高价课程学员，对于机构承接能力的考验要求是非常高的。值得注意的是，和免费的流量不同，付费合作获得的用户来自别的自媒体的推荐，其对机构的信任度不及自己 IP 的粉丝，所以要先获取这部分用户的信任和认可，才能实现更好的转化。

另外，第三方渠道或合作伙伴的推广其实是比较隐形的推广方式，也比较灵活和多样化，机构可以和供应链上下游谈付费合作。例如，有一家兽医培训的机构和多家宠物医院合作,通过举办知识沙龙并在现场提供内购福利的方式来获取精准付费学员,机构这边只承担沙龙相关费用,但前后获得了上百名精准付费学员及稳定的获客渠道。

总而言之,付费合作本质上就是流量采买,只要合作方有流量,那么机构就可以想办法和他们进行付费合作,并且形式不限。只要能够给机构带来用户,获取双赢就是好的合作。

作者互动：通过上面的介绍,你认为你们机构有哪些付费合作渠道可以新增或者策略优化的地方,为什么?

提供工具

对于在线教育机构而言,还有一种获客方式是通过为某些人群提供工具使用价值,从而获取大量用户,之后通过课程变现。例如 K12 领域常见的各种拍题、搜题神器,语言类各种背单词、练口语和听力等工具,它们在获取大量用户后,开始做课程变现,并取得了不错的效果。当然,开发工具机构需要投入不少成本,因此也把这种方式归为付费流量获取的方式。

但只要人群需求存在,机构就可以获取到相应的用户,那么这种成本投入也是值得的,很多互联网产品就是通过免费工具的方式获客,后续达到一定规模后进行变现,本质上获取的是长期价值,当然前提是工具的价值是用户真实需求的。

除了上面提到的 K12、语言领域,其他领域也是同样道理,例如在建筑、医疗、财会等考证领域里我们常看到的题库类刷题工具、论坛,以及在职场相关领域看到的时间类打卡工具、职场能力评测,还有音乐领域的乐器练习、演奏等工具,都以免费的形式获得精准用户,未来作为流量渠道提供给课程变现。

还有一些并不是对应类目的培训,例如星座、性格测试诊断工具可以作为情感、人际关系课程的流量渠道;视频剪辑、图像工具未来可以作为摄影、平面设计等课程的流量渠道。这种情况更重要的是从该类人群的需求出发。

所以对于纯粹从教学视角出发的机构而言，他们更多的是以课程为着力点，来进行一系列思考。实际上，对一些成熟的在线教育机构而言，它们已经将课程价值和工具价值结合得比较成熟。以前的结合往往是先工具后课程，但未来会有越来越多先做课程价值的机构会关注到工具可以发挥的作用，旨在创造更好的用户价值，从而获取更多的流量。

综上所述，我们了解了各种主动型流量的获取方式和技巧，但不管是哪种方式，值得提醒的是，机构都要充分重视其中初始流量的构建。全球复杂网络权威巴拉巴西在其著作《巴拉巴西成功定律》一书中提到五条成功定律，其中一条就是"未来成功=初始成功×社会适应度"，"初始成功"是指在能力表现无法有效衡量的时候(对于在线教育流量获取而言，尤其在内容创作不分伯仲、投放技巧无明显差异的区间内)，谁占得先机(谁的初始流量先以某种方式跑通)，谁就可能首先获得网络效应驱动，快速获得成功。

而社会适应度是指从网络科学的视角，强调各网络连接对于"占得先机的表现"的认可能力，认可度越高，连接就会越快，会持续膨胀，获得"雪崩式"的成功，有很多知名新媒体账号以及付费渠道的成功都符合该定律。这对于在线教育机构获取流量而言，本质上还是要看机构获取初始流量的成功点，其价值是否能满足这种适应度和长期的认可度。

总体而言，对于需要持续生存发展的机构而言，不管是免费流量还是付费流量，能带来有效用户的就是好流量。

被动流量的获取方式和技巧

目前，被动流量的重要性远被低估了。笔者甚至认为未来衡量在线教育成熟度和健康度的指标之一就是机构的被动流量占比。前文我们提到，在线教育领域的被动流量主要指的是口碑流量，不管是学员复购、转介绍还是品牌价值带来的流量，都算作被动流量。被动流量体现的是产品和品牌价值的力量，对机构而言，被动流量是一件拥有复利效应的利器。

笔者经常听到一些机构或个人教师抱怨说："过去这么久都还没有人报名，用户比较少，也找不到原因。"针对这种情况，我们当然可以从流量、销售、课程服务等多个方面去总结，但假设我们有被动流量，平均每天至少有一名学员在上一个学习周期非常认可我们的课程或服务，从而带来新的学员，在学习周期的动态循环中，每天都会有学员报名我们的课程并产生营收，这样机构就不会因为没有新学员而过分担忧。

那这种被动流量到底怎么获取呢？这要看两个核心点，一个是"刚需"的满足，另一个是"高感知价值"的获得。

满足刚需

每个学员在购买课程那一刻都会有一个最终目标或期待值，这对于学员就是刚需，如果机构能满足学员的这一刚需，就有机会获得学员的推荐。

一般情况下，根据教培的方式和特点，本书把在线教育常见类型分为考试型、技能型、兴趣知识型三种，如图 3.11 所示。下面我们依次看一下，如何满足这三种类型的刚需。

图 3.11　在线教育常见类型

1. 考试型

学员最重要的目的就是通过考试，所以，如果他们学习了机构的课程，不管是面对 K12 考试，还是其他阶段的升学考试，抑或是成人职业考试，只要考试能够顺利(高分)通过，或者以他认为较低的成本在较短的时间内通过，就是满足了他们所认为的刚需。

2. 技能型

人生的每个阶段都需要学习技能，从幼儿到老人无一例外。通过对技能的学习，人们可以从工作、生活、比赛等的应用中获得成就感和利益，从而体现自身价值。而在这个技能学习原因分布范围内，最刚需的就数就业升职加薪了。不管是从事 IT 编程、机械制造的人，还是从事淘宝美工、汽车维修、育婴美护的人，都有同样的想法，他们想通过在教育机构的学习来让他们涨工资、升职、换一份更好的工作或找一份好的工作，这是此类人最需要满足的刚需。

3. 兴趣知识型

还有一部分人学习是基于兴趣爱好，为获取知识而学习。这部分学员的学习压力应该是最小的，但是他们也有相对明确的诉求。

我们可以就具体的学习场景来做讨论，有的家长想让自己的孩子学少儿兴趣英语，嘴上说只要孩子喜欢，按孩子自己兴趣学就行，学成什么样都无所谓，但他们实际上的刚需，是孩子能说一口流利的美式英语或英式英语。

再如对于一个断断续续学了好久吉他的成年人，他近期的刚需就是学会弹唱他喜欢的周杰伦的几首歌。所以在教培课程和服务的设计中，机构要注意这套课程和服务适合什么样的人，囊括了什么样的服务，能满足什么样的刚需。不要让一个想学弹唱的学员报名一个只以弹为主导的课程，这样他的刚需点基本不会得到满足，反过来还会说机构的教学难，不适合初学者，教师教得比较生硬。这样一个不好的评论就产生了，这种情况出现得多了，不好的评论就会传播，被动流量也就基本与机构无缘了。

确实，兴趣知识型的刚需点相对多样化，既需要在线教育机构或个人教师结合自己的行业来总结，也需要在和学员的销转沟通中进一步确认。

值得注意的是，考试、技能、兴趣知识有的时候是互通的，会有共同的刚需目标。例如有的学员学习日语，他既想掌握日语，使口语沟通无障碍，在日企顺利工作；又想顺利通过日语 N1 考试，获取技能凭证；还想平时看日剧或动漫不用字幕。这三个方面的刚需对于一些人是同时存在的。此时，机构需要根据实际类目和教学情况来判定是否有整体化解决方案：如果有，就能一举三得；如果没有，可以引导学员降序完成刚需，用信心带动信心，获取更多的被动流量。

不管怎样，机构一定要了解清楚学员在学习中想达到什么目标，要做好预期管理,最好将这些都放进专属的学员数据库中,最后在学员学习完成后做回访调研,统计教学质量和刚需点的完成情况。可以用这些来考核教研、教师、销售等主要关键点的成员,使他们都来帮助机构做口碑管理。当然,这些看似明确的刚需点,在实际满足的过程中并不容易,因此需要机构确实拥有精细化的服务和优质的教学体验才可能实现。

获得高感知价值

机构既要满足学员的刚需,还需要让学员获得"高感知价值"。

从字面意思讲,"感知价值"其实并不是真正的价值,只是从学员侧来评估的价值,评估依据往往来自学员的主观感受。但这并不是鼓励教育机构做表面工作,只是机构至少要知道学员有时候想要的价值并不一定是教学过程中获得的真正价值。

例如,有的学员会觉得给他上课的这位女教师,非常亲切,有亲和力,讲解课程非常详细。他认为,这位女教师代表这家机构,对他而言可能感知价值就很高。所以即使最后他的刚需点,即考试成绩预期是 90 分,但实际上他只考了 83 分,他也非常满意,因为这位女教师带给他的感知价值超越了他的刚需。他也可能会给其他同学推荐这家机构、这位女教师,从而产生被动流量。

而有的学员会觉得他们每天都打卡学习、测试,整体服务也非常贴心,所以感知价值很高。还有的学员会觉得,考试成绩排名靠前的学员可以得到机构的现金奖励;机构对于认真完成全部课业的学员提供结业证书;机构给部分优秀学员对接就业岗位;机构还举办线下交流活动,让线上学员免费参加等机制或体验都非常好,让他们觉得感知价值很高。这些都是学员获得高感知价值的点。

有时笔者在思考,为什么教育机构不太重视学员的"感知价值"呢?其实这源于我们长期以来形成的教学视角,即总是从教的视角出发,而很少从学的角度考虑,教学以灌输居多。传统学习意识下,也几乎没有学员反过来说教师讲得不好,需要调整教学方法,通常都是学员自己主动适应教师的风格,调整自己的学习方式。

在这种以教为主导的教学理念下，机构和教师往往容易忽略学习的主体——学员，容易以机构或教师的视角来进行教培。所以就会出现教师自己讲得滔滔不绝，学员听得云里雾里的情况，这是一种信息不对称，也是教学的不对等。

在移动互联网时代，学员会慢慢习惯给线上授课的教师和机构的服务做出反馈，这种反馈就是以学员的感知面来看待的，对课程的差评、不满、申诉，会让机构和教师更加注重在整个教学服务和授课过程中学员的感知。教学是一个动态反馈的过程，只有在关键节点准确反馈，才能让学员真正学好。

除了满足刚需和获得高感知价值会帮助被动流量产生之外，有时候也要看学员是不是会向别人推荐，或者说还要看他当时的心态以及外界各种环境变量等。但总体上，如果做好了上述两项，机构的整体被动流量一定会大大得到提升。大量的机构案例告诉我们，那些被动流量占比高的机构，在教学中的每个环节都能体现出他们的精益求精和别出心裁。

合理引导

那么，学员推荐需不需要引导呢？从某种程度上说，良性的引导是可以有效提升推荐率的，但前提是满足刚需和获得高感知价值两点确实做得好。尽管"酒香不怕巷子深"，但自动产生被动流量是比较有挑战性的，所以需要一些技巧和流程的设计。

前文提到的学员打卡和测试就是一种有效的方式，每一个学员都有社交属性，不少学员愿意把自己积极学习的态度展示出来，如通过朋友圈发布学习打卡、测试分数。对于学员来说，他们可以展示自己认真学习、努力打卡的态度，也在间接地靠朋友圈监督自己；对于机构来说，测试的分数和打卡都有流量口切入，方便吸引新的学员加入。这和流量拓新是比较类似的，很多技巧同样可以使用，本书不做赘述。

此外，比较常见的是通过图文、短视频、思维导图、笔记等形式将学习心得、阶段性成果展示、学员最终成就展示等分享到朋友圈或分享给他人，这些机构都可以做相应引导，通过适当提供模板和案例来引导学员做推荐。

本书分享一个成功的案例，有一家少儿编程机构非常重视在学员家长中的口碑，他们会在每一个环节中都准确给出孩子学习的阶段性成果，让家长感知到自己的孩子跟着机构学习确实取得了明显的进步。并且他们希望家长在真的认可后可以进一步推荐给其他家长，所以他们就做了一个安排，把每个阶段孩子学习后输出的作品按模板制作成具有针对性的案例，有图文、短视频等多种形式，方便家长一键转发孩子的阶段性成果，从而吸引更多的家长关注机构，进而产生被动流量。如果学员认可的话，可能还会在各平台发文介绍，例如知乎、简书等，从而来帮助机构间接或直接吸引新用户。更进一步地，有的学员会直接推荐亲朋好友购买课程，他们深信教学效果好，才会毫不犹豫地推荐给熟人。

当然，也可以适当配合一些推荐机制，例如可以把口碑学员推荐作为一个专属渠道，新学员通过该渠道购买可以获取专属优惠，而口碑学员每成功推荐一个新人可以获取多少提成、福利，以及优先获取相关机会等，以此激励学员做推荐。像 VIPKID，曾有报道称该机构每月有 70%的新用户来自老用户的口碑推荐，所使用的方法就是通过家长换课等方式去引导家长做分享推荐。当然，其形式和频次的度要拿捏好，否则会产生负面效应。

可能读者会有疑问，这种有所干预的被动流量还算不算真正意义上的口碑流量？本书要重点强调的是，机构对学员"痛点"的把握，即刚需和感知价值的结合是关键，其他的形式和流程只是辅助配合，应用的时候不要本末倒置。从根本上说，口碑这件事，最高的境界一定是无招胜有招。

综上所述，我们介绍了在线教育免费、付费以及被动流量的概念和获取的策略技巧，虽然没有办法细化所有的流量获取方式，但如果能把已经讨论成功的方式掌握好，相信对机构获取流量也会大有帮助。

有时笔者在想，我们了解那么多的流量玩法、技巧，会不会忽略它的本质？这便又引出了一个问题，到底流量的本质是什么？笔者认为是通过信息建立人与人之间的连接。广义上讲，信息可以用一切来替代，包括产品、服务以及任何连接形式。

不管是何种载体都是如此，因为所有的信息都是人创造加工的，所以从表面上看是信息的传递，但实质上是人与人之间的连接和交流。只要是人与人之间的连接,就一定是有温度的,是有情感传达的,不是只有简单的信息交换。如果能理解这一点,笔者相信你的流量运营视野和能力会提升到一个新的层级。而且通过对流量本质的理解,你也会更加明白"需求"和"用户思维"的重要性。人与人之间一定得通过换位思考才可以有更密切的连接,否则永远都是两条不相交的线,如图 3.12 所示"平行"部分。或者双方只是简单了解,仅满足了需求的一小部分,这时候表现的就是双方的曲线有相交,但不彻底,如图 3.12 所示"相交"部分。如果想要让流量质量高、需求满足度高,就需要充分了解用户需求,进行高度匹配,如图 3.12 所示"匹配"部分。

图 3.12　人和人建立连接的三种形态

因此,不要再单向传递信息了,因为你单向传递的信息很可能被对方当作噪声过滤掉,所以要学会去洞察人的特性、需求。不论是面对哪种渠道的流量,你都要想办法了解信息背后的人,用内容、产品服务以及每一次和用户交互的载体,传达出匹配度最高、最有温度的需求解决方案,这样才有机会做到真正的连接。而当机构做到真正的连接后,还要进一步维系、稳固该连接以产生口碑,进而促进连接点的自发连接。

我们再看一下全过程:机构通过各种免费、付费的方式来寻找他们的潜在人群,然后通过各种产品形态来获取和这些人群的连接,之后通过产品交付和服务来维系和稳固这种连接,进而产生口碑,当连接之间可以自动连接时,便产生了无数的子连接,它们又在自发产生连接,这时便能形成一个以长期口碑品牌驱动的优质连接网,流量获取就达到了一个比较成熟的状态。

值得注意的是,口碑所产生的自发连接对人群间的相互关系有较高的依赖,这点邓肯·J. 瓦茨在其经典的《六度分隔:一个相互连接的时代的科学》一书中也有类似阐述,他认为没有隶属关系(隶属关系简单可以理解为有相关环境下的人和人之间的连接,比如共同演过一部电影的两个电影演员),两个人连接起来的可能性是微乎其微的。因此,在线教育机构要关注连接的相关度、质量和连接环境,如此才能更好地获取流量。

请分析一下你所在机构从事在线教育项目的流量构成情况；如果你还未开始做在线教育项目，请结合你的预期和科目属性，思考你会用哪种方式或渠道获取流量。为什么？怎么做？请写出来。

本章要点

1. 在线教育某种程度上要流量先行。

2. 流量一般可以分为主动流量和被动流量。主动流量包含免费流量和付费流量，被动流量主要是指通过口碑产生的流量。

3. 免费流量主要包含内容型、活动型、资源型、"薅羊毛"型几种流量。其中，内容型流量应用范围最广。

4. 付费流量包含付费广告投放、付费合作、提供工具获得的流量，付费广告投放包含 SEM、信息流广告投放、垂直类广告投放、线下或其他广告投放等方式。付费合作以自媒体流量合作变现为主。提供工具也是一种重要的获取流量方式，要结合用户场景挖掘。付费流量相对可以快速获客，是有效的流量获取方式，但应用时不可两极分化(太过依赖或太过谨慎)。

5. 根据教培的方式和特点，在线教育可以分为考试型、技能型、兴趣知识型。

6. 要充分关注被动流量，以及学会通过刚需和高感知价值打造用户口碑。

7. 流量的本质是通过信息建立人与人之间的连接。真正的连接往往对需求的匹配度最高、最具温度。

第四章

在线教育运营"三板斧"——产品打磨

"锲而舍之，朽木不折；锲而不舍，金石可镂。"

——《荀子·劝学》

产品和服务的概念

本书第三章介绍了在线教育的流量构成以及获取流量的常见方式，本章介绍在线教育中最重要的一个部分：教学产品和服务的打磨。因为机构的立足之本就是通过提供用户认可的核心价值来获取利润的，这个核心价值对在线教育机构而言，就是教学产品和服务。教学产品和服务质量的高低不仅直接关系到最终在线教育产品的定价、营销、口碑，而且关系到机构整体的定位和发展。那到底什么是在线教育产品和服务呢？

从虚拟和实物的视角来看，除了一些考试类的机构会配备图书或一些少儿类机构会配备专属教具和礼包外，在线教育基本是虚拟产品。它不像我们购买的实物产品一样，有接触的直观感受。如果哪天断电、断网了，可能现阶段的在线教育也就基本不存在了。

从产品形态的视角来看，在线教育产品既可以是录制好的音视频课程、直播课程，也可以是互动式的文字语音教学、社群教学、AI 教学等，只要是能将知识交付给学员，让学员在线上有效学习的都属于在线教育产品。

从在线教育产品内涵的视角来看，在线教育产品既包含互联网产品，又包含教育产品，互联网产品是满足互联网用户需求的载体，在移动互联网时代，大部分场景是以 App、小程序、H5 来承载的；而教育产品，最直接、最常用的载体就是课程。为了能更清晰地强调在线教育产品中"互联网产品体验"和"优质课程"的重要性，本章会分别对二者进行重点介绍。

服务又包含什么呢？在线教育的服务五花八门，从教学内容方面来看，常见的服务渗透"教、学、练、测、评、考"全链路的每个教学环节中；从商业服务方面来看，它包含机构的品牌影响力、各环节的服务能力，还涉及售前、售后两个方面。

教学产品和服务是开展在线教育的基础和核心，只有好的产品和服务才能创造长期的利润和口碑，才能让企业走得更远。

提升在线教育产品的体验

市面上不少在线教育产品，不论是移动端的 App、H5、小程序还是 PC 端的网页、客户端，它们整体上的用户体验比一般的互联网产品要差一些，笔者也经常听到一些学员抱怨道："这家机构的 App 太难用了，要不是这个教师在他家上课，我一定不会用这个 App 的。"为什么会出现这种情况呢？

出现这种情况的原因有两个：一个是"传统教学基因导向的限制"；另一个是"不知道该如何将互联网与教育很好地融合"。前者是所谓的"公司基因"问题，是一种惯性思维。因为对于在线教育机构而言，大部分还是以教学内容或流量为导向驱动的公司文化。所以不论是人力投入重视程度，还是从互联网产品技术的视角思考都相对薄弱很多。而且如前文介绍，在线教育还处于初级阶段，"互联网+教育"的人才还是十分缺乏的。

关于后者，其实是一个大课题，我们要充分了解互联网产品、运营、设计、技术一系列的运转逻辑，只有对这个领域有充分的重视和理解，才能很好地和教育结合起来，形成强有力的在线教育产品。但其中涉及的内容颇广，本书无法展开做大篇幅说明，但至少有一个根本点，如果我们真正掌握了，相信对现有的在线教育产品的体验会有较多帮助。

这个根本点就是"以学员视角，推进产品体验的每一次迭代优化"，具体是指学员在参与学习过程的前、中、后期，以及使用 App 或其他产品形态学习的每一个步骤，都要保证其实用性、易用性、流畅性，甚至要具备愉悦性，产生积极的用户体验。

那怎样才能做到呢？其实在互联网产品体验领域，有权威专家系统地对用户体验要素做了梳理，杰西·詹姆斯·加勒特在其代表作《用户体验要素：以用户为中心的产品设计》一书中，将产品的用户体验分为五个层次。从里到外依次是战略层、范围层、结构层、框架层、表现层，这五大要素可以帮助我们创建一个完整的用户体验，如图 4.1 所示。

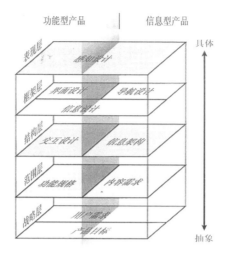

图 4.1 用户体验的五个层次

资料来源:《用户体验要素:以用户为中心的产品设计》。

战略层是产品设计的起点,战略层需要明确产品的目标和用户的需求,这决定了产品的价值。范围层要确定产品需要提供哪些功能,要定义功能的规格说明。结构层需要将用户和系统之间、系统和系统之间、用户和用户之间、信息和信息之间有效组织起来,形成稳定有效的结构。框架层是将结构层原型化,形成产品的框架图。表现层是最终呈现在用户眼前的产品细节表现,包含具体的功能、内容、设计以及传达出来的品牌、美的感知等。

以一款成人英语在线教育产品为例,看一下这款在线教育产品的设计是如何影响学员(用户)的体验的? 假设它的目标是通过互联网技术为英语口语学习者提供良好的教学体验,从而来满足成人英语口语学习的需求(战略层);这里我们缩小范围,只看口语测评的功能和内容(范围层)。

理想中的良好的学员体验应该是:首先,学员可以清晰地看到口语测评的视觉元素以及清爽、具有吸引力的界面(表现层);其次,满怀期待点击了【口语测评】,并发现界面中有清晰的上下结构,上面是例句,下面是学员发音的测评区(框架层);最后,学员开始对例句进行测评,通过语音输入,系统识别并反馈,如果有错误发音自动加入【错音库】(结构层),从而完成一次简单流畅的学习体验。

但实际规划设计中,由于产品设计人员更多是被局部的功能推着走(背后的推动力可能源于当下的现状、竞争对手的模仿、老板),而缺乏更系统和长远的视野,经常容易出现顾此失彼、只见树木不见森林、重点不明晰、只顾产品目标而忽略用户需求等问题,这样就不能很好地实现每一层想要的效果,层和层之间的衔接也不容易做到位。因此,除了按照成熟的方法论实践外,也需要专业的互联网产品、设计、开发团队来和教学、教研、内容团队共同站在学员视角设计产品,将互联网产品和教学产品的"最优集"融合起来,而不是割裂开的"上下游",这也需要机构在机构文化和制度方面奠定好基础。

除此之外,还有人机交互大师雅各布·尼尔森提出的十大交互设计原则、设计大师罗宾·威廉姆斯提出的设计四大原则,这些经久不衰的基础原则可以有效地指导产品设计者,从而设计出具有优质体验的在线教育产品。

打造一门优质课程的流程

接下来,本书重点介绍在线教育中最核心的内容载体——课程。一门优质的课程是如何打造的,从机构运营视角来看,课程可以进一步分为低价体验课和高价系统课,体验课的目的在于引流转化,系统课的目的在于创造课程营收。体验课具体如何引流转化本书会在第五章讨论,本章重点讨论的是系统课。打造一门优质课程的流程,如图 4.2 所示。

图 4.2 打造一门优质课程的流程

需求调研

开发一门优质的课程,首先是需求调研,充分调研需求后再决定是否要开发。在市面上有很多伪需求的课程,这类课程的市场需求量很小,如果机构花了大量精力开发这样一门课程，势必浪费时间而且无法获得预期收益。

例如，笔者在网上看到有人开发了"如何制作精美的明信片"课程，即使通过简单的常识判断，也知道这类课程不太好售卖。因为现在大家使用明信片的场景很少，更何况还需要手工制作。如果开发者提前做一个简单调研，找周边的人或潜在用户咨询一下，很可能就不会去开发此类课程了。

那具体如何调研呢？笔者认为包括以下三个层面的调研：一是行业；二是竞争对手；三是用户。

（1）行业。人们常说，选对行业，就成功了一半，这对在线教育而言同样适用。在初期调研时，一定要明确什么行业是值得我们从事的。有两个参考维度：一个是行业本身的发展前景；另一个是机构擅长的技能和拥有的资源范畴。行业发展空间和机构匹配象限，如图4.3所示。

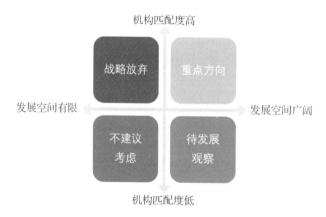

图4.3　行业发展空间和机构匹配象限

如果所选行业发展空间广阔，且和机构的资源能力比较匹配，那么毫无疑问，这是重点要发展的方向，可以采取行动。如果行业发展空间广阔，但和目前机构的资源与能力不匹配，建议持续观察，等到未来具备条件后，可以考虑根据实际情况发展该方向。如果整体所选行业发展的空间有限，且与自己的匹配度较低，则不建议考虑。还有我们经常容易纠结的情况：虽然行业目前发展空间有限，但与自己团队在能力、资源方面比较匹配。此时，我们很容易为了短期利益做这种选择，但如果要考虑长远的发展，可以战略放弃，选择做好持续发展空间广阔且自己擅长的行业主题。

(2) 竞争对手。对宏观行业做好分析后，接下来应了解和你处于同一维度的竞争对手。虽然上述行业信息很多，可以从行业报告、券商报告或行业资深人士的分享中获取，但更实际的信息往往来源于你的竞争对手。通过了解他们的商业模式和课程体系，并用我们第二章提到的营收公式去拆解流量渠道、转化营收等核心数据及关键路径，就可以知道他们可以满足怎样的需求、如何满足以及效果如何等，从而以更低的成本获取结论。竞争对手往往是最好的教师。

(3) 用户。接下来是最为重要的用户调研环节，只有从真正意义上解决用户问题、满足用户需求的产品才可能是好产品。就像优衣库的创始人柳井正先生所说："这个世界上所有伟大的公司，都是因为解决了一个巨大的矛盾才有所成就。"虽然开发一门在线课程不需要树立多么伟大的目标，但从解决矛盾、满足需求的视角出发研发出来的课程会特别有针对性，且更容易获得好的学习效果，从而得到学员的认可。

那么具体如何做基础的用户调研呢？

首先，可以咨询周边的人，最好是确定有相关需求的人，看他们会不会为相应的产品付费。其次可以在存量的学员中进行调研，通过学员反馈来判断。最后，进一步按市场营销的方法去做问卷调研。除了注意调研手段，机构从业者的洞察能力也非常重要，一般可以结合行业经验和对学员的了解来判断。

当然，对于考试、考证以及明确需求的技能培训等领域，需求调研并非必要环节，因为市场上长期需要大量优质的课程。本书想提醒读者的是，凡是课程或产品都应该从真需求中来，以解决问题和矛盾为出发点，而不是主观臆断。

另外，我们也要知道，实际上需求是可以被创造的，不要被已有的市场需求所束缚。商业思想家亚德里安·斯莱沃斯基在其著作《需求》一书中提到："在需求的世界里，根本没有必然可言，你完全可以为顾客提供他们当时不具备的选择。"

主题确认

明确了需求之后，我们需要通过确认对应的主题来解决需求，这样才更能体现产品的价值。本质上，主题确认是一个产品定位的过程，其重要性不言而喻。"定位之父"特劳特在强调定位的重要性时，曾提到要把握好用户的"心智资源"，打造细分后的核心品牌。所以我们要找到机构和教师的核心优势，以及和用户需求结合的最优点，最终确认这是当下我们能选择的最适合的主题。

 请写出假设你现在要开发新课程或者未来要拓展新科目，你认为的最优主题方向是什么？为什么？

在定位最终明确前，你要多问自己几个问题：为什么是我来开发这个课程？我做的和别人做的有什么不同？用户会买我开发的课程吗？为什么？这门课程有没有可能成为细分领域的第一名，我准备如何做？回答这些问题对你思考课程的核心竞争优势并确认主题有进一步的帮助。

基于上面的这些问题，且假设我们在需求调研部分已将目标人群的需求调查清楚，那么这个时候要回答这些问题最好的方式就是做产品的差异化定位。

现阶段，大家都看好的在线教育细分市场，实际上大部分已经被相关机构发掘，只不过机构发展阶段和产品成熟度有所不同而已。基于这种现状，给产品建立差异化定位，打造机构的品牌特色，拥有更强的市场竞争力就显得十分重要了。而且"竞争战略之父"迈克尔·波特在其经典著作《竞争战略》一书中也将"差异化战略"作为三大核心战略之一提出。

如何打造差异化定位呢？本章分享在实践中已经得到验证的两种有效性的差异化定位视角，即从产品出发解决问题的差异化定位视角和覆盖用户不同需求场景的差异化定位视角。

1. 从产品出发解决问题的差异化定位视角

每家机构都有其擅长的方向、独特的经营理念，所以都可以制定出专属于自己的特色定位，我们要基于此去确认主题，而不是一味地模仿其他机构。例如，我们看到市面上有很多教孩子学习古诗词的课程，他们大部分的教学方法是结合制作比较精美、有古风意境的视频课程，让孩子通过诵读的方式加强记忆和理解，这样的教学方法同质化就比较高。而有的教师就另辟蹊径，结合成熟的记忆宫殿等记忆法去做课程开发，课程主题就是"记忆宫殿巧记古诗词"。对于学生而言，这既新颖又有效果。

当然，还可以从你所在机构的师资、上课形式、服务等多方面来做差异化的定位，核心就是在满足学员需求的同时，让课程更具吸引力。

2. 覆盖用户不同需求场景的差异化定位视角

除了从产品出发解决问题的视角进行差异化定位，机构还可以站在覆盖用户不同需求场景的视角来进行差异化定位。

例如，有一些机构做古典音乐课程，一开始定位就是学术严谨类别的风格，那注定只有音乐相关专业和部分古典音乐"发烧友"才会对课程感兴趣。但如果满足的是用户通过古典音乐陶冶情操的需求，也就是通识性的鉴赏，课程主题就是"普通人也能欣赏的古典音乐之美"，所覆盖的用户群体就有明显的不同。所以从覆盖用户不同需求场景的视角来做差异化定位，需求不同，对应的课程定位和风格不同，细分的市场和用户也就不同。因此，常会出现同一类型课程之间销量差距很大的现象。

综上所述，主题的确认一定要结合需求的准确判断和机构自身的资源，给予差异化的定位。这样机构才能更准确地满足学员需求，并留给学员独特积极的品牌联想。

课程设计与课程大纲确认

确认好课程主题后，接着要做的就是围绕主题做好课程设计并确认课程大纲。课程设计是一个非常系统的开发工作，本书分别按课程目标设计、课程设计原则、课程教学设计与评价三部分来进行阐述。

1. 课程目标设计

课程设计首先要做的事情是课程的目标设计，因为不同类型的在线教育课程需要达成的目标不同，所以我们不能做笼统的课程设计，而要看具体课程需要实现的目标是什么，那课程目标一般有哪些呢？

当代著名的教育家、心理学家本杰明·布鲁姆曾在他的代表作《教育目标分类学》一书中提出了经典的教育目标系统学说，他把人类在认知领域的教育目标分为认识、理解、应用、分析、综合、评价六个维度，在教育领域中得到了广泛的应用。本书把这六个维度称为教育领域的"马斯洛需求理论"，如图 4.4 所示。同样，对于在线教育而言，课程是其核心载体，因此同样可以基于此理论做课程目标的设计。

图4.4　本杰明·布鲁姆教育目标分类

这六个维度是由下至上逐层递进的，越往上，意味着对教育目标的要求越高。认识是指对知识的识别和记忆，例如背诵元素周期表；理解是指对知识、事物的领会，能根据已知的内容思考并进行一定概念的转化、解释、推断，例如用自己的语言解释什么是万有引力；应用是指对所学概念、原理在具体场景中的初步运用，例如能量守恒定律在荡秋千上的运用；分析是指对事物进行分解说明，更深入地阐述基础理论和原理，例如将《故都的秋》一文结构分解出来；综合一般是以分析为基础，将拆解各元素原理重新组合成新整体，综合创造性地解决问题，例如开发一门你所在领域的精品课程；评价作为最高层次的目标，其实不是我们认为的对一个人、一件事进行简单的评价，而是需要深入事物本质，给出深刻理性、高价值的判断、评估、证明等，例如达尔文进化论的生物学价值是什么？

因此，作为课程开发者，需要制定课程目标。不一样的课程目标，决定了不一样的价值。

如果课程只是简单的知识型考试，课程目标是帮助学员通过考试，那只需要基础的记忆和理解即可实现目标；如果是选拔性的考试、进阶的技能以及讨论型的课程，课程设计的目标就需要更高维度的应用、分析、综合、评价等，当然，也会对教师有更高的要求。

2. 课程设计原则

对课程目标有了较清晰的方向和标准定位之后，我们需要开始课程的设计，那课程设计有哪些原则可以参考呢？美国教育心理学家杰罗姆·布鲁纳教授的教学四原则覆盖了大部分课程设计需要关注的共同点。

1) 动机原则

众所周知，获得好的学习效果并不完全取决于教师讲得多么好，还取决于学员在学习各方面的准备和投入。因此，课程设计要想办法激发学员的内在动机。

关于动机在学习领域的重要性，教育大师们的结论基本一致，尤其对于在线教育而言，更是如此。远程教育先驱、宾夕法尼亚大学教授迈克尔·穆尔在其经典理论"交互影响距离理论"中，也提到了自主性对于交互影响距离的作用。在远程学习状态下，物理空间距离会导致师生在心理或传播上产生误解；而学员自主性高，学习动机强，和教师的交互意愿强，就能有效缩短这个距离，从而学习效果就更好。所以进行课程设计时应该想办法让学员参与进来，激发其内在求知欲。

在课程设计上具体如何激发学员的学习动机呢？有以下三个常用方法可以参考。

(1) 树立学习目标。大部分场景下，学员的学习动机弱，是因为没有一个合理明确的目标。因此，在课程设计环节就需要想办法通过对学员基础情况的分析和与他们沟通,来帮他们制定合理、明确的目标,并且帮他们描绘目标实现后的积极画面。

(2) 借助竞争机制。市场竞争带来的往往是活力,学习也是如此,同学之间的竞争会让学员因为求胜而学习。所以课程设计时要加入一定的竞争机制,让学员充分参与进来,例如通过一些案例互动、考试、比赛来营造这种竞争氛围。

(3) 借助奖惩机制。奖惩虽然对于动力激发不是最高的优先级,但对于大部分学员而言也是比较有效的一种方式。借助奖惩机制时要注意对学员整体的挑战性。

除了以上介绍的几种常用方法,本书在后面的章节,尤其在游戏化教学的部分对动机做了更深层次的讨论;利用服务、学习科学、协作学习的方式对学习动机也会有直接的激发作用,届时会进行讨论。

2) 结构原则

在课程设计时,要注重学科最基本的知识结构,这样设计出的课程体系根基才比较牢固,但同时也要注意知识结构是要适合学员学习的。课程设计不是一个纯学术活动,也不是一个纯市场活动,科学且适合学员的才是最好的。

3) 程序原则

教学内容应该按最佳序列呈现。任何一门学科都有其相对合适的教学内容顺序,不合适的顺序会直接影响学员的学习效果。负责课程设计的教师需要有较长的教龄以及对学科内容的敏锐洞察力,这样才可以把教学内容排序做到相对最优。如果你突然遇到课程的某个部分不好理解,或者前后连接不顺畅,这一般是没有遵循程序原则导致的,或者是没有最优化知识体系导致的。

4) 反馈原则

教学过程中要有明确的反馈,反馈有助于提升学员的学习质量,也可以进一步强化学员之前的学习效果,帮学员树立新的目标。

反馈是现行在线教育最需要强调的原则。这在前面讨论在线教育发展阶段的时候也有提及,大部分机构目前仅仅停留在单向内容教学的阶段,而小部分机构可以通过简单的作业、问答产生一定的反馈。但理想中的教学应该是渗透教学全过程的,是通过各种机制和内容的设置,有多次"教"和"学"的互动,这样做课程设计才能最大化教学效果(见图4.5)。

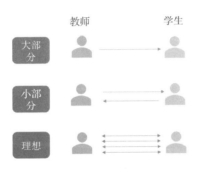

图 4.5 课程设计中的教学反馈

因此,机构需要在"教、学、练、测、评、考"全链路的教学环节中借助明确的反馈,帮助学员提升学习效果。具体涉及的科学学习原理将在第八章讨论。

以上教学四原则对于课程设计有直接的指导作用。

3. 课程教学设计与评价

随着在线教育的快速发展,有越来越多的教师投入这个行业,提供教学服务,而其中又有大量对教育心理学知之甚少的"教师"开展线上教学,那有没有一套权威且相对简单可行的课程教学设计的体系帮助从事在线教育的教师快速入门呢?

课程教学设计比较合适的就是戴维·梅瑞尔于 2002 年提出的"五星教学原理",也称"首要教学原理",一方面,该教学设计原理博采众长,在前人经典理论基础上进行了融合和创新;另一方面,五星教学原理得到了广泛的实证研究的支持,实用性比较强。该教学原理包含五个核心部分,分别是聚焦解决问题、激活旧知、示证新知、应用新知、融会贯通，如图 4.6 所示。

图 4.6　五星教学原理

五星教学原理的核心是具体的教学任务应该置于实际问题解决的过程中完成。因此，要先给学员呈现某个问题，然后学员聚焦解决问题时，会激活原有旧的知识，再去展示论证新知，而新知一定需要应用才可以提升学习效果，最后新知已经自然融合在学习者生活中时，学习就基本闭环了。

在五个核心元素下，每个元素还有三个层级的子项，会进一步作为教学设计及评价的参考要素。这里笔者用自己开发过的一门思维导图课程，来展示五星教学原理设计的应用，其模板如表 4.1 所示。

如果需要做教学评价，可以在表 4.1 右侧增加学员和专家的评估得分及理由，来评判课程的教学质量即可。

经过以上较为完善的课程设计体系的学习后，我们会对课程设计有比较清晰的认知和理解。在对课程设计在教学形态、机制方面有最终确认后，一般还需要输出最终的教学大纲。

表 4.1 五星教学原理课程设计应用模板——思维导图课

授课目标	帮助职场人掌握思维导图工具			
授课群体	1~3年职场人			
学员特征	初入职场，学习动力不足，工具意识强			
	教学内容	教学目标	教学方法	教学时间(小时)
一、聚焦解决问题（为什么学，学什么）			真实场景案例教学及目标动力激发	0.5
(1)提出学习问题：介入解决实际情境，提出问题	不少职场人的职场思考和沟通重点不突出，逻辑不严谨，覆盖度不全，影响职场表现（工作汇报场景）	形成强烈的学习动机及明确学习目标		
(2)交代学习任务：明确学习之后能促进什么行动	掌握思维导图工具，职场沟通、分享、汇报会更有逻辑、条理、说服力，全面性；画面呈现	通过升职加薪，个人思维提升等激发学员核心学习动力		
(3)形成任务序列：由简单到复杂形成一个完整学习任务序列	场景引入问题—发散思维—聚合思维—综合思维—应用创新	让学员有一个思维导图学习系统，可升级，可延拓		
二、激活旧知（通过"已知"过渡到"未知"，建立知识联系）			联系日常熟悉知识，通过新视角建立连接	1
(1)回忆原有经验：回忆、说明或展示旧知识	通过《三国演义》零散人物的回忆来引出思维的切入问题	通过学员熟悉的《三国演义》人物来帮助学员联系旧知		

续表

教学内容	教学目标	教学方法	教学时间（小时）
（2）提供新的知识：补救或者展示旧知识	强调人物间的联系来引出聚合思维和发散思维	引导学员通过思维导图的聚合和发散去梳理人物关系图	
（3）明晰知识结构：获得或者回忆新知识的结构	思维导图的聚合和发散思维结构	帮助学员掌握思维导图最核心的聚合及发散思维结构及价值	
三、示证新知，教会理解（在体验中学习新知）			1.5
（1）紧扣目标施教：依据所教内容展示论证新知识	（1）通过"点、线、面、检"来学习思维导图绘制（演示） （2）发散思维（联想开花、联想接龙） （3）聚合思维	（1）学员理解两种思维的特点、差异 （2）学员掌握思维导图基本绘制技巧	通过视频、动画展示思维导图绘制技巧，以及通过案例和互动介绍两种核心思维模式、作业反馈
（2）提供学习指导：提供适当学习指导	学员测试及案例应用，然后通过哈宾思维导图评价	（1）学员通过基础案例加深对两种思维导图的理解 （2）通过画出最简单的思维导图来熟悉绘图技巧，给每个学员提交作业反馈和指导	
（3）善用媒体促进：媒体与教学内容相匹配	借助多媒体资源，强化新知学习	加深学员学习场景的理解	

续表

教学内容		教学目标	教学方法	教学时间(小时)
四、应用新知，辅导练习(新知的进一步理解和应用)			通过小组讨论学习以及横向案例拓展，帮助学员加深新知认知和应用	1.5
(1) 紧扣目标操练：根据教学目标开展练习	(1) 应用曼陀罗思考法做联想开花练习以及联想接龙案例练习 (2) 聚合思维应用练习	帮助学员应用新知，熟练掌握发散和聚合思维的应用		
(2) 逐渐放手操练：学员能力提高，逐渐减少教师指导	拓展横向案例，小组式汇报应用练习	通过汇报案例实操，加深两种思维的应用		
(3) 变式问题操练：解决一组变形后的问题	用思维导图"读"演讲视频	帮助学员掌握现场汇报技巧，扩展场景及应用		
五、融会贯通，考察应用(新知理解后的升级创新应用)			目标结果应用展示，升级新应用场景，作品展示解读	1.5
(1) 实际表现业绩：学习者公开展示所掌握的技能	(1) 思维导图记会议纪要 (2) 思维导图整理分享汇报框架	通过会议纪要及汇报两种场景，输出思维导图工具价值，展示技能		
(2) 反思完善提高：反思、讨论或自我辩护新知识技能	思维导图写读书心得	帮助学员进一步扩展思维导图应用，升级聚合思维		
(3) 灵活创造运用：创造、发明或探索运用新知识	用思维导图解决实际"电梯问题"	帮助学员灵活运用思维导图，解决实际工作中问题，绘制挖掘型导图；思考导图的局限与不足		

大纲是什么？现在让我们放松一下，打开本书的前几页，看看本书的目录，是否有"窥一斑而知全豹"的感觉？大纲的功效正是如此。一般而言，一本书的目录会有2~3个层级，对应的正是它的大纲，也就是书的核心框架脉络。课程其实也一样，其目录都是依托大纲而定，只不过会使用更加贴合用户视角的表述。

那么具体如何设计并确认大纲呢？列出课程大纲的环节一般由负责课程开发的核心教师主导，教研教师支持。教研团队一般会从教育学、社会学、心理学等视角来分析课程并拟定大纲思路。课程大纲看似只是一个大纲的确认，但实际上也是整个课程设计基调和风格的确认，所以需要花费不少的心思。课程大纲设计的关注点有以下三个：逻辑性、全面性、实效性，如图4.7所示。

图4.7 课程大纲设计的关注点

一是逻辑性。不少教师的课程大纲逻辑混乱，要么重点不突出，要么边界不清晰，没有把科目的学习逻辑和教师的授课逻辑有效结合起来，这一点在经验丰富的教师和新手教师之间差别还是比较明显的。

那逻辑性如何优化呢？我们可以借鉴芭芭拉·明托的《金字塔原理》一书中提到的归纳演绎推理法，归纳演绎的好处是可以让逻辑简明、有条理。归纳是指对共同思想的概括，可以按照步骤、结构、重要性来归纳提炼。例如，我们设计初中语文阅读的课程大纲，就可以按结构归纳，把记叙文、说明文、议论文归纳为现代文阅读。

演绎是指逻辑的因果推理，可以参考亚里士多德的逻辑三段论：大前提—小前提—结论。也可以按照"存在问题—问题原因—解决方案"来演绎。例如我们设计针对声乐小白的课程大纲，就可以按照"高音上不去(存在问题)是因为气息基本功不扎实(问题原因)，因此需要增强呼吸练习，提升气息掌控能力(解决方案)"这一个简单的演绎来展开，这样比将各部分知识分散呈现清晰很多。当然，一个逻辑完整、条理清晰的课程大纲往往需要归纳演绎多次才可以得到。

二是全面性。主要强调的是核心知识点的有效覆盖，虽然机构的课程在很多场景下并不是对某一个完整学科的介绍，而是从学科中提炼出核心有效的主题。但不论从哪个视角设计提纲，都应该包含核心的内容要点。例如，一个英语写作课程的大纲，不管是按句型—模板—实例验证来拟定，还是按文章体裁来拟定，都应该涵盖英语写作方法的核心要点。

那全面性的实现有没有方法可以参考呢？其实最简单的也是应用最广泛的，就是总—分结构，对课程而言，即用主干到一级分支再到二级分支的形式来设计大纲，这就是所谓"知识树"。几乎所有学科都可以借助知识树来进行内容拆解和大纲制定，这样更符合人们接收信息的思维，从而更容易被学员接受。而且往往这样制定大纲的方式也更加全面，不容易遗漏知识点。

总之，课程大纲的设计既要求纵向因果到位，也要求横向要点穷尽，形成一个系统，学员学习吸收才会更加有效。

三是实效性。是指教师要以学科的易用性和前沿性为切入点进行课程开发，不少机构教师使用几年前的课件或大纲，案例也比较陈旧。长时间不做内容的更新和优化，不仅削弱了机构竞争力，也是对学员和自己的不负责任。好的教师、对自己学科投入度高的教师会主动和前沿结合，并从实用性角度出发，不断推陈出新。

当然这里的课程大纲和最后包装好的课程目录还是有区别的，课程目录需要从学员视角去做检验。判断目录的合格与否可参考"看得懂""看得清晰""看得有吸引力"等几个原则。

丰富内容

一旦有了课程大纲，就等于有了骨骼，剩下的就是血肉填充。机构要根据大纲来撰写内容，可以列举内容要点并逐层延伸展开，也可以写逐字稿，这要看教师的经验偏好、机构成本以及课程上线的形式等。

内容展开可以借鉴鲍勃·派克先生在《重构学习体验：以学员为中心的创新性培训技术》一书中提到的"EAT 学习次序原理"。"EAT"是指体验(Experience)、认知(Awareness)、理论(Theory)，三者不同顺序的排列可以适应不同类型的课程或培训。

例如，体验—认知—理论(EAT)模式，该模式是建立在学员已经具有相关行业经验的假设之上的。例如，汽修行业的进阶从业人员，基于他们实操经验丰富，但理论知识不足的前提，课程内容的展开要从实操案例入手，让学员产生共鸣，进而引出问题，帮助学员建立对行业更进一步的认知，最终形成对理论的深入理解。这样就比直接开始讲理论，让他们感觉"不接地气"要好很多。

体验—理论—认知(ETA)模式，也适用于已积累了一定行业经验的学员的学习场景。课程先结合经验切入主题，再总结出经验背后的规律形成理论，最终帮助学员加深对行业的认知。

而理论—体验—认知(TEA)模式，就比较适合对某一主题不太了解的零基础者，课程通过理论引入主题，再举例子解释，从而加强他们对理论的认知。例如，讲解不等式的时候，可以先引入不等式的概念和基本性质，然后通过举例来演示不等式的性质在解法中的应用，最后强化学员对不等式性质的认知。

需要重点强调的是，不论通过哪种方式，都必须以学员为中心，围绕学员的核心诉求进行内容的展开。只有充分了解学员，填充的"血肉"才更贴合搭建的"骨骼"，最终课程才更匹配学员诉求。另外，课程内容的丰富还包括授课互动、教学安排、作业体系、反馈体系等方面。客观来讲，课程内容能否做到全面、系统、高效，取决于教师知识积累的广度和深度，非常考验教师的功底。

对教师而言，一根铁杵磨成针的坚毅之心是不可或缺的。著名美学家朱光潜先生在他的短文《咬文嚼字》中说道："文学是艰苦的事，只有刻苦自勉，推陈翻新，时时求思想情感和语言的精练与吻合，你才会逐渐达到艺术的完美。"这种精神追求在课程打造中也同样需要，只有精心打磨和锤炼，不断产生新颖独特的见解，再经过积累和沉淀，才能把课程内容努力做到深入浅出和精彩丰富，这不仅是教师的自我提升，也是教育机构吸引学员的核心竞争力。当然不论怎样打磨，都要时刻记得以学员视角去校验，不论是名师专家，还是普通教师，都必须遵循这个基本原则。

具体如何做呢？本书分享三个可以直接落地使用的方法，方便读者在后续的课程设计和丰富内容时直接使用。

1. 换位思考，团队以学员视角检验

教师在丰富内容的时候，就需要时刻提醒自己，要以学员视角去介绍内容，并不断地反问自己。例如，这里提到的关键名词，是否结合上下文语境可以解释清楚；这样下定义、举例子，是不是足够简明易懂，还是有些晦涩等？整个团队内部都要以学员视角去检验内容，并建立提审前的内容自查机制。

2. 听取专业人士及第三方人士的建议

有时，自身的经验和对于内容的熟悉度会限制我们换位思考的效果。让一位在某领域授课 10 年的教师站在学员视角重新思考，他往往很难得出和学员相近的理解，因为毕竟理解方式和基础完全不同，除非他一直有动态换位思考的习惯。这时就需要引入专业人士或第三方人士的建议。笔者记得有的机构是这样做的，他们的教师在丰富内容的时候，会先把知识点完整地讲解 15 分钟，然后由现场其他教师逐个点评、逐个优化，然后再讲剩下的，直到大家都满意，有时候一个知识点要优化一天。当然，一定要遵守以学员视角来思考的第一要义。另外，还有一些专业的课评人和经常学习线上课程的人，他们往往是从学员视角来看待课程，因此提出的建议也比较宝贵。机构还可以和对接的第三方平台沟通，他们对接课程一般较多，对市场、学员会更加敏锐。

3. 请普通学员现场直接体验

前两种方式虽然有效，但还不是最佳的，因为他们毕竟都带着一定程度的专业经验和惯性思维，所以最好的方式就是请普通学员到现场直接体验。例如，有一家知识付费机构，他们每次在录制课程的时候，都会请一名普通学员到现场，让教师对着这名学员讲课。

请普通学员到现场直接体验好处是，一来，教师面前有真实的学员，能激发教师讲课的热情；二来，这样真实的普通学员既不是机构的教研人员，也不是专业课程评价人士，而且往往是和课程本身无关的学员，其评价更客

观真实。例如,制作一门网络营销课程,请来的学员可能是一名财务人员;一门历史的课程,请来的可能是一位工程师。一旦这名普通学员觉得教师讲得无趣,或者有不太能理解的知识点,他的脸部表情会给出反馈,或是皱眉,或是撇嘴,这些对于课程开发者都是最宝贵的反馈。教师回过头来可以观看录像做详细分析,或者和学员做进一步的访谈,重新调整优化课程。这种回归现场,最普通、最自然的方法往往能帮助机构在产品上更加贴合用户的需求。

  请写出你所在机构目前的课程体系对于学员而言最值得称赞的地方是什么。

课程制作

在对内容进行丰富之后,会形成基本的课程文稿或内容摘要,接下来,就可以进入课程制作的环节。这里要看课程将以什么样的产品形态展示给学员,不同的产品形态适用不同的制作方式。

1. 视频直播课

如果是视频直播课,需要提前准备好直播要点。开课前最好小范围测试一下直播效果,因为直播授课是一次性的,不像录播可以反复调整优化。但相比录播课,直播课的互动效果一般会更明显,尤其是真人上镜的直播课。如果教师不上镜,只用 PPT 屏幕分享模式,要注意和学员积极互动,不要把直播授课变成直播读稿。另外,还有直播各环节的铺陈、展现形式和服务等,也都要考虑到位。

2. 视频录播课

如果是视频录播课,编辑进行文字校验之后,教师需要根据文稿或摘要录制视频,然后再通过后期剪辑给视频配上字幕,视频录播课的制作基本就完成了。一些精品视频课程,可能需要更为复杂的分镜、动画、交互等制作要求,具体要根据教学的需求和内容生产方的成本来定。

3. 音频录播课

如果是音频录播课，逐字稿就是必需的。因为音频不像视频一样可以对大脑产生更多维度的刺激，所以需要教师在语言表达上更加精准。如果单靠临场发挥，绝大多数人的发言还无法达到和逐字稿一样的精练和保持逻辑完整性。

课程制作的每一个环节都可细致、可深入，当然有的也可以删减，要根据机构自己的情况来决定。但不管怎样，机构都需要将课程制作的流程尽量标准化。以 SOP 的方式去做教育，能够改善复杂性带来的混乱和低效率，实现机构的可复制、低成本运作。《得到品控手册》音频教育产品 SOP，如图 4.8 所示。

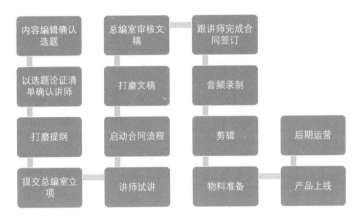

图 4.8 《得到品控手册》音频教育产品 SOP

4. 其他载体

除了以上产品形态，有些机构如果用 AI 交互的方式，需要提前进行脚本编写、交互设计以及图文、视频、动画等载体的布局；有些机构如果直接在社群授课，最好结合幕布、笔记、思维导图等形式，可以做出更好的展示。

课程包装

课程制作完成后需要对课程进行包装，包括课程的详情页、封面图等。

凡是课程触达学员的展现形式，都属于课程包装的一部分。

随着课程学习场景的多元化，课程包装也变得越来越重要。就像中秋节的月饼礼盒一样，包装做好了不仅在美观度和品牌形象上得分高，还可以有效提升商品价格。当然，我们重视月饼包装是因为月饼已经成为一种文化符号，是中秋送礼场景下的刚需产品。在线课程目前的赠礼属性并不强，但好的包装设计可以给学员留下较好的第一印象。

提到包装设计，笔者很容易就想起日本设计师别出心裁的设计，不论是食物的容器、简易礼包盒还是其他各种场景的包装，都给人巧妙、精致、便利、环保、贴心的设计感受，日本包装设计师木村刚在其著作《日本纸盒包装创意设计》一书中展示了各纸盒包装的精妙设计，让人印象深刻。虽然线上课程的包装是虚拟的，但设计者借助课程元素投入巧思和心力，同样可以设计出拥有品牌个性、吸引力强的课程包装。

另外，从营销学的视角来看，不同的包装让学员产生的品牌联想不同。积极的品牌联想，例如正规、系统、全面、专业等会对学员购买意愿产生积极正面的影响。反之，消极的品牌联想自然不利于课程的售卖。有效的包装能够从视觉上传递出课程的核心价值，引导学员产生积极的品牌联想。

美国的杜邦公司曾经做过一项调查，结果显示：63%的消费者是根据商品的包装来选购商品的。这个发现被称为"杜邦定律"，也就是管理学中的包装效应。

我们来看一个例子，就一目了然了，如图 4.9 所示。这是一家少儿英语机构课程详情页的内容介绍，仅展示了课程适用年龄和基本课程信息。

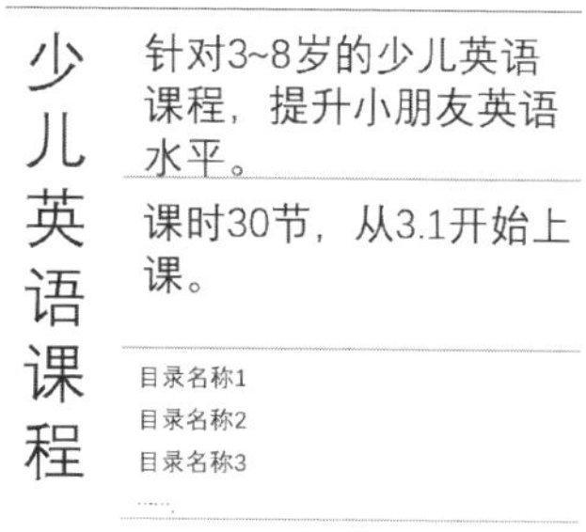

再来看另一个少儿英语机构课程详情页的例子，如图 4.10 所示。该图是课程详情页中的一部分，比较完整地展示了语言水平、年龄建议、课程级别、学习模块、素质体现等方面的信息。

图 4.9　课程详情页 1

语言水平	启蒙兴趣	基础学习	专项提升	综合运用
年龄建议	3～6岁	7～10岁	11～12岁	13～15岁
课程级别	Level 1	Level 2～3	Level 4～5	Level 6～7
学习模块	①发音词汇 ②基础听说	①常用词汇、短句 ②阅读基础	①词汇/句型/阅读 ②专项学科训练	①多场景听说读写 ②情景表达
素质体现	语言兴趣	基本沟通能力	语言学习动力	独立语言运用

图 4.10 课程详情页 2

当你看到这两个课程的详情页时，你会选择哪一个呢，相信你选择后者的概率大，这就是包装发挥的重要作用。尽量用多元的载体来丰富课程详情页，包括视频、图文等，不一定要追求最精致的美工设计（当然，如果有条件，还是可以把精致、特色的课程包装作为完整品牌体系的重要一环），但至少要做到信息全面、重点突出。

本书提供几种常见的课程包装思路，包括课程封面设计及常见的详情页内容安排，以供读者参考，如图 4.11 所示。

1. 标题+封面图

1) 标题

一个理想的课程标题就像商品名称一样，能第一时间吸引目标学员的眼球，吸引眼球往往是通过击中目标学员的"痛点"，引发学员产生共鸣的方式实现的。因此，标题中要突出解决问题的部分，突出最吸引学员的地方。

图 4.11 常见课程包装思路

例如，同样关于高中数学的课程，一个标题是"高中数学提分学习方法"；另一个标题是"清北'学霸'的高中数学提分秘籍"，显然后者的吸引力更强，核心卖点突出得更明显。标题的拟定同样可以借鉴在付费广告投放部分提及的创意设计思维的三大吸引法则(利好、共情、对比)。

当然，由于不少教育机构在第三方在线教育平台运营，考虑到学员会通过搜索引擎搜索课程，为了让课程获得更多的展示机会，机构通常会在标题中列举多个关键词来吸引流量。因此，具体情况要结合平台的运营规则和实际课程内容来看。

2) 封面图

封面图部分一定要尽量专业，以便学员产生良好的感知。一般在一张封面图上不建议放两个以上的核心卖点，否则不仅不容易被学员记住，而且显得杂乱。

如果教师的形象对塑造课程的权威性和专业性有帮助，能得到学员更多的信任，那么"教师专业化形象+标题内容"一般是比较合适的呈现形式。

除此之外，结合标题、授课内容做提炼，借助具体事物营造意境把课程主题传达出去，也是比较常见的方法。如一门中国风摄影课程，配图以古风元素营造氛围就可以有效传达课程主题，如图 4.12 所示。如果是兽医相关的培训课程，那么用猫和狗作为封面图元素就比较贴切。

图 4.12　中国风摄影课程封面

对于封面图，笔者还是建议教育机构找专门的美工来进行设计和制作，有利于积极品牌形象的塑造。

2. 教师介绍+图片

教师是授课的主体，因此需要做一定的包装。包装主要包含专业度和社会头衔两部分，从业经验也是一个可以突出的点。另外，教师有明确教学成果的，可以着重强调。

本书试图通过还原场景的方式来做判断。假设你现在是一个想进入 BAT 工作的编程人员，想通过学习课程提升自己的专业技术能力，进入互联网名企工作。现在你遇到下面两个教师介绍的版本，你觉得哪个会更吸引你？

介绍 1：某教师，前 BAT 技术通道高级专家，5 年线上授课经验，领导过多个重大技术项目，有丰富的实战经验。

介绍 2：某教师，精通某语言，在该领域有多年技术经验积累，实战经验丰富。

很显然，对于想去知名度高的互联网公司工作的人，介绍 1 会更吸引他们。一方面介绍 1 的教师和学员的目的更接近，另一方面介绍 2 提到的"多年"不够明确，信任度没有数字传达得强。可见，一些侧重点的简单调整变化，都会影响到学员的感知。

同封面图类似，教师的配图也要结合教学科目来看。一般建议用职业装展示专业形象；如果是亲子少儿类，建议形象展示多使用能体现活泼、友爱的元素，这样更容易获得孩子的喜爱和家长的信任。

不管是课程封面图、教师配图还是详情页展示的图片，最好是能够做到简洁、精准地传达信息。很多机构过度重视包装，导致整体展示比较凌乱。清爽简洁的图例，如图 4.13 所示。

3. 核心卖点

一门课程一定要有核心的卖点，这些卖点往往就是学员的"痛点"，是学员迫切想要解决的问题，也可以是学员有意无意掩饰的真实需求(品牌营销专家马丁·林斯特龙在《痛点》一书中提到"潜台词研究"对找准用户需求的重要性和大量案例),机构需要重点挖掘并突出这些信息。

图 4.13　清爽简洁图例

课程核心卖点的展示建议采用图文并茂、结构清晰的形式,这样会更形象,更具吸引力,而不是只用简单的文字来描述。举一个简单的例子来对比,在课程展示页用一段文字介绍你的核心卖点,如图 4.14 所示。

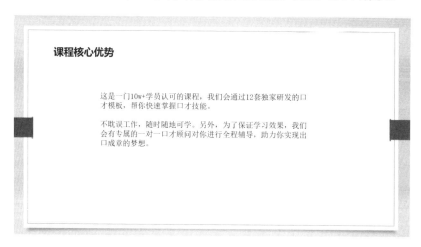

图 4.14　核心卖点对比图例 1

如果你是用图文并茂的形式,那么看起来会更直观些,而且用户感知到的专业度也会更高,如图 4.15 所示。

图 4.15 核心卖点对比图例 2

4．课程安排

课程安排一般包含课程的核心内容及配套的增值服务，建议用逻辑排列、图文结构的形式呈现，方便学员快速了解。条理清晰、层次丰富的课程安排可以凸显课程的全面性、系统性和专业价值。

5．课程收获

一门课程对于学员而言，最重要的是可以通过学习这门课程有所收获，所以课程详情页需要对课程收获做系统的展示。假设你负责一门写作课的运营，在课程详情页需要告诉学员，通过这门课程的学习，他们可以学到 8 种写作技巧以及 4 种常见文体的写作思路，并获得独立完成一篇微型小说的能力等，这样学员就可以清晰地看到自己将获得的内容。而且课程收获有时还能给学员带来意外惊喜。例如同样是这门写作课，它能够额外给学员提供某些知名平台投稿的机会。

总之，无论是提升技术、获取知识，还是通过考试，课程至少需要解决学员的一个刚需"痛点"，并明确地告诉他们学习这门课可以获得什么，这样才可以有效强化课程价值。

6．"大咖"推荐

"大咖"推荐是课程包装比较常见的一种形式。不仅在课程包装方面，在广告代言或图书出版领域,"大咖"推荐也都是比较典型的产品营销手段,即通过权威高、公信力强的人来增加用户对产品的信任度。

假设学员看到有"大咖"推荐这门课程,他就有可能产生这样的想法:"连某某'大咖'都推荐了这门课,那这门课应该比较靠谱。"毕竟诉诸权威一直是比较有效的推荐手段。

7. 学员评价

在线教育非常重视学员的真实反馈,就像去购物网站买东西,我们也会习惯性地看一下评价,关注好评率是多少,差评强调了什么。

所以教育机构需要选取更能突出学员需求的评价进行展示,对学员越了解,这样的展示就越有效果。但要注意每门课的侧重点有所不同,像技术、产品等职场技能型的学员,一般最关注的就是升职加薪,所以这方面的学员评价案例要多放一些;而有的学员担心自己基础差,学不会,这时候就要强调教学服务过程中,机构如何耐心地给学员辅导,学员很认可某某教师的教学和服务等。有的时候,越详细、越真实的内容,越能吸引学员的注意力。当然,其前提是机构的教学和服务真的做得很到位。

学员评价的展现形式也很多样,文字、视频都可以。对于学习效果反馈比较明显的领域,如果有真人视频的评价反馈,就再好不过了。例如你看到某钢琴课程详情页中有这样一个真人视频反馈:某学员说自己学习了该机构的钢琴系统课受益匪浅,然后在视频中行云流水地弹奏了表演曲目。如此直接的反馈会让你感到该钢琴课程格外有吸引力,于是你马上联想到自己通过学习该课程也能达到这样的水平。

8. 适合谁学

适合谁学主要是用来界定课程受众,以及加深目标学员的学习确认感的。因为在实际运营中,会有不少目标学员前来咨询,例如,他们会问课程是否适合零基础学习者,跨学科的人是否可以学习等。

机构应尽量用图文等形象化的方式展示适学人群,并根据课程实际情况尽量覆盖更多的学习场景,不要给课程设限。例如,一门播音主持技能类的课程,如果面向成人兴趣类学员,就不应该局限在主持和播音场景,像声音美化、朗诵、配音、有声播演、直播带货,以及给孩子讲故事、声音变现等学习场景都是可以囊括的。机构要学会站在学员视角去挖掘需求和拓展更多的学习场景(当然实际课程要能解决学员需求,不能欺骗学员)。

以上这些课程包装的思路,机构可根据自己的实际情况来增减和排列组合,只要能有效地展示课程,达到高曝光转化的效果即可。而且,提升教育产品体验部分的设计原则也同样适用于课程包装,可以让包装变得更有吸引力。

综上所述,打造一门优质的在线教育课程需要精心设计各个环节,注重学员视角和 SOP 概念。学员视角可以帮助机构在开发课程时从需求点出发,有的放矢,它强调做对的事情,不致在方向上错位。而建立 SOP,以精细工业化思维去打磨每个环节,是强调如何把事情做对,建立竞争优势。这两个方面做到位,一门课程基本上就打磨得比较好了。

作者互动　请写出你所在机构当前的系统课程,并思考从 0 到 1 是如何打造 SOP,然后结合上述内容做进一步优化。

在线教育服务的重要性及方式

在线教育服务的重要性

之所以把服务单独拿出来讨论,一方面,是因为现在的服务环节已经成为在线教育的重要组成部分,是产品价值的体现;另一方面,随着精细化运营需求的不断增加,预计服务在未来在线教育中的比重还会持续增加,服务的形式也会随着工具的完善和 AI 等技术的发展得到进一步的升级。

从产品和服务的角度来看,在线教育行业在某种程度上和餐饮行业有些类似,如图 4.16 所示,

图 4.16　教育和餐饮

餐饮行业的产品层面简单来说就是东西是否好吃；而服务包含很多方面，餐厅的环境、服务人员的态度、周边环境等。

以前人们去餐馆吃饭大多是因为味道好、菜品种类多，而现在，越来越多的人把服务好坏当作一个餐馆是否值得优选的重要参考指标。如今，"海底捞"这类以特色服务为主打的餐饮公司也越来越多，餐饮行业的整体服务意识和水准也有较大提升。

那在线教育呢？在线教育行业中，服务在其中显得尤为重要，至少餐馆的服务好坏基本不会对菜品好吃与否造成直接的影响，但在线教育则不然，因为在很多场景下，其服务就是产品的一部分。例如，同样的小班直播课，一家机构增加了课中练习、作业、两周一次的测试以及其间督学教师的跟进指导，学员从感知上自然会认为这样的课程比另一家什么服务都没有的机构的课程要好。

而且对于很多学科，除了少数顶尖的教师外，大部分教师的水平都比较接近，因此，机构更需要想办法在服务上做出差异。例如教高中函数的数学教师，大部分能够把概念和运算规则相对清晰地教给学员，教师在授课水平方面的差距没有明显拉开；而有的机构通过提供"学长学姐帮学"的特色服务，就成功获得了很多学员的认可。本质上，这也是因为在线教育目前的课程交付没有办法让学员产生最佳的学习效果，所以服务在现阶段是必要的事，也是有价值的事。这方面线下教育要做得更好，毕竟线下教育在面对面互动、现场服务等方面有先天优势。例如现在 K12 阶段的线下课程，教师在课堂上一对多地现场讲解，能面对面看到每位学员的投入度、学习状态，也可以通过提问、互动、现场考试、游戏的方式来回顾刚才讲过的知识点，强化理解和记忆；课后会给学员留作业；还安排了期中、期末以及最终的毕业考试。学员平时遇到不会的可以通过问教师、同学得到及时反馈，同学之间可以面对面交流、互帮互助。优秀的学员还可以发挥榜样效应，激发其他同学的竞争意识，提高他们的学习动力，提升学习成绩。更重要的是，家长、教师等形成的复杂社会关系以及社会环境等因素，都会变相让学员产生一定压力，从而影响学员让其在学习态度上发生改变。

但到了线上，如果仅仅只有大班直播、小班直播或者一对一的线上授课就不太够了。虽然会有个别学员主动性特别强，能够认真完成所有的课程学习任务，并自觉进行总结和复习，但这种学员毕竟是少数。教育机构面对的学员大多是相对缺乏主观能动性的，如果都能很自觉严格地约束自己进行学习，那就没有教育机构的市场了。缺乏主动性的同时又没有外部环境的强制约束，学员往往比较难取得好的成绩。但机构又需要通过学员的优异成绩来证明自己的教学价值高。

那么，机构该怎么办？面对这些学员就只能想尽各种办法提供服务，激励或督促他们学习，从而提升他们的学习效果及其家长的满意度。

可能有些人会觉得 K12 阶段的都是未成年人，这个阶段的孩子需要管束很正常，而我们很多教育机构课程的学员是成年人，成年人的主动性会强很多，不需要那么多的服务。

事实上，不完全是这样，虽然成年人在心智上更加成熟，但从脑科学的角度来看，成年人往往在大脑前额叶(复杂认知)和杏仁核(原始冲动)之间的斗争时间更久，而且也经常出现理性败给感性的情况。另外，中国新闻出版研究院公布了一项调查结果，2019 年中国成年人平均纸质书阅读量只有 4.65 本，我国成年人的自主学习性还有较大提升空间。因此，对待成年人学员也一样，机构需要提供服务对其进行引导和督促，提升他们的学习效果。

我们来看一个成年人语言学习机构的案例，在这些简单的学习环节中，看看机构是如何通过服务来提升学员学习参与度和口碑的。这家机构学员学习的常规路径是：上视频课学习本节要点→做课后作业→解锁学习下一节内容→测试→结项考试。

为了保证学员的学习效果，机构给每节课都设置了课后作业，学员需要提交作业，完成教师的教学要求。如果有学员不按时提交课后作业怎么办？这时就会有督学教师参与进来。成年人的理由和借口通常很多，加班、出差、约会、朋友来访等。但没关系，反正有一年的学习服务周期，督学教师会想办法每周督促学员三四次，向他们摆明现状与目标的差距，通过各种激励话语以及分享其他优秀学员的案例等，让他们自己觉得不好意思，决定现在就完成作业，不违背自己学习的初衷，也不辜负教师的期望。

学员完成作业后，机构会安排对应的测试，每次测试后都会有专属的测试报告提供给学员。针对测试不达标的同学，机构会进行专属的诊断和辅导，帮助学员复习和检验。这样，机构尽可能地把每个环节的服务做到位，学员的学习效果就获得了进一步提升，机构也赢得了口碑，从而获得了更多的学员，形成良性循环。

因此，我们可以得知，服务是保障和提升课程价值的方式，完善的服务体系可以帮助机构获得更好的口碑，从而产生更多的商业收入。

 请写出你所在机构当前服务板块有哪些方面可以做进一步提升。

八大重点服务

那么具体有哪些常见的有价值的在线教育服务形式可以借鉴呢？我们按照教学全链路视角，分八个重点服务部分进行讨论。在具体展开讨论前，请先做一下案例互动。

 请分析在以下机构案例中，分别在教学全链路中优化了哪些环节让服务体验更好，以及还有哪些服务可以进一步扩充或优化。

A 机构是一家线上 K12 机构，他们采用线上"双师模式"教学。大班直播授课由一位教师负责，这位教师会在课程中与学员进行案例互动，并让学员根据教授知识点做练习。课后，还会有一位督学辅导的教师跟进每位学员，去检验他们是否理解了本次课程的知识点，并督促他们完成教师布置的作业。具体用什么办法呢？督学辅导教师通过划分学习小组，设置小组积分榜的形式激发学员的团队荣誉感；最后结合日常团队积分、个人排行榜积分以及阶段性考试来给学员评定最后成绩，并颁发线上证书，提供成绩报告。

我们带着对这个案例的思考来了解接下来的八大重点服务，看看围绕教学全链路视角的重点服务是哪几个部分？如何做好重点服务？然后再重新梳理一下你所在机构的服务模块，并做对应的提升优化。八大重点服务如图 4.17 所示。

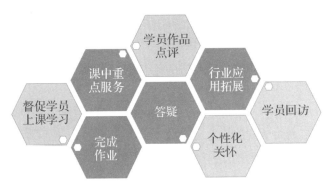

图 4.17　八大重点服务

1. 督促学员上课学习

不论是为了促进体验课转化，还是为了系统课的学习效果，督促学员在规定时间上课，都是十分必要的，到课率也是机构非常重视的教学指标。在某种程度上，到课情况越好，说明教学质量越高，后续服务成本也就越低。

一般情况下，在线教育的到课率要低于线下。除了有明确到课要求的学校外，成人技能、职业培训等线下教育机构的到课情况也比在线教育机构好，毕竟线下学费比较高，而且学员在报名前一般也提前规划好了学习时间。而在线教育就是另一种情况了，由于学员缺乏外界的强监督，所以大部分机构能做的就是找专人督促学员上课。那具体如何来开展呢？

除了本身教学工具自带的功能提醒外，机构还可以借助微信公众号、私聊、朋友圈、社群等方式来督促学员上课，也可以通过设置一些奖惩制度来激励学员上课。具体方法包括以下几种。

（1）奖金激励。设置全勤奖，激励学员通过积极到课来获取奖学金，或者从学费中抽取部分来建立奖金池，以奖励到课率高的学员。不到课的或到课率低的学员，相当于将自己的部分学费分给了到课率高的学员。

（2）集体约束感。通过分组教学的方式培养学员的集体荣誉感，以此来约束学员。分组时一般可以安排责任心较强的学员做组长，带领大家守护团队荣誉。

（3）提高学员门槛。有的对教学质量要求高的机构，对于到课率低的学员会进行劝退，以此来保证高到课率和教学口碑。或者机构在招生时就做一定的意向和测试筛选，帮助机构获取高质量的学员，方便后续一系列服务的推进。

 请写出你认为让学员来上课的其他有效的办法。

以上方法针对的是直播等上课时间相对固定的课程形式，对于随到随学的课程形式，就需要根据学员学习进度、频次等进行适当沟通。

2. 课中重点服务

很多教育机构对课中服务没有给予足够的重视，他们觉得只要备好课，按照课程大纲讲解就好了。但其实在课中还有不少细节需要留意，机构服务能力的强弱往往就体现在这些地方；而且不同类型的课程形式，需要关注的侧重点也有所不同。

1）小班直播

在少儿领域的直播教学中，有些教育机构采用的是一对二或一对三的小班教学模式，这样教师可以关注到每一位学员的课堂互动情况，并根据学员的反馈及时做针对性的讲解。而且教师会使用一些服务型工具，如答题卡、语音、视频以及小测试等互动形式，不仅可以增加学员的学习乐趣，而且可以有效了解学员的学习效果。因此，这种小班直播课的教学服务就比较到位，在学员中口碑也相对较好。

2）大班直播

在常见的大班直播课中，使用某些第三方平台或在线教育工具可以获取学员的课堂互动情况反馈，包含提问次数、发言次数等。但这还不够，更重要的是要有助教观察那些没有直接通过数据反馈的情况。例如是不是有学员的关键问题被其他人的讨论顶下去了，教师没有给予解答；例如连续几次的直播中有哪些学员基本不参与互动；或者对于某个知识点，学员多次表示不太好理解等。教育机构需要对这些课堂上出现的问题进行统计和总结，思考哪里做得不够到位，接下来该怎样做优化。这样下去，时间久了，教育机构就慢慢形成了竞争优势，而且别的教育机构一时半会儿也比较难做到，因为这是团队在服务意识和行动上不断积累、巩固建立的竞争壁垒。

3) 录播

录播课相对简单，学员看了多长时间，是否看完，看了几遍，停顿节点在哪里集中，基本上大部分在线教育平台或工具可以获取这些反馈数据。因此，对于课中的服务可以结合这些数据来做跟进和调整优化。

4) 社群

社群授课一般可以结合语音、笔记、文档、思维导图、打卡等形式做运营服务，或者为学员提供相关行业的高价值信息；也可以根据群里学员的互动发言做针对性的解答，这一部分和答疑环节相似。

3. 完成作业

上完课后，大部分教师会布置作业；如果没有布置作业，说明这个教育机构很大程度上还是停留在相对初期的纯输出型教学阶段。从实践效果上来看，仅依赖知识的单向输入，大脑能记忆理解并有效吸收的部分非常少，因此，做作业或进行学习后的应用练习还是非常有必要的。

很多作业，如选择、填空、判断、问答等可以借助工具安排来进行，客观题可以直接由系统校验，部分功能也可以实现线上评阅。但主观题、学员个性化测评以及督促学员做作业、辅导答疑等，目前还是需要投入较多的人力。

对于不同类目的作业，实施难易和投入完全不一样。像技能类的阶段性作业，很可能是学员自己编写一个案例，请教师做案例评阅；考试类作业服务就比较简单，因为工具比较成熟，题库、打卡程序等都可以使用，运营成本相对较低；兴趣知识型的作业提交非常多样化，有的会通过邮件（一篇文案)，有的会通过工具(词汇打卡)，还有的会通过语音(唱歌教学)或者视频(吉他表演)等。总之，作业的具体形式要看学科的场景需求。

教育内容的丰富性也导致工具和服务的多样化，目前还没有工具能做到全流程、全类目服务。但也正是因为术业有专攻，才能使工具的发展百花齐放，也才能出现丰富多彩的在线教育产品。

社群和一些社群变现工具结合的模式也是目前比较常用的课后服务模式。上课后，机构把知识点、学员作业、教师分享、嘉宾分享等模块都放在知识星球等工具中，或者自行开发的 App 中，达到以工具驱动服务的目的。

4. 答疑

为什么把答疑单独拎出来讲解呢？这是因为答疑是目前最常见的在线教育服务模式，也是帮助学员自我吸收内化的非常好的学习方式。常见的答疑场景基本上是一对多和一对一两种。

一对多常发生于直播间、社群等场景中，具有很好的示范效应。因为往往有和提问学员遇到同样疑惑的学员，并且可能不止一个，所以教师如果这个时候把问题解答得很清楚，问题得到解决的学员就不止一个，而是场景中有类似知识点疑惑的所有学员。有些学员是不愿意在直播间或社群发言互动的，但是很可能是机构口碑好坏的忠实传播者，因此机构要重视一对多的场景答疑，做好答疑服务。

一对一答疑往往是高价课程的增值服务，或者是机构转化系统课程时提供的个性化服务。相较于一对多答疑，一对一答疑投入成本相对更高，但效果会更好，VIP 学员的认可度也更高。同时如果机构需要不断提升单名辅导教师的产能，可以借助一些管理工具和 SOP 来提升服务效率。

关于答疑，教育机构常会遇到一些问题，笔者对这些问题简单说明一下。

1) 直播答疑节奏容易被打乱

一些直播经验不丰富的教师经常会被学员的问题打乱节奏，针对这个问题，建议教师一方面整理常见 Q&A 并在直播间发布；另一方面，教师要从整体上提前做好规划，进行合理的安排和宣导。对于哪些方面需要在授课中强调，哪些方面需要专门做课后的集中答疑，都可以直接提前确定。这里可以结合助教做进一步的筛选统计，并让学员充分知晓。

2) 社群答疑管理如何做

经常有教育机构咨询，学员在社群里提问太活跃了，而且大部分情况下是一些不经思考的，甚至和课程内容无直接关系的问题，但仍需要教师们及时花时间答疑，回应稍微慢一点就会被学员抱怨，甚至投诉，遇到这种情况怎么办？

本书强调的是预期管理的问题，在任何领域，我们都需要管理好现实感受与预期的差值，尽量降低这个差值带来的熵增，这样就能达到某种程度上的满意。例如，机构要在开始招生时就讲清楚并制定好群答疑制度，如星期几、哪个时间段、哪几位教师会轮流答疑，主要覆盖什么类型的问题等。具体频次和长度需要根据具体学科教师和学员的情况来安排，除此之外的时间，不做答疑。

学员一旦有了预期，期待值就会低很多，这时教育机构严格执行答疑制度，做好换位思考，也能有效培养学员对机构的信任度。那些所谓的任何时候都有专人答疑是一些机构抱着"反正是噱头，没关系，先承诺了再说"的想法提出来的，但实际上很多机构做不到，这样可能会使评价变差。因此，笔者建议教育机构要结合自己教学内容和学员实际情况，过度的承诺只会给自己带来品牌的折损和大量的运营人力输出。重视服务，不代表目标是把服务做得越复杂越好，而是做得有效，有口碑。

5. 学员作品点评

学员作品点评这个环节可能对于很多机构而言是没有的，但笔者认为它也是在线教育服务中非常重要的一部分。虽然在作业完成的部分，机构教师会给予学员一些关于作品的反馈，但一方面点评的概念在在线教育中还没有做到全面覆盖，它被更多地应用在应试作业正确与否的判断上；另一方面大多数机构还没有发挥出点评的全部价值，例如，点评天生所具有的示范效应是可以在直播间或社群中放大的。

举一个应用点评做好教学服务的案例,这个案例来自一家做硬笔书法教学的机构。书法的好处是作业即作品,可以提供明显的教学反馈。

这家机构会在直播课最后 15 分钟左右,给直播课学员做围绕某主题的作品点评。学员可以及时在直播间发布作品,教师每次都会安排一定名额来点评。因为上课时已经讲了一部分理论技巧,所以教师会直接指出被点评学员作品不足的地方,结合刚讲解的理论技巧,怎样做提升;然后教师会在直播间应用该技巧,帮助学员调优书法作品,现场反馈效果很好。

除了固定主题的作品,每周还有额外名额供学员提供自己的其他作品让教师进行点评指正。这样下来,一般一位学员认真学习 1~2 个月,硬笔书法的学习效果就非常明显了。因为这部分学员大都是兴趣驱动型,所以核心目标就是字体好看、美观,这时机构基本可以实现其学习目标了。而书法职业诉求的学员会有专门的课程提供。

此外,机构还在获取流量、招生转化、口碑推荐几个方面都应用了"作品点评"的模式。例如口碑推荐也是基于点评转化的效果。机构会给学员提供录制短视频的模板,引导学员对自己的成长历程进行分享,又因为学习效果确实好,所以大部分学员内心也比较认同自己的成长,愿意将自己的成长历程分享给更多人。这样一来,对机构而言,就会产生更多的口碑推荐。

同样,对于 PS、编程、写作等任何有明显反馈的科目,不管是阶段性的场景,还是日常性的场景,机构都可以借助作品点评来提升服务的质量和学习效果。

 请结合你所在的教培类目,想想哪个环节或形式可以做线上点评反馈。

前文我们提到作品点评对于学员有示范效应,那么这个示范效应具体是指哪方面呢?举一个编程机构课程的案例,或许你就能马上理解了。

假设我们正在观看这家机构的一门编程直播课,教师在讲了一小段时间的原理后,让学员开始跟着做应用。现在我们的视角跟着 A 学员,他根据自己的理解更新了一段代码(这也是一个小作品)。一会儿当教师点评这段代码的时候，学员 A 就会感觉收获很大。此时，不仅仅是他，其他学员也受益匪浅，纷纷表示原来还可以这样写，原来还有这样的思路。如果没有这种作品点评反馈，他们可能觉得自己已经掌握得很好了，而正是因为学员自己对知识或技能的掌握有限，所以才会影响他的判断。而且这种示范效应的社交作用比答疑发挥的作用更大，因为作品已经是一个主动参与后的交付了，其投入成本和教学要求更高，对其他学员的共鸣影响也会更强。

另外，作品点评还可以激发同学间的良性竞争：A 同学看到教师用 B 同学的作品进行分析并做了表扬，他也希望自己能得到作品展示和教师在公众面前表扬他的机会，这是一种教师和学员之间所没有的激励方式，就像线下同学之间的竞争一样。从教育心理学的视角来看，同学之间的良性竞争有利于激发学员的内在学习动机。

总之，对核心内容或价值输出的点评可以是虚拟知识，也可以是实用技能，它是教学中值得重点关注的环节，相信未来机构也会越来越重视点评。

6. 行业应用拓展

除了前文介绍的常见在线教育服务外，机构还可以根据自己所做的教培领域，拓展很多增值服务。总体来看，可以和求职平台、外包平台以及行业上下游的合作伙伴合作，做就业推荐、兼职推荐，帮助学员对接技能输出的部分；也可以为学员提供在自己机构兼职、全职就业的机会。还可以结合线下联动，为学员提供讲座、论坛、游学等学习机会，或者是人脉资源方面的对接等。这些都是核心课程之外的，但学员可能很感兴趣的增值服务。

下面笔者进一步列举一些实际应用场景中不同类目的案例，以供读者参考。

机构 A 是一家做编程语言培训的机构，绝大多数学员学习他们的课程，都是为了提升编程技能，从而获得一份与编程相关的不错的工作。这家机构是怎样提供他们的增值服务的呢？他们会对接一些大型互联网企业或者中小型企业的人力资源(HR)，以及和一些猎头资源合作，给优秀学员推荐就业机会。目前，他们已经成功为上百名学员推荐了就业机会。这一项增值服务对学员而言比较有吸引力。

机构 B 是一家电气培训机构，对于电气行业的初级学员而言，他们非常需要在系统的成套厂参观学习。所以这家机构就联合了几家规模较大的成套厂，给学员提供线上+线下的系统化学习课程，学员线上学习完理论课程并顺利结业后，可以去对应的大型成套厂进行线下实习或兼职，这个增值服务得到了很多学员的认可。其中不少学员还有机会留在成套厂就业。

机构 C 是一家写作培训机构，每个月一期的写作训练营是其核心课程。对于学习写作的人而言，不管是纯兴趣驱动还是有获利诉求，如果他们的作品输出能有资源对接，对于学员而言都具有非常高的价值。于是，这家机构一方面对接了一些自媒体、专栏作家、职业编辑等资源；另一方面也和一些网络小说平台、电子书平台合作，帮助从他们的训练营出来的优秀学员对接这些资源。其中不少学员拿到了稿酬或发表了网络小说，并在得到收益和好的反馈后纷纷致谢机构。这时，他们就能用这些致谢截图做案例展示，从而形成良性循环。

还有国外主要为没有技术背景的学员提供 IT 培训的职业发展平台 Careerist，他们给学员提供了收入分成协议的增值服务，学员只需支付初次申请费，并签署收入分成协议，就可以在找到工作后再支付全部学费或固定收入分成。在线销售培训平台 Victory Lap 也是类似的服务方式。

从以上不同的扩展增值服务的案例中我们可以获得什么启发呢？你有没有想过，他们是如何想到这些的呢？其实背后的原理很简单，就是机构要回到学员身上，回到教培类目本身，挖掘学员的初始需求。

具体来说，你可以问自己：学员到底为什么学这门课程，学习后直接好处是什么，短期学和长期学会有什么价值；学习这门课程的人群，他们还有和课程相关的其他类似需求吗；他们学习了这门课程，除了对他们自己有益处之外，还会对哪一类人有益处……

 按照上面的思路，请思考一下你所在的学科类目有哪方面的增值服务可以提供。

7. 个性化关怀

一般情况下，机构的课程价格比较高时，机构就要想办法提供各种增值服务，这无非是想让价格和价值更加匹配，并让学员对课程的感知价值更高。增值服务除了上面提到的行业应用拓展外，还有个性化关怀。

个性化关怀具体怎么做呢？在某种程度上是让我们思考怎样超出学员的预期，因为个性化关怀往往是120%的价值中多出来的20%。

例如，一些少儿英语、少儿编程的机构经常会给学员家长发送学员个性化的学习报告。这些学习报告一般是系统后台生成的专属学习报告，包含学员的学习时长、学习重点、学习阶段性进展等，而且图文并茂、成果突出，会让家长觉得"哇，本来我只是让孩子跟你们学习，现在你们给孩子做了反馈学习报告，这让我感到非常温暖、贴心"，从而增强了他们对机构服务和品牌的认可度。

还有什么场景可以体现个性化关怀呢？对于大部分双师的在线教育机构而言，辅导教师的工作量可不小，他们需要了解学员每次的学习情况，并需要对出勤、成绩等做统计。但这只是基本功，没有体现出个性化关怀的部分。

有的学员一开始担心因为基础差学不会，辅导教师可以在他学习一段时间后做个性化关怀，询问他是否能跟上学习进度，建议他多做教师讲的基础练习，鼓励他。而有的上班族担心不能准时来上课，辅导教师可以做定期提醒，督促学员通过回放视频学习，并把最新一期的内容总结成思维导图发给学员方便他们复习，再加上"注意身体"之类的问候语。

这些对不同的学员采取的特殊行动，就是个性化关怀。背后的原理其实就是我们之前讲到的"刚需"和"感知价值"。对于服务，有时候一个小提示就可以唤醒一份大温暖。

关于增值服务，笔者希望每一位机构从业者都能从学员的视角去洞察需求，进行多场景深入分析，不要局限在上课这一个服务层面上。这样就可以提供令学员满意的差异化服务，从而领先于其他机构。而且机构一旦具备了这方面的意识，便会把其他机构越甩越远。

8. 学员回访

学员回访的环节非常重要，但很多机构可能还没有开始做，因为在他们的意识里，学习交付就是把课程上完，履行完基本的义务即可。道理虽如此，但想要更加了解学员，了解机构整体的教学服务情况和竞争对手的情况，包括上面提到的增值服务的学员需求场景，学员回访就是一种行之有效的方式。

回访后可以结合机构的实际情况采取改善行动，长期坚持，便会持续产生好的口碑。而且积极的回访也会让学员产生机构重视教学服务的感知，相当于机构通过回访服务进行了口碑的传播。

回访一般有课中回访和课程结束后回访两种。假设机构的系统课一共有100节直播课，如何做课中回访呢？一般可以根据100节课1%、20%、50%、70%、100%对应的学习进度做回访。课程回访节点安排，如表4.2所示。

表4.2 课程回访节点安排

回访节点	回访侧重点	回访价值
1%	了解新学员对上课模式和服务的预期感知，以及和实际现状是否有落差	及时调整优化
20%	基础理论学习和小节测试	判断整体基调是否适应
50%	课中反馈或阶段性测试等，为开启下一个篇章做准备	承上启下，做后续课程和服务的调优以及重点模块的加强
70%	最后一个重要实践项目或者是考试类的冲刺学习	树立信任和信心
100%	对整体感知做问卷调研或打分，大体上包括的维度有授课教师的专业度、精彩度、满意度，机构助教或其他关键角色的满意度，机构整体建议、改进点等	① 综合价值感知 ② 课程评分 ③ 优化改进建议

当然，不是必须要按照这个学习进度去做回访，机构也可以根据自己的课程频次、服务方式、课程特性等方面综合来判断，表 4.2 中回访节点的比例只作为参考。

回访形式有多种，本书不做局限。可以通过电话、微信、QQ 等，还可以通过问卷调研打分等方式来实现。回访最好有打分数据，这样可以通过数据来对比不同科目、不同教师、不同运营人员负责的模块，也可以做时间上的对比改进，建立一个相对量化的考评、监测机制。

另外，机构对于学员开放式反馈的问题要重视，如果学员提出了合理的建议，机构需要在下一个或两个课程周期内进行优化，这样可以真正做到"取之于民，用之于民"。

而且回访、调研本质上都是从学员那里获得反馈，就像学员学习需要从教师那里获得知识反馈一样。教师教学好与不好，也需要学员进行反馈，这样教师才能知道哪里存在不足，哪里可以改善，从而形成良性循环，这样机构的口碑和商业利益也会得到最大化。

以上介绍了在线教育服务部分笔者认为比较重要的八大服务，由于机构的不同学科有着不同的属性和要求，肯定还有没涉及的部分。通过本节的内容完整地介绍在线教育服务，是不可能的，但至少可以让机构从全链路视角拥有服务的意识，思考每一个环节怎样做得更好，怎样才能使学员学习效率更高，从而更好地满足学员的学习诉求。只要反馈无法从意识和产品层面精准化，就永远需要服务来帮助实现价值的最大化。

那如何让机构全体员工都能拥有服务意识呢？表面看来，做服务就是有耐心、注意细节、投入人力，但事实上，这件事要做好并不容易。更准确地说，时刻让全体员工都拥有这样的服务意识并不容易。黄铁鹰在《海底捞你学不会》一书中，从公司文化、员工价值观、规章制度、领导力等多个方面阐释了海底捞的服务内核，这看起来已经成了公开的秘密，但至今能把服务水准做到和海底捞一样的企业还是寥寥无几。

同样还有位于河南许昌的胖东来，他们一直在用实际行动践行"全心全意为顾客服务"。从意识层面来看,每一个员工都在想如何为每一位顾客创造精致的购物体验;在文化层面上,他们认同"真正的幸福是一种状态而不是心态"。另外,胖东来也有非常系统的管理和运营机制,这会使你感受到无数优质的细节服务。

例如,你会看到超市服务人员戴着手套逐个裁剪荔枝的叶子,以方便顾客挑选称重;你会看到他们往货架上放瓜果蔬菜时总是挑选最新鲜、个头儿最大的;你会看到他们在认真地用抹布擦干净每一个马克杯;你会看到每一个购物车都被擦得光亮,而不像很多超市的购物车不是残渍就是铁锈;你会看到切好水果的提示牌上面写着,超过几小时按几折销售,超过 8 小时报损(见图 4.18),而不是像很多超市总是告诉你这是刚切好的,但其实晚上卖的是中午切好的水果;你会看到每个卷带旁边有蘸水海绵,还有消毒洗手液等。这样的细节还有很多。

图 4.18 胖东来超市实物

正是因为他们心中时刻有顾客,把顾客装进了心里并产生了行动,才会让顾客对他们信任并依赖。好的产品从来不缺赏识它们的人。实际上,在这些背后,公司下了很大的功夫,不论在文化价值观的践行上,还是在投入大量资源培训员工上,通过类似"委屈奖"等制度来约束、激励员工,公司管理团队从未停下从文化、制度、培训等多角度投入和优化的脚步。

同样,在线教育机构的负责人,需要不断反思,不断通过制度和文化来引导每一个员工思考如何能让学员更满意,有哪些服务细节可以落地推进等，从而产生更多复购或推荐。关于员工自主性激发以及所涉及的管理相关的部分，我们会在团队管理的相关章节重点介绍。

从长期来看，随着技术的发展，在线教育服务的形式也会越来越多样化，但教育机构要牢记服务的本质是为了更好地满足学员的需求，而不是服务本身。

本章要点

1. 在线教育的课程和服务是机构商业化价值的核心。

2. 在线教育既要重视教育部分，也要重视互联网部分，这样才有可能做好一款在线教育产品，并产生良好的用户体验。

3. 一门优质课程的打造大体可以分为需求调研、主题确认、课程设计与课程大纲确认、丰富内容、课程制作、课程包装六大步骤。

4. 一门课程的成功离不开"用户思维"和"工业化思维"，前者帮你走对方向，后者帮你做对事情。

5. 服务是在线教育课程价值得以保障的重要组成部分，在某种程度上，不少机构大部分的商业价值是靠服务驱动的。

6. 在线教育服务可以在上课提醒、课中互动、作业反馈、增值服务、回访等多环节中发挥作用，服务效能的强弱从某种视角上决定了机构的效率和效益。

第五章

在线教育运营"三板斧"——转化提升

"我以为好的先生不是教书,不是教学生,乃是教学生学。"

——叶圣陶

转化，这个神奇的存在

一个教育机构一旦有了潜在目标用户和成熟的产品，这个教育机构就可以开始正式售卖课程了。但即使是同样的流量和类似的课程，不同教育机构也会有较大的销量差别，这是为什么呢？

这种差别取决于流量和付费之间的漏斗——转化。

这相当于你去商场买东西，你原本准备买一件外套，去了商场后发现有各种各样的外套，在正常情况下，你会了解外套的价格、颜色、款式、搭配等，也会向商场的导购咨询，确认一些你想要了解的关键信息符合心中的标准，然后从多件中选择最满意的一件购买。你在网上商城购买衣服时也是一样，也要从多种类型中选择对比并向客服咨询确认。

不管是在网上还是在线下购买产品，都需要多个环节的确认，这样，在这些环节中就可能有流失产生。例如，你可能会问导购或客服这件外套能否机洗，他们说这件外套只能干洗，而你一直嫌麻烦，就会觉得不适合，于是就放弃购买并选择了别的款式。

而且每家商场的导购也好，线上的客服也罢，一般不会说自己的产品不好，都会尽量去迎合你的需求，大谈特谈产品的优势。所以，总有一家客服或者导购的介绍能符合你心中所想，把你心中的疑虑一一解开，最终你觉得综合来看这家不错，就买下了这家的外套。

对于商场或线上商城而言，他们的导购或客服和你对话的过程，基本可以理解为"转化"的过程。中间你可能会因为价格、款式、材质、是否方便打理等因素，以及导购或客服的服务态度、店铺的综合评价、口碑等因素，最终没有购买某一件外套。那对于这个卖家而言，他的转化就失败了，因为买家在转化环节流失掉了。所以这种转化基本是动态的，需要人和人之间及时互动，成本一般比较高。

也有比较简单的场景。例如，你看中了某件衣服的款式，试穿后，觉得合身，就购买了。或者在线上商城，你浏览了某个产品的详情页，觉得挺好，就下单了。这个时候你根本没有咨询导购或客服，这种"转化"对于他们而言，成本就比较低，因为他们只要把需要的规格、系数等一般消费者关注的信息展示清楚就好了。

以上，我们通过不同场景对转化有了进一步的了解：转化本质上都是在做同样一件事，就是通过满足用户的需求来促使产品的售卖。因此，"转化"的逻辑实际上在在线教育行业，也基本是一致的。但转化在在线教育行业要更困难，因为教育不像具体产品一样，有明确的规格系数、参考标准。教育是非标品，其产品价值相对主观，且需要解决一些信任问题、背书问题，所以难度会更大，这就对转化的要求更高。我们先通过一个例子简单了解一下在线教育的转化情况。

假设有一个想给孩子报名在线少儿英语课程的家长，她通过网络搜索找到了一家少儿英语机构并开始咨询。她从孩子上课的学习形式、上课周期和时间安排、教师的背景和教学成果、课程费用等多方面进行了解。这时，对于被咨询的少儿英语机构而言，他们获得了一个免费流量，那怎么才能把这个免费流量转化成系统付费课程的学员呢？

简单来说，机构的销售人员或课程助教等会介绍这门课程的优势，以及课程对孩子学习的好处等。所以，最终能否让家长感到满意，能否达到家长心中的预期甚至超出预期，家长最终的购买决策如何等，都取决于机构销售转化人员和这个家长沟通转化的方式、内容、频次、专业性等。

假设这个家长比较在意孩子教学后的成果，这个时候课程销售人员就需要把以往学员的案例做汇总分享，输出有代表的成功案例。如果你没有意识到这一点或没有在这方面让家长满意，那么这个学员就很可能流失到其他机构。或者假设这个家长对外教辅导是否耐心这个点比较担心，那你最好可以通过外教正在辅导某个孩子的视频来让家长亲自旁听感受一下，这比你口说无凭地讲效果要好很多。有可能旁听后她就下单购买了你们的系统课程。

由此，我们可以看到不同的转化节奏、技巧、话术对于最终购买课程的直接影响。当然，涉及转化还有很多细节和技巧需要我们关注，这部分内容会在后续部分进行重点讨论。

常见课程转化模式

转化的重要性不言而喻，转化的目标我们也非常清楚，就是通过转化进一步引导学员购买系统付费课程，获取经营利润。基本上所有的转化模式都围绕这个目标服务。

既然目标都是获取经营利润，那么常见的课程转化模式是怎样的呢？我们根据课程价格的不同，把系统课程进一步分为低价变现课程和高价系统课程两种。低价变现课程的转化模式主要是针对知识付费类课程的软文转化模式，其他还有通过朋友圈推荐等方式促成转化。

高价系统课程一般有传统的结合服务的录播或直播课程，也有明确主题的训练营课程，以及一些结合社群、AI、学习工具等提供多样化服务的高价课程。高价系统课程的转化可以细分为免费和小额转化模式、私聊关单转化模式、服务反馈转化模式、信任口碑转化模式，如图 5.1 所示。

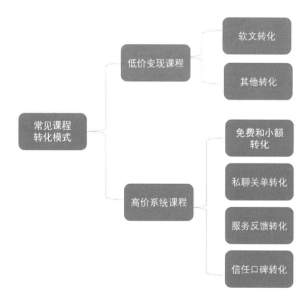

图 5.1　常见课程转化模式

低价变现课程

我们先来讨论知识付费类课程的转化。

有人说,知识付费价格才几十元或者几百元,还需要做转化吗?直接推广不就可以了吗?

其实是需要的,只不过通常定义的转化是由人主导的。我们笼统地把信息接收后是否有折损漏斗这个过程都算作转化,而不是只有销售或专门的转化人员参与才叫转化,这样就拓展了转化的概念。

对于一门知识付费课程而言,一篇图文并茂、逻辑清晰、故事动人的软文,很容易让读者产生必须现在买课以改变自己的冲动,这种软文转化就是很典型的知识付费类课程转化模式。

接下来,我们就具体展开讨论,怎样的软文比较受欢迎。软文一般有标题、故事线、逻辑、核心"痛点"、下单利益点等几个关键因素,下面我们逐一来解读,如图 5.2 所示。

图 5.2 软文关键因素

1. 标题

软文的标题有多重要?你可以将它理解为求职时的简历,如果简历不出彩,后面一般很难得到面试的机会。同样,一篇软文的标题如果没有足够的吸引力，读者可能连点开的机会都不给。标题有以下两大关键技巧需要掌握。

1) 标题的利益点要明晰，选择刚需课程，关键词要突出

什么是利益点？这要根据课程类目来确定。机构在选题的时候就要注意，刚需的课程一般会更受欢迎。例如投资理财、减肥、美白等课程要比美食、陶艺课程好卖得多，所以面对这类刚需课程，标题需要突出涉及刚需的关键词。

如果不是刚需课程，也要尽量营造一些积极的利益点或潜在学员可能关联的刚需点。例如平时说书法不一定能吸引人关注，但是反过来说"30天告别你的丑字"，就会吸引那些认为自己字写得不好、需要改善的潜在学员。

2) 标题要有吸引力

常见的吸引技巧有名人效应、数字法、感同身受法、"痛点"吸引法等。

（1）名人效应。名人效应在女性课程，如美妆、穿搭类课程应用比较广泛，如"某某'御用'美妆师教你如何变美"。用名人效应吸引普通消费者，能够拉近普通消费者和名人的距离，让消费者因为可以和名人享受同样的服务而购买课程。名人有多种类型，例如世界冠军、行业知名人士、学霸等。

（2）数字法。数字法是指在标题中加入绝对值或相对值，通过数字来增加标题的准确性、真实性以及信任度，例如"月入5万元的他们都在学习这个技能""90%的人都不知道的职场晋升干货"。

（3）感同身受法。感同身受法是指从"普通人""职场人""打工者""基层员工"等容易让大部分受众产生共鸣的点来切入，例如"普通打工者都能学会的年化10%的理财技巧"。人人都希望是在讲自己，只有和自己最相关、让自己感受最深的点才会引发消费者的内心触动，使其产生行动。

（4）"痛点"吸引法。"痛点"有升职加薪、变美变强、培养孩子等。击中"痛点"的方式可正可反，例如"他一年读书200本，如今靠这个技能

年入 50 万元"，这对于缺钱、少读书、感觉自己还不够努力的人就是一个正向的激励。而"孩子成长必备的古诗词 20 课，别让孩子输在起跑线"，则是从反向激励父母要重视孩子的教育。

标题对于软文来说虽然非常重要，但是作为教育行业的新媒体从业者，一定要注意不要为了标题而追求标题。寻找营销利益点和"痛点"是各类营销工作者常做的工作，可一旦整个思路都放在博取眼球上，势必成为形式主义的"标题党"，拉低整个行业的水准，最终反噬的还是教育行业的从业者。

因此，软文标题开门见山、表达清晰就好，不要过度渲染。

2. 故事线

知识付费类课程的软文早期之所以打动人，很重要的一个原因是他们不是讲知识，而是讲故事，即不是以知识吸引人，而是以故事触动人。一篇"爆款"软文，它的故事往往写得很好，因为故事的代入感更强。如果写得过于生硬，也就称不上软文了。

一个好的故事，需要有一条完整的故事线，从故事的起因、发展、高潮到结尾，都需要面面俱到，这往往比较考验作者的功力。而且一篇文章的故事线最好不要并行，一方面，因为软文阅读时间不能太长，篇幅有限；另一方面，有些软文本来要写 A 故事，中间却跳到 B 故事，最后故事线中断的情况有很多，严重影响了阅读体验。

要写出吸引人的故事，并且让故事拥有完整且有生命力的故事线，作者需要有一定的积累和刻意训练，也需要对人性有一定的洞察。罗伯特·麦基在其经典代表作《故事》一书中就曾提到："讲故事就是对真理的创造性论证，本质上就是对人性的挖掘和表述。"所以吸引力很强的故事基本是基于作者长期的洞察和经验的积累，当然也有专门的写作训练营可以从"术"的视角让作者做一些有效提升，本书就不展开赘述了。

3. 逻辑

不管是标题还是故事线，都需要逻辑来支撑，逻辑是指文章读起来流畅、容易理解。有些软文用一个点吸引了读者，但没把事情讲清楚，就又开始讲另一个点了。这样上一个没讲清，下一个没说明，读者就不知道文章在讲什么，容易感到莫名其妙，就更别提转化了。

还有类似把相关当因果、以偏概全、类比谬误、因果倒置、偷换概念、循环论证等常见的逻辑谬误，在文章中也会经常出现。不过，也有不少自媒体经常利用类似的逻辑漏洞来博取眼球、获取流量，只不过有的手法更隐蔽罢了，本书只涉及价值取舍的问题。

总而言之，我们至少可以在每篇软文写完的时候，做以下几点检查：提出的问题是否有答案？铺垫的信息是否有解释？讲的故事是否发挥了自己想要达到的作用？起承转合是否顺畅？有没有冗余？这些都能对逻辑进行很好的检查，防止写出不顺畅、转化率低的文章。

4. 核心"痛点"

软文最终的目的是售卖课程，那读者为什么会购买课程？其原因肯定是有需求想得到满足，因此就需要在写软文时把读者的核心"痛点"加以强调和解决。例如职场晋升、变美、变优秀、赚钱等，都是知识付费类课程经常针对的"痛点"。

痛点的解决肯定要落在课程内容上，可以通过视频、文字、语音等形式结合学员案例来说明。

很多人说知识付费是在制造焦虑，然后用课程解决焦虑。这个焦虑本质上就是"痛点"。如果对课程质量有信心，能解决"痛点"是件好事，但没有必要为了解决"痛点"而去制造"痛点"。

5. 下单利益点

软文中会和"痛点"做配合的一般就是下单利益点，如果"痛点"正好有解决方案，这个解决方案性价比高、效果显著、投资周期短，且现在下单还能享受优惠以及各种资料大礼包、优质机会推荐、抽奖等福利，这对读者而言就是利益点。这些利益点主要是为了加速用户做出购买决策，让用户觉得现在下单更优惠，产生刻不容缓的感觉。下单利益点和商场大酬宾活动本质上没有太大区别，尤其是对那些正在犹豫的用户而言。

一篇软文如果在以上几点做得比较到位，转化率应该不会低。但软文转化只是知识付费类课程转化的其中一种模式，更常见于公众号等图文主导的平台或渠道，另外，还有几种常见的知识付费类课程转化模式，也是知识付费类 MCN 常用的转化模式，知识付费类课堂常见转化模式，如图 5.3 所示。

图 5.3　知识付费类课程常见转化模式

视频体验转化主要指机构在腾讯视频等视频平台分发，让用户体验付费课程的免费部分，引导用户产生下一步的购课行为。

内容推荐转化主要指机构在头条号等平台，通过文字、视频或其他内容吸引用户，借助算法或人工推荐，引导用户购课。

垂直类合作转化主要聚焦垂直类细分领域的内容平台，例如职场类的小灯塔，早教类的小伴龙以及其他各垂直领域的内容分发渠道。该模式的好处是用户相对精准且市场会不断涌现新的垂直类平台，可持续合作变现。

多端分发转化在互联网电视端尤其热门、小米电视、CIBN 等都有专门的渠道进行课程推荐，其中少儿、老年、居家类的课程比较受欢迎，这部分内容在流量篇章也有提及。

明星 KOL 转化是通过明星或 KOL 的粉丝效应进行课程变现的模式，一般情况下，他们只需要在微博、公众号等自媒体上做一个简单的宣传，或上几次综艺，就会有大拨儿铁粉趋之若鹜去直接购买课程，有的课程甚至几千元，粉丝也因为是自己的偶像，有极强的认同感，会毫不犹豫地购买，因此会让"转化"显得非常简单。不过明星 KOL 转化也会随着课程变现频次的增加，使课程购买转化率有所下滑，因为前期的爆发往往是他们多年的口碑品牌积累导致的，而后期新粉丝认可度的积累，往往跟不上课程的更新速度。另外，购买课程和购买任何商品一样，新鲜度是会被逐步消耗的，在这一点上，明星 KOL 也不例外。

笔者认为，随着各种新技术和新媒体的诞生，新的转化模式还会不断衍生。例如短视频内容转化、广告资源转化，以及其他通过音视频、图文、直播媒介、AI 等形态进行转化的模式，都可以发挥不同程度的转化价值，催生新的转化渠道和模式。

高价系统课程

对于高价系统课程而言，软文转化模式也同样适用。例如机构可以借助软文转化模式，把免费课或低价课作为体验课，用来引流，可以吸引大量的目标用户前来体验，再将其进一步转化成高价系统课学员。原理很简单，因为软文中需要解决的用户"痛点"和高价系统课程要解决的"痛点"本质上是一致的，所以软文转化对于高价系统课程也是一种有效的转化方式。

由于课程价格高，高价系统课程转化方式会更多样化一些。如果按照触达渠道分，可以分为电话销售，微信、QQ 等私信工具销售，线下会展会议培训销售等方式，即我们常说的电销、微销、会销等。按转化成单方式分，常见的有免费和小额转化模式、私聊关单转化模式、服务反馈转化模式、信任口碑转化模式，接下来我们逐一展开讨论。

1. 免费和小额转化模式

免费和小额转化模式应该是在线教育行业最常见的一种转化模式，因为对于高价系统课程，机构想让学员直接购买是非常困难的。通过免费或小额课的试学，学员就有了一次近距离接触机构、接触课程的机会。免费和小额转化模式的转化路径如图 5.4 所示。

图 5.4 免费和小额转化模式

细分转化场景进一步可以分为直播体验课、录播体验课、AI 互动课转化、资料等内容体验转化几种。

1) 直播体验课

直播一般会有视频直播、图文音频直播、伪直播等。视频直播相对其他两种转化效果会更好一些，因为有真人上镜，可以拉近教师和学员的距离，信任度、亲切感都会有所增强。而且直播时动态视觉和听觉的冲击可以刺激更多的神经元，大脑的活跃程度就会更高，所产生的学习效果，要比单纯的听觉和图文好不少。即使有些教师不愿意上镜，或者上镜对有些类目帮助不大，只通过屏幕分享播放 PPT、视频的方式，也能满足教学诉求。除此之外，还有嘉宾直播连麦展示教学、师生直播互动、多人小组式直播互动等视频直播方式可以有效地发挥体验转化的作用。

图文音频直播适合一些轻量级类目的转化，例如亲子育儿、家庭教育、职场晋升等，即使没有视频直播，通过图文和音频也基本可以满足需求。而且由于对教师的设备硬件和网络的要求还没有视频直播高，所以也比较方便。但对于像编程、办公软件、桥梁工程设计等一些偏实操或计算机操作的类目，用图文音频做直播所产生的效果就会十分有限。

本书在介绍教学形态时也有提到伪直播，主要是指将视频提前录制好，新学员进入后即播放内容的形式。有的机构直接在直播间播放视频，学员体验感比较差，但有些伪直播做得相对比较逼真，话术、风格、界面设置都花费了很多心思，让学员体验到有教师和自己直播互动的感觉，体验要较纯播放的视频好不少，也是一种有效的转化方式。

2） 录播体验课

录播体验课也有视频和音频之别，用录播视频作为体验课来引流，在各大视频平台、论坛上比较常见。早期引流的体验课，考虑并不全面，有的课程其实就是把系统课程的一部分免费上传，让大家体验，想要看全部内容的再找上传者或作者付费获取资源。

但现在的视频体验课大部分是专门制作的，一方面，因为课程的价格比较高，机构需要在体验课上更用心，而不只是做局部的展示，还应该全面系统地介绍，否则很难击中学员的需求"痛点"。另一方面，不少机构的视频体验课是结合付费投放来进行的，在高成本驱动下，质量和视频转化思路一定要清晰，这样才可能获得转化机会。关于视频内容获取流量的部分在第三章有详细介绍，忘记或者跳着阅读的读者可以返回阅读。

相较于视频，音频体验课反而是后起之秀，因为音频课程是伴随着知识付费的兴起才大规模出现的。由于音频本身没有视觉冲击力，对人的吸引力要弱一些，所以场景通常固定在一些音频平台，例如听书类、电台类、音乐类平台。正常的体验转化就是机构在这些音频平台上做内容引流，然后引导学员进一步购买高价系统课程，机构往往会主动留咨，学员主动联系后做咨询转化，所以在模式上比较单一和被动。但对于一些适合的类目，其效果还是非常好的，例如语言类、情感类等。

不过也不要被局限，只要机构愿意从内容的视角想办法，其实很多类目也是完全可以做音频内容引流的，例如，笔者所了解到的司法和建造消防领域都有通过音频内容引流转化还不错的例子。值得注意的是，机构不管是在主页、标题还是在音频内容中提及留咨，都要符合平台规则，大部分情况下，为了提升和学员沟通的效率，机构会把学员引导到下一个工具阵营转化，具体音频的转化率如何，取决于音频内容的质量和机构的承接效率。

3) AI 互动课转化

AI 互动课的转化常见于少儿类、语言类以及一些通识类课程的教学中，有的是视频互动确认，有的是图文语音互动确认。通过学员的按钮点击、关键词回复、选择确认等方式，让对应的算法产生不同的交互场景，这样极大地降低了人力成本，提升了转化服务效率。

AI 互动课转化除了可以降低人力成本外，一些好的产品还可以带来较强的沉浸感。例如少儿类产品，往往将教学融合在一些精美的场景中，通过动画的形式让孩子们在学习过程中有较强烈的交互欲望，一般结合故事推动，孩子们学了这一部分，就会不由自主地想学习下一部分，在产品体验中就完成了系统付费课程的转化。

4) 资料等内容体验转化

现在不少机构都在用资料获客，即低价或赠送各种题库、模板、工具、专业资料大礼包等。通常情况下，资料只是引子，机构会配合课程来做转化。

如果机构的资料垂直度、精准度比较高，对学员的针对性比较强，机构可以通过部分关键资料的解读来让学员体验，并且规定只有报名后面的高价系统课程，才能获取完整的解读。这也是一种可行的转化思路，但对机构和教师的专业度要求比较高。也有机构通过售卖或赠送实体物品或资料来获客并转化，先通过实物体验来获取学员的信任，再进行课程的转化。例如，有的少儿机构会通过超低价售卖体验课，并赠送经典绘本、数独棋、思维魔方、专属教材等大礼包，让学员感受到性价比极高，产生高投入度和口碑推荐，从而促进转化。

还有的机构会通过免费诊断、测评、点评等方式来吸引学员，即提供一定的内容体验，来获取学员的有价值信息，再进行转化。由于未来对个性化学习以及便捷工具的需求会越来越强，这种方式也会越来越普遍。例如语言类的纠音、职业生涯一对一诊断、口才基本功测评等，或者以学员某个方面的学习难点、"痛点"，常见问题点作为切入点，把融合在系统课程里面的知识点单独提出来做免费或小额课的解决策略，从而有效提升转化率。

2. 私聊关单转化模式

对于高价系统课程，私聊关单转化也是一种常见的模式，因为课程价格足够高，学员需要满足的需求点就比较多，所以咨询决策的场景比较多。因此，一对一的私聊关单转化模式就比较重要。

私聊关单转化模式，一般是指销售人员和学员一对一沟通的转化模式，往往需要配合体验课、社群服务来推进，展示服务的全面性并提高学员体验的满意度，有利于转化关单。因此，配合的私聊关单转化路径就比较多样，常见私聊关单转化模式，如图5.5所示。

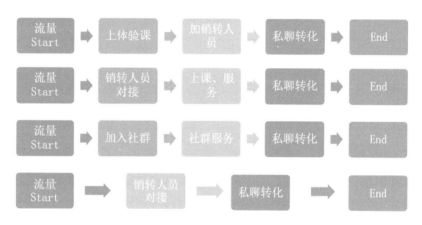

图 5.5　常见私聊关单转化模式

（1）常见的路径是学员先参加体验课，并被引导加销转人员获得资料、答疑等各种福利，然后销转人员私聊跟进，转化关单。

（2）而有的机构是通过外部流量切入后直接对接销转人员，然后销转人员作为全流程跟进者，围绕学员进行体验、付费、上课、售后等跟进服务，并配合这些环节的服务做转化关单。

（3）还有的机构是通过社群养成式来进行转化关单的。先在社群中提供答疑和教学服务，经过一段时间的体验后，销转人员私聊学员逐一跟进，转化关单，这种模式在以社群为主要教学阵地的机构中比较常见。

（4）当然也有更直接的方式，就是销转人员在拿到学员联系方式后直接私聊转化。私聊关单转化的具体技巧在后文会单独做重点讨论。

3. 服务反馈转化模式

服务反馈是指机构通过社群、打卡、题库和考试测评等服务深入"教、学、练、测、评、考"应用环节，配合内容完成转化，如图5.6所示。

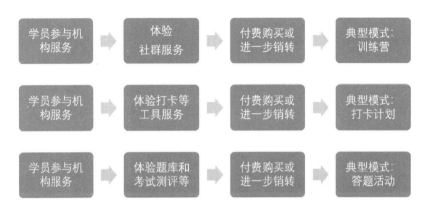

图5.6 服务反馈转化模式

在线教育未来可期的地方在于，你永远不知道下一个产品形态或服务方式具体是什么，但它总会进化到让学习体验更加顺畅和方便的阶段。通过服务反馈来提升学员学习质量，进而促成转化，是现在越来越多的机构在使用的转化模式。不同机构的具体模式应用各有差异，本书选择几个机构常用的模式进行讨论。

1）社群服务

有的机构的模式比较简单，会在社群里通过人力来提供体验课阶段的服务，让学员在社群里享受一些正式的服务，例如课程内容学习，提供测评指导，分享行业资讯，固定时间答疑反馈，"大咖"教师不定期开展论坛活动、分享往期优秀学员真实案例和学员学习正式课的直接效果等。

基于社群服务的最典型的模式就是训练营的模式，如"日语小白3天训练营""编程零基础1元训练营"等。这种训练营旨在让学员对机构整体教学服务的正规性、专业性、全面性有一个基本了解，进而就会有学员想要购买系统课程。当然，机构可以根据自己的销转能力和人力成本，看是否需要进一步私聊关单转化。

2) 打卡服务

有的机构会借助打卡等工具来实现，打卡一般会有日签、作业模式、闯关模式等，机构会结合自己类目的教学特点来使用。比如 A 机构会用每日签到来督促学员做基本学习打卡；B 机构会用作业模式让学员和同一期的学员一起体验学习，完成作业；C 机构则会用闯关式、解锁式打卡，让学员完成对应一节的反馈才可以开启下一节。例如"快速记单词 21 天打卡计划""流行歌曲 7 天练声打卡计划"等。

当然要使这个环节效果好，真正提升转化率，仅靠形式上的点击"打卡"是不够的，还要对打卡提交的标准做好定义和反馈。以第一节体验课举例，打卡内容是"基础知识点学习+作业反馈"，那这个作业就要符合标准，作业反馈必须达到这个条件才能算是打卡成功。这样的学习会让学员真正感受到提升，而不是简单地签到学习。当然，不少学员只要简单签到，记几个单词、读一段英语就已经很有成就感了。这其中的轻重和效果需要机构结合学员学习诉求来把握。

3) 题库和考试测评服务

有的机构借助题库来体验教学，因为对于考试类的培训机构，做题、练题是最常见的学习方式。对于某些学科而言，题库就是机构的核心竞争力，或者说对题库的解释和讲解是其核心竞争力，这时可以让学员通过此视角感知机构的整体实力。所以结合部分高价值的题目和讲解，以及配套的答疑等服务，对于考试类或需要考试测评的学科而言，是一种有效的转化方式。

"教学服务反馈"是一个广义的概念，对于不同的类目，服务的侧重点和反馈都不一样。本书用不同机构的例子来说明一下。

A 机构是一家配音培训机构，他们的服务反馈侧重点在于读音纠正，所以机构会让学员把今天讲的基础音读写出来，提交打卡，由教师矫正。

B 机构是一家线上写作培训机构，他们每期的服务反馈是让学员把当期的核心知识点用思维导图的形式提交，由教师给出点评反馈。

C 机构是一家口才培训机构，为了训练学员进行主动表达和提升表达技巧应用效果，教师让所有学员围绕每次的教学主题，提交一段 1 分钟的语音内容，教师按应用技巧做针对性反馈。

当然还有很多种教学服务反馈形式。本质上，机构把这门课程或学科最重要的、最需要掌握的部分拆解成部分核心服务，借助工具来让学员体验和反馈，并让学员感受到教学是有效果的，是高价值的，然后学员就有可能下单购买系统课程，这是服务反馈转化模式的核心。当然，服务反馈转化模式一般也会和其他几种模式互相融合。

4. 信任口碑转化模式

如图 5.7 所示，和第三章提到的被动流量的概念一致，信任口碑转化模式是指学员对课程或服务认可后的口碑转化。这种转化通常包含两种情况：一种是已付费学员的二次或多次付费；另一种是已付费学员带来的新学员产生的付费。

图 5.7 信任口碑转化模式

信任口碑转化的原理是机构的付费学员对机构的产品或服务感知很好、满意度很高，因此推荐其他的学员购买这门课程。或者这名学员因为自己学习了 A 课程，效果很好，对机构的其他课程也比较信任，又报名了新的 B 课程，这也是信任口碑转化的一种形式。K12 阶段学科的续报、技能类阶段提升的续报、会员或周期性续费等都属于这种模式。续费率越高说明口碑越好。

不少在线教育机构虽然知道"口碑"这个概念，但还没有认识到口碑和机构课程售卖是有直接关联的。在线教育行业目前教学、服务水准参差不齐，与这个概念没有深入人心也有很大关系。机构往往把重心放在营销和转化上，追求"不管怎样，先付费报名我的课程再说"，但事实上这都是短期利益，获取的收益有限，而口碑才是最好的营销。

至于口碑怎么获取，用互联网思维的表达来说就是"用户视角"，机构需要花时间、花心思琢磨到底怎样让学员的学习效果好。具体来看就是考试类的怎么练习测试，怎么做督导才能让学员成绩好；技能类的怎么打好坚实基础才可以提升学员的技能水平，帮助学员更好地就业；兴趣知识类的怎么提升学习趣味性和实效性等。具体通过哪些产品形式和服务来做提升和获取口碑，前面的篇章都做了介绍。

其实机构只要愿意去琢磨，去调研学员，和学员沟通，不断设计并优化教学方式，就可以超越大部分竞争对手，获取学员认可和口碑。因为现在认真长线做口碑的机构还不够多，而且这个行业还远未到精细化增长的阶段。

从口碑传播来看，除了上述提到的以"用户视角"不断磨炼自身内功从而获得学员的认可及口碑之外，机构还需要有意识地打造口碑服务。不管是整体品牌感知还是某一节课后的反馈，尤其对于比较实在的机构和教师，他们需要学会引导学员给予正向反馈。如果机构产品好、服务到位，学员学习有所收获，学员也很乐意按机构或教师的引导给予正向口碑反馈，尤其是对于学员喜欢的教师。

罗伯特·西奥迪尼在《影响力》一书中提到："人们对认识和喜爱的人所提出的要求，往往更容易答应。"有些很受欢迎的教师，他们在学员心中已经成了自己的朋友甚至喜爱的人，这个时候，恰当提出帮忙推荐、转发的需求，是会被学员合理响应的。进一步设计推荐或续报的利益机制也是需要的，这也是有效的运营手段，不要过于不好意思，但也不要"厚颜无耻"，要让学员视角的价值不低于价格，始终不要忘记课程或服务才是口碑产生的基石。

以上几种常见的转化模式，不管是上免费直播课、看机构的免费资料或视频，还是通过销售或销转人员描述学习过程、状态、效果，抑或是通过教学服务等工具体验，或者通过口碑推荐，都有一个用户"体验"的过程。有的体验是直接的，例如学习体验课程；有的体验是间接的，例如听销转人员介绍其他学员的学习过程时，用假想来感知目标服务，并认为最后自己也能获得交付价值，学有所成，进而购买课程。

因此，机构要牢牢把握好体验过程中的每一个环节，才有可能长期获得学员的"芳心"。

你所在机构的有效转化中，口碑转化占比大约是多少？有哪些可以优化的地方？

接下来，本书就最常见的几种转化方式进行深入讨论，帮助机构找到最适合自己、效率最高的转化方式。

六步私聊关单法

在线教育的转化路径有很多种，但用得最多的可能就是私聊关单这种模式。不管是通过微信、QQ、电话还是其他社交办公工具，不管是免费流量还是付费流量，不管是通过直播体验课还是录播体验课，机构中一般会有一个"问学员要不要买我们的课"的角色。这个角色在不同的机构中名称不一样，有的叫销售，有的叫销转专员，有的叫课程顾问，有的叫助教，具体根据机构自己的情况而定。

大多数规模大一点的机构，整个团队都在做销转，为机构创收。下面笔者把私聊关单路径，即向学员销售课程的过程，细化拆解为几个关键环节进行讲解，这也是销转人员与学员私聊的方法。按这些环节转化关单的方法，称为六步私聊关单法，如图 5.8 所示。

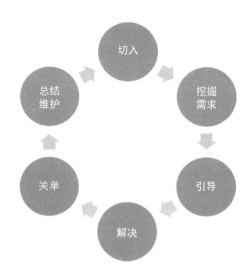

图 5.8 六步私聊关单法

第一步：切入，找一个漂亮的抓手

好的开始是成功的一半，聊天也一样，一开始说的那几句话很重要。如果开头切入的点是对方感兴趣的，可能就是一次良好沟通的开始；如果一开始的切入点没选好，那可能就是"话不投机半句多"。而且在线下没沟通好，学员也很少直接就走，怎么也得寒暄一下；但在线上，双方没有直接的人情关系，不回复你是再正常不过的事，更何况学员还是买方。

前文提到，不同机构的学员到销售私聊环节的先后顺序是不一样的，有的机构是直接推销转微信、QQ 或其他社交、协同工具，有的机构是电话销售或者电话邀请，有的机构是先上体验课，然后做进一步咨询。但不管先后顺序如何，销售人员都要结合学员当下的情况去找切入点。

什么叫切入点？切入点就是你和别人聊天的抓手。有些销售人员一上来就是群发链接、图片或话术，让学员感到莫名其妙，这就相当于两个人还不怎么认识，你就和客户说我家的产品多么优惠，你下单购买吧。这种线下都较少出现的销售场景，在线上竟然比比皆是。因为人与人之间面对面的交流会给双方很强的责任感和约束力，线上就随便多了，抱着"反正我学员多，群发一下，有兴趣就来，没兴趣也没关系"的心态。这从严格意义上来说，是不能称为销售人员的，最多算是"信息通报员"。

那么销售切入点该如何选择呢？表面上看切入点的选择是从细节入手，实质上是从需求入手。下面用具体的几个例子来给大家分析一下。

比如有的学员刚听了教师的体验课，课程中就某个知识点和教师进行了互动，那销售人员就可以把刚才直播互动过的知识点作为和学员沟通的一个切入点，进一步了解学员对该知识点的掌握情况。

有一个摄影机构的销售人员看到学员的 QQ 资料显示是河南某地区的，正好和他是老乡，于是就拿老乡作为切入点，这样的开头就不会很差。接着他和学员聊学摄影的过程、摄影作品，就会自然很多。

还有在收集学员信息时，有一名学员填写了自己主要的学习诉求是从前端转后端涨薪，那么这个时候，转后端的技术储备和成功案例可能是最好的切入点，诸如此类的案例还有很多。

那么你就会问，这些具体是怎么想到的呢？其实和他人沟通时，很重要的一点就是需要拥有对方尽量充分的信息，这样才能让沟通有的放矢，尤其双方是销售—客户关系时。那这些信息从哪里来呢？一方面是机构的上下游已提供的信息库，例如付费投放时的表单会记录基本信息，或者是做免费活动时获取的学员信息。这些不同的信息源在机构内部是需要打通的，这样销售人员就会有一个基本的学员信息库。

但光有这部分还不够，另一方面销售人员还需要依靠自己去收集、获取信息，从更多视角来了解学员，这才是每个销售人员独一无二的能力。实际上，学员的每一个展示面都是你了解学员的一次机会，他的朋友圈、资料、课堂互动情况等，就看销售人员如何获取和提炼了。

销售人员需要不断学习如何洞察人、识人、了解人的需求，可能需要慢慢积累和强化心理学、经济学、人际沟通表达以及专业领域的知识，提升自己多方面的能力。好的销售人员是真正懂客户的，所以大部分 CEO 最初都是做销售的。在线教育新兴不久，从传统行业中借鉴的经验还不够，还没能充分吸取这方面的人才和养分，因此有较大的提升空间。

总而言之，站在客户视角倾听、洞察需求对于任何一个商业领域而言都同样重要。黑石集团的创始人苏世民先生在其《我的经验与教训》一书中提到，自己在和客户交流时与其他投资人明显不同。他认为，很多人失败的主要原因就是他们在和别人交流的时候只从自身利益的立场出发，只选择性地听取了自己关注的利益部分，认为其他的话题对他们没什么用。

但苏世民总是非常耐心地倾听对方的表达，认真观察对方的表达方式，因为他认为这样可以更好地了解对方的需求，而接下来他只要帮助对方，并成为帮助对方解决问题的朋友，那么后面的一切需求就会随之而来。其中的"利他思维""换位思考"，是他肯定的成功的关键，通过成就他人从而成就自我。

作者互动 请问你所在的团队或你自己是否能从学员的视角思考并解决问题？你后续可以从哪里入手进行下一步优化沟通？

一般机构会做基本的话术培训，归纳出常规的切入点，这些切入点通常要结合类目和机构自身情况来确定。详细话术操作手册是机构内部销转培训必备，机构一般会针对不同的流量、转化、课程、服务等场景介绍详细标准话术。

关于话术部分，笔者想分享一个小技巧：在"破冰"提问的时候少用开放式问题，尽量问对方可以明确回答的问题，或是判断类，即是否问题；或是选择类，如 A 和 B 选哪个，这样学员回答的概率会大大提升。

下面举一个具体例子来说明。汽修培训机构在短视频平台获取学员后，可以问"您好，老铁，感谢您关注咱们某某汽修学院，请问您是想通过线上学汽修还是想通过线下实地训练进修呢"，而不是宽泛的"您好，您想学汽修吗"。即使两种选择都不合适，学员一般也会告诉你，而这样又能获取一个沟通的机会。当然到后面阶段，机构也要灵活运用开放式问题，恰当地引导学员表达看法也很有必要。

有了很好的切入点后，至少别人很少会不回复，并且不太容易抵触。做得好的情况下，学员还愿意告诉你更多信息，这就为第二步挖掘需求做好了充分的准备。

 请写出你所在机构当前的破冰切入具体可以如何优化。

第二步：挖掘需求，了解学员真正要什么

成功切入后，二者的沟通才算是正式开始。学员会不断释放信息给销售人员，此时销售人员最重要的工作是洞察学员的真实诉求，而不是着急去做课程推荐，因为如果没有洞察清楚学员的真实需求，销售人员所做的解决方案大概率是错误的。这也验证了很多销售人员反馈的问题——为什么聊得好好的，最后又不买了？抛开一些意外情况，大部分原因是需求没挖掘好，也就是销售人员没有真正搞清楚学员到底需要什么。

对于一些类目而言，它本身的垂直度决定它的招生门槛。一个咨询汽修课程的学员，他是行外人的概率极低；但对于摄影、唱歌、英语这些类目，没有进行深度沟通，销售人员就不能很好地把需求挖清楚。接下来即使按固定的话术去沟通，学员依然觉得没有说到自己的心坎里，以致最终没有购买该机构的课程。

由此看来，挖掘需求好像没那么简单，因为销售人员需要关注的维度比较多，学员学习课程的动机、经济情况、家人是否支持、工作状态、学习目的甚至学员个性等都需要了解挖掘，如此才能洞察清楚。下面对一些销售人员日常没注意到，但实际上非常影响学员付费决策的问题展开说明。

1. 学习动机

动机非常重要，它能很好地识别学员是否想学习课程的标准。关于学习动机的重要性前文也有提到，这里就不再赘述。接下来，笔者用一个真实的案例场景，来介绍一下不同学习动机对于转化策略的影响。

场景：有学员准备考研，在网上看到了你们投放的公众号广告，点进来

听了一节试听课觉得不错,但他是否想通过培训来提分,增加考上的概率的想法,这个问题还需要挖掘。他很可能就是一个现在准备考研,没过几天就找工作的学员,那这种学员和做了充分准备,了解了几家机构的情况,明确要选线上教育机构提分的学员是完全不一样的。如果要转化前者,销售的重点是在强调考研的价值对于学员的意义是多么重大,然后再询问学员是否要参加培训;后者则是要告诉学员为什么选择你们而不是别的机构。

2. 家人是否支持

家人是否支持难道也是关单的影响因素吗?当然,k12 阶段大部分的消费决策权是在家长而不是在学员自己手上,所以销售的聊天视角要正确,需要站在家长的角度解决孩子的"痛点"。即使是成人阶段的学员,好多参与教学培训,都还离不开家庭的支持。

下面笔者举一个例子说明一下,假设一个 40 多岁的男人要学摄影,他的犹豫点往往不在于自己,而在于他的妻子。因为买摄影设备已经花了很多钱,妻子已经各种抱怨,现在又要花几千元学习线上摄影课程,他不知道怎么和妻子说,担心妻子不同意甚至产生其他家庭矛盾问题。你作为销售人员如果和他聊设备、聊知识,都没问题,但谈到购买的时候如果发现不了这一点,或者说解决不了这个问题,那这单生意就成不了。

3. 工作状态

工作状态很重要,尤其是对于就业类、技能提升类的培训。相关调研显示有很多学员的提升学习计划都是因为近期职场环境变化、工作状态不佳而心生焦虑,想要做进一步提升。

比如 Excel、PPT,它们的重要性对每个人来说是不一样的。有人因为在这些办公技能应用上水平不高,就减少了被安排任务的机会,职场晋升不顺利,所以他们想通过提升这类技能来获取信任和机会。那么销售人员在私聊关单时,要学会将聊天内容与他的上司、同事、公司建立联系,从职场环境、团队要求、个人成长等视角系统化地沟通,提升他的购买意愿。

实际上,挖掘需求可以参考著名的马斯洛需求层次理论,能帮助销售人员快速定位你的学员有什么层次的需求。马斯洛将人的需求分为五个层次,由低到高分别是生理需求、安全需求、社会需求、尊重需求和自我实现需求，如图5.9所示。

例如前文提到的汽修学徒阶段的学员，需求层次基本是在初级阶段，通过加薪等满足物质需求，满足的是生理和职业安全的需求；那些职场中阶经理人，他们参加人力资源管理、销售管理等中级管理课程，更多是有着社会和尊重需求，强调的是群体归属感以及受他人尊重；而对于一些禅修静心或自我提升类课程的学员而言，他们的需求层次多集中在自我实现上。因此销售人员找准学员需求的层次，进行对应层次的侧重点表达，同时进行适当的拔高或求新，就有利于挖掘需求。

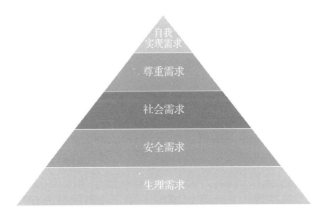

图5.9 马斯洛需求层次理论

所以销售人员看起来都是在聊天挖掘需求，但需求挖得准不准，销售人员之间的差别还是很大的。总之，销售人员还是要学会引导学员诉说自己的需求和描绘自己的理想状态，这样你才有机会去满足学员的需求，帮助学员达到理想状态。

第三步：引导，检索需求并做课程引导

一般而言，挖掘了学员的需求，直接满足他不就可以了，为什么还要"引导"这个步骤？

因为我们挖掘到的需求在很多场景下都不一定要通过课程来解决，通过

别的方式也可以解决，所以接下来很重要的一步就是将真实的需求向用课程解决方向引导。那么在哪些场景下会遇到前文所说的情况，具体应该怎么做呢？下面我们讨论一些销售人员经常遇到的场景，看看如何引导。

事实上，我们在做销转关单的时候，会发现学员的需求，不是一问就能挖掘出来的。在很多场景下，销售人员都是顺着学员思路，带着销售目的去聊，所以这个时候，引导的作用非常关键。有的学员一讲起来就停不下来，讲的内容和销售的诉求完全无关，这个时候就需要销售人员按照节奏去引导，而不是一味地无意识聊天。并且销售人员的这种主动引导目的性还不能太强，否则给学员的感觉就是销售人员着急卖课，根本没有在意他的诉求。

所以销售人员需要有能力分辨哪些是对解决核心诉求有帮助的部分，哪些是啰唆多余的部分，进而决定如何引导。下面会有一些常见的场景，我们来看一下如何引导。

1. 行业到培训的引导

因为教育有各种各样的类目，所以也会有各种各样对应的行业。很多时候，学员并不是和你聊课程解决问题的事情，是在聊行业现状和问题。这个时候，销售人员要寻找合适的时机，把话题往培训上引导，具体可以借用"不管怎么说，啥时候自己水平过硬都好说，还得提升自己"之类的话，把学员往利用课程解决问题上引导，不要太过被动。

2. 迷茫类型的引导

对于一些比较迷茫、拿不定主意的学员，他们往往会比较无助，不知所措，习惯从负面视角分析问题。这个时候，销售人员要很有信心地去引导学员通过学习提升自我，实现成长。具体可以借用"迷茫解决不了问题，还不如迷茫的时候学点硬技能，提升自我，未来才能有更多主动权"之类的话，销售人员要给学员正向激励，适当鞭策学员。

3. 待肯定类型的引导

对于一些不自信、需要肯定的学员，销售人员要多倾听，学会给他们肯定和鼓励，引导他们通过学习更上一层楼，改变现状，获得新的生活或工作状态。具体可以借用"我遇到过一个和你类似的学员,一开始也是不自信,后来被逼得没办法了,硬是花了几个月的时间,把这套东西'啃'下来了,现在他已经在我们小班当教师了,人也自信多了"这样的例子来引导学员。

4. 啰唆类型的引导

对于一些侃侃而谈、很能聊的学员,销售人员要学会在适当的时候切换主题,将他们向用课程满足需求上引导。销售人员应与学员保持沟通关系,并且要尽量掌握沟通节奏,具体可以借助先肯定,后转移注意力到用课程解决类的话术做引导。

顺着关单路径,最有效的引导方式就是,销售人员引导学员进行对目标实现后画面的想象,并对比现实情况。

一方面,引导学员和自己做对比。引导学员按照自己的核心需求想象,假设核心需求得到满足的话,那个画面是怎样的,强化他的内心憧憬,这有助于提高购买率。当然这期间要把"当下就参加课程学习满足需求、实现憧憬"作为关键路径。其实这种积极想象的方法是有科学依据的,心理学大师荣格在其经典著作《红书》中提到,把清醒状态的无意识内容具象化,有意识地建立联系,从而能构建或恢复心理的幸福感和期待感。在线教育中,我们只需要引导学员积极想象,去构建学习后的美好场景,从而加强学员的需求即可。另一方面,要学会引导学员和其他人做对比。尤其是那些和学员自己"同期竞争"的学员,将自己学习后达到的状态是他们所不能企及的状态与不学被反超或差距越拉越大的状态做对比。

总之,社会中的人是离不开梦想和对比的,引导的依据其实是对人性的追溯。而销售人员,其实需要具备以学员视角进行需求洞察的能力、需求细节描述的能力以及需求引导和解决的能力,而且越往高阶走,综合能力要求越高。

第四步:解决,结合"痛点"做需求解决

有了需求的挖掘了解,也有了课程的引导,接下来就要给出合适的解决方案。要给学员一种"讲了那么多,原来只需要购买这门课就可以舒心顺

气"的感觉。那么要达到这种效果具体应该怎么做呢?

关于需求解决的方法论,其实可以借鉴企业管理博士郭昆漠先生总结的 FABE 销售法则。FABE 分别代表的是产品的特征(Features)、优点(Advantages)、利益(Benefits)、证据(Evidence),将这几点串起来就能得出在线教育产品的特色、功能及明显的优势,这些优势可以给用户带来哪些好处,会有相关证据证明。FABE 销售法则如表 5.1 所示。

表 5.1　FABE 销售法则

项 目	要 点	备 注
F 特征(Features)	独特性,师资、产品和服务等方面	我有什么好的地方
A 优点(Advantages)	特征基础上产生的优势,对学员的优势,对同行的优势	比谁好,好在哪里
B 利益(Benefits)	具体学员可以获得什么利益,从逻辑和数据方面给出说明	对学员的好处
E 证据(Evidence)	案例、数据等效果图文视频化支撑	我凭什么这么说

接下来,我们用一个案例来讨论一下,对于关单的销售而言,具体怎么使用 FABE 销售法则满足需求。

案例:

假设我们遇到这样一位学员 X,在转化的过程中,发现他最担心的点是基础差,学不会。我们拆解一下这背后的核心需求,就是如何让他学会——通过合适的教学方法获得更多的帮助服务。

FABE 销售法则应用

销售人员:同学,你上面提到的基础比较薄弱,担心学不会这一点,其实大可不必,因为我们的教学方法已经帮助 10 万多名学员成功掌握了此技能,而且他们有的基础还不如你。最核心的是我们机构有一对一的教学顾问辅导答疑,你哪里没有掌握好,他在系统中都能看到,你随时都可以咨询他，直到你学会为止。(这里强调的结合数据系统分析的一对一教学顾问辅导，就是机构的 F。)

X 同学：这个特征其他机构没有吗？

销售人员：像我们这样结合数据系统分析学习过程中的薄弱环节，并配有专属一对一教学顾问辅导，及时提供督导和帮助服务的，行业里还没有其他机构能做到。(这里强调的对学员及行业里的优势就是机构构建的 A。)

X 同学：这样我就能跟上进度了，是吗？

销售人员：是的，不仅能跟上进度，还能学得很轻松，因为你对每一个环节的掌握情况，都有数据可以看到，你不会做重复工作，一般两个月就可以学得很好了。(这里强调学习的效率、容易程度就是机构对学员的 B。)

X 同学：是真的吗，你可以截图给我看一下吗？

销售人员：是真的，现在我们就有一个教学顾问在借助数据系统，给其中一个学员做针对性的辅导呢，我把视频发给你看一下。另外，上面提到的基础不如你的学员，我把他当时报名学习的留言和上个月他学完得到我们结业考试第二名的截图也发给你看一下，他还专门感谢了我，哈哈。(这里提供的视频、截图等，就是机构的 E。)

X 同学：看起来效果确实还不错，我先报名最近一期的试一下，谢谢。

通过这个案例，我们就知道 FABE 销售法则该如何使用了，它可以帮我们厘清转化过程中的核心思路。当然，具体转化过程中还需要灵活调整。而且要注意，介绍时最好一个点一个点说透，不要一上来把教师是特级教师、一对一服务、学习内容全面、性价比高等所有的特点都说出来，这样难以聚焦于一个点，学员很快就会忽略，说服力就会减弱很多。

整体而言，需求的满足，同之前提到过的转化核心一样，要把理性和感性结合起来。理性指逻辑，即用各种优质的呈现形式来展现这门课程的优点、缺点、学习之后的优势和好处，以及课程大纲丰富的内容、权威专业的教师、全程的辅导答疑、机构特殊优势、雄厚的研发实力、连续多少年行业领先、百分之多少的行业领先考试通过率、高质量课程体系等。

感性主要指共情，需要大量能让学员感同身受的案例来解决学员心中关于需求的困惑。例如，某某学员学习不到两个月，某方面的技术上了新台阶，工资涨了 50%；某某学员虽然基础很差，但坚持参与我们的打卡学习计划，半年后已经晋升了主管；还有这个学员和你一样，之前完全没接触过这方面的培训，现在他的作品是这样的(手机展示)，还被当地协会邀请做分享等。

感性的另一方面是心灵激励，可以配合共情的例子来传递给学员，诸如"明天的你会感谢今天努力的自己"之类的话语，"鸡汤"是调味剂，是锦上添花的，每个人的内心都需要激励的力量，但不要过度使用，否则会产生"耐药性"，甚至副作用。

所以感性和理性要并用，而且尽可能地把形式精致化、美化，优先用视频、图文、数据表格等进行说明，少用苍白的文字说明。

第五步：关单，结合利益点获得客户

在进一步满足需求后，有的学员可能会直接购买，但有的学员会比较迟疑，这时候销售人员要学会结合利益点做最后的关单。

利益点往往是销售促成关单的最后一把火。常见的利益点有很多，像"某某名师限时限量的关门弟子班""今天前××名预订的学员，会有××优惠或礼品组合""因课程服务成本提升，下个月 1 号涨价，原价课程还有最后×个名额"等，这些都是为了说明课程的稀缺性，让学员产生紧迫感，促进学员购买。

"关单"的意思是前面的步骤都做好了，有时候就缺一个购买的理由。这个理由对于不同的学员可能不一样，不管是利益引导，还是"打感情牌"，抑或是正能量激励，销售都要结合机构的运营活动、机构特性以及学员的个性和需求平衡来推进。

从心理学的视角来看，人们往往对自己做出的承诺或选择的立场有认同感，且会保证后续行为的一致性。假设销售人员和学员在前几步沟通时，明确引导学员表达过"我想要学好某某技能""我想要实现我的目标"等，或通过问答有明确的肯定答案或语气，这时销售人员再次提及学员的承诺或目标，引导学员履行，往往有较高的成功率，因为学员在通过文字或语言的承诺表达时，已经在自己思想上产生了潜移默化的影响。另外，言行一致也有部分社会及个人表里如一的压力，所以更容易去践行承诺，此时销售人员的巧妙引导会提升关单的成功率。

第六步：总结维护，做学员全周期管理

即使以上步骤都完成了，也不见得一次就能成单，除了普适的技巧方法，销售还应该考虑到每个个体的特殊性。所以，销售人员需要做好数据管理和分级管理，对当次跟进学员的基本信息和成单意向进行统计。

具体可以将学员分为此次成交高价系统课的 VIP 学员，交了定金未付全款的定金学员，有明确意向待付款的意向学员，还有犹豫的学员、不考虑的学员等。按照这种分类可以搭配对应的打分权重或者评级，这部分内容在数据分析章节会做详细说明。

本书强调的就是销售人员需要把聊天记录转化成机构统一的关键指标数据库，根据具体指标情况，在对应的时间对未成单学员进行回访，提升转化率。有条件的，可以建立自己的数据管理系统；没条件的，Excel 和在线文档类的工具也基本够用，不在工具利，而在人思敏。

对于未转化关单的学员，销售人员要启动回访程序，根据上面提到的学员意向的优先级，安排回访。回访前销售人员要温习上一次沟通跟进留下的关键内容和切入决策点，所以每次一个学员沟通结束后不要着急启动下一个或下一批，先简单做一个总结，把关键点提炼出来，方便自己沉淀也方便下次再启动回访。而且这样的沟通也更有针对性，所以笔者提倡建立的转化学员数据库正是为了方便销售人员能高效地启动标准化流程。

当然回访频次本身也需要设定，一般前 7 天是决策高峰期，后续会逐渐递减。但这并不绝对，例如有的机构的服务体验周期较长，学员和销售人员切入的时间节点不同，会导致周期拉长。还有一些考试科目会根据学员的考

试周期节点发生一些变动，至于学员自身学习节奏的变动，就更是不可预估了。

销售人员自己要做科学管理，和未成单学员跟进沟通，双方最好约定一个时间窗口，且销售人员最好每次能给到不同的利益点以激活学员。单纯问"你考虑得咋样了"并不是最优的激活话术。

销售人员的最终目的是根据学员的诉求进行关单，在一定情况下，学员的核心需求也是可能发生变化的，所以要结合具体情况来看。对于销售人员来说，全部能关单并不是最优标准，而是在一定时间内谁关单最多，所以涉及效率问题，销售人员不必执拗于每个绝对值。

至此，不少销售人员以为私聊关单的这个环节已经结束了，因为他(她)认为做完关单后，这一单就已经成交了，这个交流就闭环了，实则不然。销售人员需要做到的是课前、课中、课后的全周期学员管理，全周期学员管理主要是指销售人员在学员信任层面的延续，是客户价值的维护。全周期学员管理的有三大益处，如图 5.10 所示。

图 5.10　全周期学员管理的三大益处

1. 有利于产生口碑转化

销售人员和学员的关系不仅是一次成单前的交流，而且是一整个销售周期的联系。有的销售人员在成单之前特别殷勤靠谱，学员买了课之后就不闻不问，这种机构是做不了长线口碑的。

可能你会说，有教师在讲课，有助教在答疑，我还参与什么？其实你参与的是商品交付后的责任延续。

不少学员是通过你了解的机构全貌，也就是通过你的描述对机构产生了信任，进而买了你所在机构的课程，那你后续最重要的事情是要确保他们的需求真正得到进一步的满足。例如，学员期待的教师答疑是否真正能解决他们基础差、怕学不好的担忧，作为他们信任的对接人的你，只需要问一问他们学得如何，是否在进步，他们就有可能延续这个信任。如果遇到问题，那么你作为学员信任资源的集合体，就需要协调跟进，帮助他们解决，但这不需要你具体去做。

这样的销售人员才是企业真正需要的人才，也才有更上一层楼的空间，因为你的视野更广阔，胸怀自然也不一样，并且因为你付出的多，你的能力也会有更大提升，别的销售人员和你的差距自然就拉开了。这样对待学员，学员会因此而信任你所代表的机构，有利于发展机构的口碑。更进一步地，还会推荐其他学员来你所在的机构学习，而且在很大程度上他会直接将学员推荐给你，这就是信任的力量。

2. 帮助机构进化

如果销售人员对学员进行了全周期的管理，那么学员就一定会向销售人员反馈他当下学习环节最真实的感受。例如学员可能会遇到一些问题，这些问题可能就是机构需要改善的地方。虽然最终大部分成熟机构会做调研，但偏官方调研的采样和学习后的问卷填写率都会影响它的反馈质量，所以销售人员手里的"消息"反而能更准确地反映学员的心声。这些学员的心声对于机构的进步和完善是至关重要的。

3. 实现个人人脉积累

有的销售人员把自己的工作比喻成"陪聊服务"，这是一句调侃，其实换个角度，别人愿意和你聊，也是价值对等的体现。而且这种服务也可能成为个人的人脉积累，很多优秀的销售人员和学员的关系都很好。

尤其是那些扎根在垂直类领域的销售人员，其接触的学员往往是行业的从业人员，有的学员专业能力还非常强、行业资源也比较丰富，这对于销售人员自己也是一次升级进阶的机会。销售人员可以借此建立行业圈层，打造垂直行业影响力，之后无论是开拓其他项目还是创业，这都是原始资本积累。

这对于个人而言，其实就是能力锤炼和机会拓展，多一点付出，多一个视角，多给一些学员关心，就会比别人多一些机会。

对于销售人员来说，全周期学员管理是很好的落地方式；对于机构，有这样的销售制度，会帮助其培养更多的优秀销售人员，也会形成有效的竞争壁垒。

作者互动 你所在的机构目前是否在做全周期学员管理？接下来在私聊关单、销售人员跟进转化方面，你会采取什么新的措施？请写下来。

以上本书详细介绍了私聊关单转化的"六步私聊关单法"，实际上，私聊关单是一个非常典型的说服场景。因此，本书用一个简单的说服阶梯模型来看一下六步私聊关单是如何说服学员的。首先看一下说服阶梯模型，如图 5.11 所示。

说服阶梯模型在营销教授乔纳·伯杰的著作《催化》一书中有被提及，核心是强调说服者需要对被说服者充分理解、信任，而不是直接表达对对方的行为改变诉求(往往直接改变他人行为会带来较大的反弹)，更重要的是，只有同时获得对方的理解和信任，才有可能使对方产生行为的改变。

其实六步私聊关单法也是如此，如图 5.12 所示。销售人员通过找到切入点(切入点可以是学习基础、行业情况、个人关系等)来打开学员理解的大门，然后通过对学员进一步需求的倾听了解，来进一步地理解学员，在这个过程中，学员因为销售人员的倾听及真诚、有价值的交流，开始信任销售人员。一旦学员对销售人员产生了信任，销售人员就可以在整个过程中，更进一步将需求和课程结合，并开始帮助学员结合他的"痛点"，站在帮助学员的视角解决问题、满足学员的需求，从而获取更多学员的信任。当学员对销售人员的信任达到一定程度后，学员的行为就更容易发生改变，销售人员就可以结合当下的利益点来关单，促成学员行为的改变——购买课程。

值得注意的是，说服是需要时间的，所以不同的私聊场景、不同的学员，成功说服需要的时间是完全不同的，因此销售也要有更多的耐心，充分做好理解和信任的工作，为学员行为改变奠定基础。

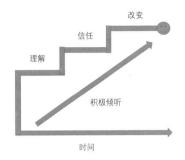
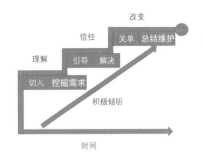

图 5.11　说服阶梯模型　　图 5.12　说服阶梯模型视角下的六步私聊关单法

直播体验课的安排

我们在常见的转化模式中提到体验课的重要性,但是不少机构对于体验课,尤其是直播体验课应该安排什么内容、怎么布局完全没有概念。接下来,笔者介绍直播体验课和录播体验课应该如何安排,并给出具体参考点。

首先,讨论直播体验课。对于一节直播体验课,首先假设前面几章提到的流量、课程体系、基本人员都已配置齐全,也明确知道直播体验课的目的是吸引那些有意向学习的学员,通过直播体验课程的讲解,希望学员尽可能多地购买机构的系统付费课程。

其次,要做的一件更重要的事,就是选择一名适合上直播体验课的教师。直播体验课的教师和系统付费课程的教师需要的能力模型不完全一样,这也是很多线下机构转型做在线教育时不容易注意到的点。直播体验课的教师需要镜头感强、表达能力强,且教师最好比较有个人魅力,对整个教学课程体系比较了解,既能讲干货或核心技能来吸引学员,也能平易近人地和学生对话而没有距离感,还能抓住学员学习诉求的"痛点"。如果教师比较幽默,那也是加分项。

在了解了根本目标、选择好合适的体验课教师后,就容易有的放矢,做出下一步动作。接下来,就从直播体验课的课程设计、课前准备、课中流程、课后跟进等几个维度展开介绍,可参考的行动框架如图 5.13 所示。

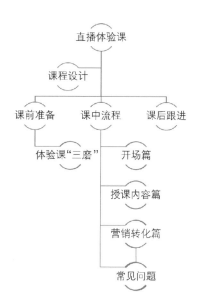

图 5.13 直播体验课行动框架

直播体验课课程设计

体验课的定位是营销课程,因此,有三个重要方面,需要在体验课中阐述清楚。

1. 专业价值传达

体验课的目的在于营销转化,它就相当于一个产品发布会,需要在有限的时间内传达出最有价值的产品。所以就机构侧的展示层面而言,凸显机构一定要把品牌强大、教师专业、课程质量高、服务高效等核心价值传达给学员。

2. 学员需求解决

机构展示是一方面,另一方面要从学员视角出发,逐个击破学员的"痛点",把学员最担心的事情在体验课中以最具说服力的形式解决掉,提高学员转化购买率。

3. 引导付费成交

展示了机构侧的专业强大，也击破了学员侧的"痛点"，接下来机构要怎么做？接下来，机构应该结合之前提到的利益点来做关单，引导学员付费成交，或进入付费成交的下一个转化环节等。

以上看似简单的三个方面，实际要做好非常不容易，因为时间非常有限。一般一堂直播体验课为 1 小时，1 小时的内容包含核心知识点介绍、教师技能展示、课程系统介绍、学员痛点解决、互动答疑、营销售课等，机构要想把每个部分都做得很好，需要花费不少的精力和时间。

直播体验课课前准备

接下来，我们开始为上好一节直播体验课做准备。除了体验课教师之外，过程中还需要有助教、销售人员等角色和体验课教师配合完成售课。如果是新的体验课教师，为了增加其信心，在必要情况下也需要一些对机构信任的老学员或内部人员做支持。

因为体验课经常循环，所以体验课教师对于 PPT 内容和答疑提问应该可以应对自如，这样才能把部分精力和心思放到转化环节中；如果教师在讲课时都有些磕巴，那转化就更别想了。

而且教师最好不要念 PPT，要从逻辑思维角度带动学员，把想表达的知识点通过故事串起来，这样学员才容易听懂，才有可能觉得课程精彩，从而有可能下单购买课程。体验课的准备，不是教师一个人把课程部分讲好就行，它呈现给学员的是一种整体感知。本书分享一个朴素但是对讲课非常有效的技巧——"磨课"，一般教育从业者说的"磨课"都是磨系统课程，但是对于在线教育而言，体验课的"磨课"也格外重要。

那直播体验课要怎么"磨课"呢？笔者从自己、团队、学员三个视角总结了对应的方法，并把它称为"直播体验课'三磨'"，如图 5.14 所示。

图 5.14 直播体验课"三磨"

"一磨"是体验课教师自己磨,可以对着镜子练,直到把整个课程磨得非常熟练,达到声情并茂、节奏感强、故事线明晰的效果。也可以自己用屏幕录制的方式,将讲课过程录下来反复听、反复调整,直到自己觉得这个课程已经磨好了。如果自己不去听自己讲的课,可能永远不知道自己讲课时存在的问题。

根据邓宁—克鲁格效应,那些能力欠缺的人往往会高估自己的能力,无法辨别问题,从而产生认知偏差。这个时候应该怎么办?此时教师要去找团队成员进行"二磨",如找助教、销售人员等一起磨合。一方面他们本身就是用户视角,可以天然地发现一些问题;另一方面就团队配合视角而言,他们可以指出哪里节奏不对,哪里需要给更多时间,哪里需要剪掉。

不同机构在直播体验课中需要教师配合的方面有较大出入,所以要提前进行磨合。有的机构会在体验课中做测试点评,那就需要助教和教师配合好:助教第一时间把筛选后的、通过直播提交的作品分享给教师。尤其是多平台同步直播的时候,这样分流整合的作用就更加明显,需要团队提前准备并多次磨合。当然还有一些机构,其直播转化和私聊关单转化会同步进行,那就需要直播教师和销转人员进行配合,引导学员加销转人员微信好友等。

所以无论是什么样的配合方式,教师都要和团队成员先磨合好,只有和他们配合模拟一遍,才能在直播时少出错。尤其有时直播体验课会配合一些活动、营销玩法等,需要的人会更多,需要的磨合和配合也会更多。

前两磨是对内练习而言的,"三磨"是要真实测试,即要在平台直接进行测试,建立和正式环境一样的测试直播间,找一些意向学员进行直播试讲。这样全流程配合下来,一方面能找出真问题,得到真反馈,进而进行解决和优化;另一方面教师体验了全流程后,对正式直播的现场把控性更强,课程讲解更流畅,发挥就会更好。

这三个环节的磨课,就是在想办法克服社会心理学提到的认知局限,尤其很多教师总是以教人的心态讲课,有时候很难发现自己也需要被教。而在实际情况中教师被教是必需的,因为教师所做的是用户视角的产品,而不是自我沉浸式的输出。

作者互动：请写出你参与磨课的感受，以及还有哪些方面可以改进。

直播体验课课中流程

做好准备之后，教师就要开始正式上课了。直播体验课整体的流程大体可以分为开场篇、授课内容篇、营销转化篇三个部分，不同机构可以在此基础上有不同的变化和发挥。

1. 开场篇

开场篇的作用是拉近和学员的距离，以及给整个体验课定调。因为大部分的直播体验课会有不少新学员，这些新学员往往是更加需要关注的，他们可能通过各种推广渠道或自然渠道来到直播间。有些渠道的学员已经提前知道了直播体验课的教师情况、体验课的构成部分、大体有什么内容，但也有不少学员是直接进入直播间，对机构、课程、教师没有基本的了解，尤其是免费流量部分，这种情况比较常见。

所以开场篇有必要让学员对机构、教师、课程有一个基本的了解，也是机构实力和品牌展示的机会。教师在体验课中是最重要的，所以课程一开始就要让学员对教师有基本的了解，教师的语言风格、性格、授课特点等都会直接关系到最后的授课满意度和转化率。这是一个"破冰"的过程，教师要引导他们对课程产生期待，以方便后续环节内容的输出和转化。在线教育虽说没有线下教育人与人之间面对面沟通来得直接，但一个简单的介绍和互动也可以暖场，会让直播体验课效果好很多。

教师的开场篇有多种形式，可以是简单的一页 PPT 一闪而过，也可以是教师的一段经历分享，还可以是某个同学学习的故事，甚至可以是今天授课内容的基本介绍……总之，只要让学员认为这是一种好的交流方式就可以。

有的机构为了凸显教师的专业性和地位，或者为了进行配合，会让专门的助教来做开场篇部分的介绍，这也是可以的。具体怎样做，要参考机构自己的实际情况而定。

整体开场篇的时间视情况用 2~10 分钟基本可以覆盖，太长了会让一些耐心不足的学员产生反感，太短了很可能出现冷场。尤其是经验还不太足的教师，需要一些老学员和机构工作人员来帮忙暖场。暖场后的第一个工作比较重要，我们需要对现场的新学员有基本的了解，因为对于经常开设体验课的机构而言，遇到老学员反复听体验课的情况比较常见。这时，体验课最重要的学员就是新来直播间的学员。对于这部分学员，机构需要认真对待，例如在直播间让新学员留言互动，通过互动投票等统计当天新学员的比例，让新学员直接联系助教获取资料礼包或其他福利，以及在直播间发链接让新学员填写基本信息等。这些都是为了更充分地了解新学员学习的意向、诉求，更有针对性地做课程服务和营销转化。

2. 授课内容篇

至此，开场篇的使命就基本完成了，接下来要进入授课内容篇。授课内容要提前策划好，其主要具有以下几个特点。

1) 充分了解来直播间的学员的需求

定位是最重要的，如果来直播间的大部分学员都是零基础、入门级，教师分享的内容不能太多或难度太大，否则会打击学员的学习积极性。如果来直播间的学员基础比较好，教师就需要适当提高难度，分享一些进阶知识点等。

其实可以通过渠道流量来做标记，也可以简单向引流的同事了解流量来源和特性，还可以做课前调研。熟悉了流量渠道的特性，对学员的基础情况就会有进一步了解，上课也能有的放矢。

2) 授课内容要非常有吸引力

教师只讲干货是不够的，同样，只是把知识点平铺直叙地讲出来也是不够的。教师需要精心设计体验直播课的授课内容，要把这个学科中最常见、最普遍的"痛点"讲出来，用机构教研人员和教师开发的方法去解决。

例如，在一节声乐直播课中，学员对唱高音都很期待，于是教师通过他的特殊教学法现场教学员怎样唱到 High C，即使有的技能学员不能一下子学会，但至少对学员原有的知识视野有所开拓。有不少机构证明，这样的体验课往往比较有吸引力，效果比较好。

3) 授课内容要有一定的未知性

未知性怎么理解？因为开设的是体验课，所以教师只能部分展示，在当堂直播体验课中没有办法把一些东西讲得很透彻，只能达到让学员了解的程度，离全面掌握还有很大距离。在这个点上教师要和学员达成共识，而且在此基础上，也要给学员展示一些未来在正式系统课程中会涉及的内容亮点。比如有些科目涉及就业，教师就可以分享一些行业前瞻分析，以增加课程吸引力。

3. 营销转化篇

最后是营销转化，它是整个直播体验课的最终目标。

有不少机构不知是基于自己的课程很好，是好货就一定会有人去购买的逻辑，还是由于授课教师性格上是那种不愿意向别人推荐产品的人，他们在这个环节只聊几句就一笔带过，这样是没办法把这个环节的作用发挥出来的。直播体验的营销转化有几个逻辑，在直播间中展示出来会对转化成单有较大帮助。

1) 承接授课内容篇，顺带介绍系统付费课和体验课的本质区别

营销转化其实并不是硬广的甲方逻辑，也不是低姿态的乙方逻辑，而是正常的需求解决逻辑，所以体验课教师要结合体验课中讲解的内容，顺便把系统付费课与体验课做详细区分。例如，体验课教师会介绍词根联想法来记忆以 a 开头的 10 个常见单词，那么接着就可以介绍整个系统付费课中，会带领大家把核心词汇 a 到 z 用词根联想的方式学习一遍，并且会再用画面联想法把必要词汇重新强化一遍，以及会结合每日打卡、每周一测的方式帮助学员巩固学习等。

2) 介绍整个系统课程的优势

体验课教师要展示整个课程到底包含哪些内容，把系统课程的课程大

纲、知识点框架、课程有哪些优势、整合了哪些服务等用图文并茂的方式做介绍，并且有些类目加上视频展示效果会更好。另外，还要介绍学习周期、需要做的准备工作等。这里其实重点强调的是包装展示，有些教师在现场只用简单的文字、语言做介绍，学员获取信息的量太少，并不能对课程有整体的感知；而且教师也容易说漏、说错，所以不要依靠现场发挥，这部分内容完全可以准备得非常系统、完善。

3) 介绍老学员学习后的效果

在介绍完课程内容、服务和整体的优势之后，教师需要介绍课程学习效果。因为学员如果对课程感兴趣，他们会有大量的疑问，例如，老学员学习效果如何，好就业吗，涨工资了吗，考试通过率高吗，考高分的多吗，能学到什么程度，基础差能不能学会等。这些都是关于最终能否学会、学好的效果问题。

所以教师也要做好准备，将课程刚需利益点的满足、学员学习成本投入度、从学员视角能否学会等逐一介绍清楚。我们用母婴的小儿推拿类目举例，针对在家学习的家长，他们在小儿推拿方面的刚需点是什么？其刚需点是小儿推拿能相对高效、方便地帮助孩子做康复训练，而且学习起来相对比较简单。那做类似的刚需解决最好拿一个具体学员的案例来说明，例如有学员曾经在家里通过小儿推拿帮助孩子做某方面的康复训练，就会使描述生动不少，且说服力也比较强。（注意：此处并非医疗手段推荐，只是为了做案例分析。）

另外，对于学习成本，很多学员肯定会格外关心，因为他们的时间、精力投入有限，尤其是既要工作还要带孩子的家长。所以教师可以理性地告诉学员课程每天只需要大约 20 分钟的学习时间和一定的应用训练，一周集中做一次作业，最后参加考试就可以；同时还需要举个生动的例子来说明有的学员是怎么挤出时间来学习的。

最后关于学员学会或学好这件事，让教师做担保其实是个不太成立的需求，因为每个人的学习主体还是自己。俗话说"师傅领进门，修行在个人"。但因为每个人都经常自我怀疑，所以学员也需要借助外力，并将外力转化成内在的根本决定因素。这就需要教培人员在某种程度上有这样的激情和投入，来平衡双方的效果占比。有时学员意识不到这些，更多是在想我能行吗？你能帮我做到吗？所以教师需要告诉学员，自己会怎样帮助学员学习教学内容，从零开始构建学习体系，以及打造良好的同学互助、社群答疑的氛围等，从而增强学员学习的信心。

另外，也要举一些共情的实际案例，教师要告诉学员年龄大的、基础差的、跨行跨专业的学员的案例，描述他们分别是怎样解决对应的问题的，最后是怎样学好的。案例最好也可以是直观呈现的，例如学员录制的视频、学员的感谢截图、学员学习成果的展示等。列举案例除了要注意共情，击中学员的"痛点"，也要考虑学员对案例真实度方面的看法。

(4) 引导关单或顺延跟进

当把课程内容框架、课程优势、具体怎么学习和服务，以及学员学习效果等介绍完之后，教师需要开始引导学员购买课程。其实在上述环节中，有的意向强的、独立理性决策的学员已经会购买了，其余的学员则要通过直播问答的形式解决自己心中最疑虑、担心的问题点后，才会进行购买从而促成关单。

例如，有的学员担心自己错过直播授课，教师就要告诉学员可以通过看直播回放或者其他如打卡驱动的方式，以及督导教师配合督促学员学习等方面来进一步消除学员的忧虑。这部分的互动答疑有时同一个问题会被问及多遍，其原因可能是有的学员进入直播间的时间较晚，有的学员喜欢多次确认，有的学员之前没注意听等，这些都是教师和学员互动、强化课程价值的机会，一定要有耐心。

在更多情况下，学员会在意课程价格，此时如果正在开展运营活动，那么活动关单效果就会好很多，例如"前 5 名抢某某老师火箭班名额，先报先得""凡是今晚几点之前购买可以优惠××元"等。这些丰富的活动手段都是为了促进学员现在买课，及时关单，这在前文也有所提及。

当然，营销转化不可能每次都很顺利，所以教师要做好顺延转化的准备。也就是说如果在本次直播没有转化，那么教师可以引导学员进入社群、加助教微信等，方便后续继续转化。

不要以一次成败论英雄，也不要轻易放弃有效流量，尤其是做免费流量渠道的机构。很多情况下，机构不知道珍惜流量，转化做得非常粗糙，等到后面流量增长遇到瓶颈才开始重视转化环节，这样就产生了大量的激活老学员的成本，而且这些学员很可能已经购买了其他机构的课程。

综上所述，直播间转化系统课程大体有以上环节参考，机构可以根据自己的情况来增减或调整顺序，虽然有的机构在某一个环节做得很好，通过放大这个环节的优势可以有一定的发展，但从长远来看，各环节的关键点都需要充分了解并提升。

本质上，直播间转化的逻辑和私聊关单转化的逻辑是一脉相承的，只不过直播间学员可以和教师直接对话，直接建立强联系，同时因为有及时的直播互动反馈，会让学员的转化更加有情绪直觉认同，更容易成单。当然，对于教师来说，挑战也会更大。

对于营销转化，共情非常重要，即需要丰富且典型的案例。教师不要只从逻辑的视角展开陈述，很多时候，案例反而更能打动人，因为共情远比时刻保持逻辑思考要容易得多。从某种程度上，情感共鸣反而是更高级的逻辑认同，所以转化过程中要学会感性和理性并用。

你所在的机构是否有共情转化的案例，并建立了案例库？你觉得是因为击中了学员哪方面的"痛点"，才促成了信任建立及后续的成交？

下面就体验课在直播过程中出现的常见问题做一个简单回答。

（1）我的体验课直播间人数不少，但是为什么转化很差呢？这个问题比较笼统，直播间转化差的原因有很多，例如直播内容安排不当、教师授课和营销节奏不好、"蹭课"老学员太多等。关于老学员太多的问题，很可能是因为机构的体验课内容安排不当，没有很清晰地区分体验课和系统付费课，也间接说明了机构的获客能力有待提升。

（2）体验课一直讲重复的内容，学员会不会不愿意来听？问这个问题之前,先要搞清楚为什么会有直播体验课,它到底需要发挥什么样的作用。直播体验课就是为了让学员对感兴趣的课程内容有一个基本的了解和课程上课形式的体验。一般有 3 节左右的直播体验课就足够了,通过 3 节或 5 节体验课最好能把 1~2 个方便独立成块的知识点或技能提炼出来讲解,让学员充分感受到机构的教学价值。

回到这个问题上,笔者建议大部分机构的直播体验课还是要有一个固定周期,也要提前做好规划。所以,如果机构设置有固定周期来开设直播体验课,那么课程内容重复是必然的,教师也要在直播体验课中清楚强调体验课和系统付费课的区别。最好有个阶梯图或框架图,让学员可以一目了然,清楚地知道体验课可以学到什么,系统付费课可以学到什么,讲解程度是怎样的,这样会让参加体验课的学员有基本的心理预期。

当然,直播体验课的内容和数量虽然大体固定,但机构可以结合一些新的专题、技能点、知识点,或者看起来教学效果好但实际通过体验直播课没法学会的内容,来开设对应的引流体验课,这不是一成不变的。

(3) 直播间学员不互动怎么办?教师首先要做一个预期管理,毕竟再好的教师上课,也有学员不愿意有任何互动和评价,只是在那里听课,所以不是都有回复才是好的直播课,是否互动还取决于每个人的性格。但如果大部分学员不互动,问而不答,那可能就是教师的问题了。

这时,教师首先要在表达措辞上优化,其次要借助工具补足,适当时候还需要加入后备力量。

和现场演讲一样,互动表达的措辞很重要。如果问"在座各位,你们对这个问题怎么看",愿意互动的人一定很少,因为问题太笼统了。如果只问一些可以判断、选择的有明确选项的问题,大家的互动成本低,至少有一部分人是愿意和提问者互动的。例如"你们认为增速应在 20%还是 30%,抑或是 60%,选 20%的举个手",这样大家就会进行基本的互动。

体验课直播间也是一样,教师问"对于刚才那个知识点,大家认为是 A 场景还是 B 场景更多",这样学员就会配合做基本回复。营销转化也是一样,教师要想办法让学员参与。例如,教师问"愿意在寒假期间把自己的学习成绩提到 85 分的同学,请在直播间打个 6",这种有引导且比较低成本的互动,一般参与度会比较高。

表达上虽然有固定话术支撑,但也不是"万金油",教师还需要通过一些投票的工具、统计的方式来和大家互动。例如,就业类课程要了解学员工作年限,可以设置简单的投票选项让学员互动,这样教师对来直播间的学员就会更加了解,从而进行更有针对性的转化。

以上是互动技巧方面的介绍,但更重要的是互动的情景。好的互动一定是基于好的沟通场景的,所以互动效果不好的教师,本质上还是自己的沟通方式等存在问题。

很多营销直播课,教师花费了大量的时间让学员买课,告诉学员这门课有多好,性价比有多高,现在买课有多优惠等,但学员就是不愿意和他们互动。这是因为这些教师很少从学员的视角去引导学员讲出他们的故事。好的销售人员一定不会滔滔不绝地介绍产品,而是会从用户视角引导用户表达自己,进而做表达需求背后的解决,顺便完成销售。

有的做得好的机构会引导学员说出自己的职业困惑,教师借此帮助学员做有针对性的职业道路规划,顺势引出在什么样的关键节点需要提升自己的哪些能力,从而让学员拥有更强的提升自我的动机,不自觉地和课程解决结合起来。

另外,互动一般是基于双方有了解基础的,所以不同渠道的流量、对机构和教师以及授课内容的了解程度都会影响到互动体验,这个时候要从这些方面出发解决。

所有的营销互动本质上都是沟通,因此教师的沟通内功要打扎实。

直播体验课课后跟进

很多依靠直播做销转的机构比较依赖直播体验课,直播销转本身有其天然的优势。但如果机构只做这个环节,课前不做细分梳理,课后不怎么跟进,其实对流量会造成很大的浪费。

所以直播中有个环节是引导学员加教师微信好友或者加群,后期再让专人跟进学员上课的情况,以上课回访的视角作为切入点,对学员诉求做进一步解决。如果学员给予正向反馈,销售就要做进一步的引导,引导学员现在加入学习。有的机构会在课前就对学员进行标注,打好数据标签,所以此刻的销转应该是有针对性的销转,是基于学员真实需求的沟通,只有这样的沟通才有可能触发购买的行为逻辑。如果沟通后学员还是不能很好地反馈,那么接下来销售可以通过引导学员参与打卡活动、训练营等方式从另一主题来转化学员。关于销售具体怎么在社群或私聊中做关单,私聊关单部分有详细介绍。

前文我们介绍了怎样做好一堂直播体验课,除此之外其实要注意的细节还不少。在线教育机构要根据自己的类目、运营情况、师资来合理排兵布阵,充分发挥直播的优势、教师的优势。

录播体验课课前准备

和直播不同,录播可以有更长的准备时间,所以其体验在精心设计后可以好很多,上课也可以更加灵活。并且一旦准备好,录播体验课可以长期使用,但录播体验课在互动性和实时性方面也有它先天的短板。因此,扬长避短就显得格外重要了。那么具体如何准备好录播体验课呢?录播体验课的准备大体可以分为三个方面,如图 5.15 所示。

图 5.15 录播体验课的准备

1. 体验知识点打磨

不管是音频形式还是视频形式的录播课,我们都希望学员能够通过学习和了解体验课的内容，就会对课程和机构非常认可，从而购买系统付费课程。

因此，课程的体验内容具体安排什么知识点就显得非常重要，我们可以从学员的视角来看，他们最需要解决的"痛点"到底是什么，是单词记不住还是语法学不会，是没时间学还是坚持不下来等，把这些多维度的"痛点"降序排列整合后，一般就知道选择什么样的体验内容了。

体验课需要在仅有的时间和内容里尽可能把课程最高价值展示出来，让学员能够意识到他们从体验课中受益，并且物超所值。

内容选好后，不是简单地呈现就行，机构要从体验课的视角对知识点进行精细化剖析，找到其中的一个点掰开来讲，再使用"理论框架+案例"的模式，先解读后验证，把学员关注的点讲明白，讲精彩。一个精彩的分享结束后，要学会给后面的精彩课程做铺垫，告诉学员后面的系统付费课程还有哪些精彩内容，是怎么讲解的，对他们有什么帮助等。

2. 体验呈现形式

体验呈现形式有很多种，有的会专门录一节知识框架、课程亮点并安排介绍课，有的会借名人推荐来进行第一节的展示，还有的会用一个真实的学员案例来从用户视角展开课程学习和成效的介绍。具体哪种形式好，要视机构所授科目特性和实际资源情况而定。

有的机构会专门设置免费体验课，通过体验课引导进行系统付费课转化；而有的机构就直接用系统付费课的前几节或有关键内容的几节来做体验课免费试学。呈现形式包含真人上镜、PPT、画中画、动画、AI 交互等，要根据具体的类目和机构情况而定。

例如医疗、母婴、音乐等类目采用真人上镜或画中画模式会对课程流畅度和体验都有所加分；配上字幕和辅助教学工具，能有效增加专业度，例如音乐类的曲谱等。而诸如编程、设计、技工等用 PPT 模式也足够把知识讲清楚，当然用画中画模式会更加有信服力。而像亲子、语言等类目有了动画的加入，课程质量和学习感知就会上一个台阶，但投入制作的成本也会高不少。还有针对低幼阶段孩子的录播中会有一定的程序交互，这也是一种很好的呈现形式。

3. 体验营销点设计

毕竟体验课是以营销为目的的，想办法在视频中"埋点"，引导学员加销售好友或社群或关注公众号等都是有效的方式。其中，比较好的"埋点"是信息流广告式的"埋点"，通常要结合教师的授课内容做"埋点"：哪里讲解得比较精彩，比较有感染力，就可以配有二维码等联系方式。这会比单纯意义上在开头、结尾加二维码获取的学员质量更高。因为学员一旦认同，给一个窗口就是一个机会，其他的时候很容易被学员当作广告。

录播课内容上也要有所引导，可以通过教师口播介绍，但要顺其自然，不要生硬。另外，除了课程内容，详情页、课程标题等都可以做联系方式的部分露出，在尽可能发挥体验课多渠道分发效果的前提下进行充分曝光。不同平台的要求不同，机构需要做进一步调整。

总体而言，纯粹的录播体验课转化高价课程的难度是较大的，因为这中间机构教师与学员是没有进行深入交流的，除非录播内容将学员引流过来加教师好友或社群后做了进一步的私聊关单，或者课程提供者的粉丝忠诚度和购买能力极强，否则中间机构和学员的信息连接非常薄弱。所以录播内容一般是配合着打卡、社群、直播、测评等其他工具或服务开展的，这样才能让高价课程的转化有较高的成单率。

当然，现在也有越来越多的机构在用交互式的录播形式来做体验课，就是在体验课的录播视频中穿插交互式的问答、思考题等。机构可以设置学员回答问题后才可以继续学习等，解决录播不能有效进行互动的问题，这对提升转化有一定帮助。

教学服务转化

除了直播和录播的形式，还有打卡、工具服务等可以帮助机构做转化。下面我们挑选几个典型的方式来看一下，如何通过教学服务来做好转化。

打卡

打卡对于在线教育行业的从业者来说再熟悉不过了，凡是能把知识点或学习行为拆解的点，都可以作为打卡的内容。尤其借助微信朋友圈，学习者可以把自己学习的那份荣耀和被动监督的自律感通过打卡发挥得淋漓尽致。

比如，记几个单词打卡、完成一道竞赛题打卡、弹一首新曲子打卡、拆解一个长难句打卡。所以机构不用担心没有内容使学员打卡，而是要琢磨什么样的打卡会比较受学员的欢迎，能够产生高一点的转化率。

一般作为转化工具时，教师会安排 1~5 节体验课的打卡服务来做转化，其间的打卡服务尽量和正式课相似。例如助教的答疑、作业点评和反馈、同学讨论等，这样全面、系统的服务会让学员感知价值提高。尤其是一些教学成果相对容易展示的类目，如书画、语言、音乐等。

一些切入比较有成效的知识点，例如很有道理的方法论/技巧/干货、评论类心得/笔记/思维导图等；一些服务价值容易产生共鸣的点，例如教学督导员督促学习、同学互相交流、教师单独点评反馈等，都可以通过打卡完成转化。如果这个时候打卡工具体验流畅、设计精美，学员会有一种自己正在飞速进步、快速成长的感觉，这种感觉的产生意味着转化已接近成功。

把以上这些环节设置好了，学员学习完部分体验课后，就会有开通后续系统付费课的学习权限。笔者了解到有机构在上完几节体验课和进行打卡服务后，约有 1/3 的学员会主动找教师付费开通剩余课程的权限。

从教学本质来看，学员学习需要反馈，尤其是在当今信息繁杂、人容易浮躁的时代，学员能够像玩游戏一样，快速得到积极的奖励反馈，感知到自己的进步和成长，这对于他们来说是相当有诱惑力的。打卡工具本身就会将这些串联在一个载体上高效运行，在某种程度上，它比人力转化效率要高不少。

微信朋友圈

微信拉近了人与人之间的距离，自然也会拉近买卖双方的距离。在传统的买卖交易地,通常要有固定的时间段、固定的人群喜好才可以有推广;现在有了微信 App,人们每天会在微信上面花大量的时间,销转人员随时随地可在微信朋友圈展示想传递的信息。

朋友圈为什么可以提高转化率?因为朋友圈的展示相当于给机构的销转人员一次和学员连接的机会,一次展示产品、服务和口碑的机会。

对于微信朋友圈要发送的内容、频次、时间,不同机构有不同的营销节奏,本书重点讨论一下内容部分。有一些在线教育机构运营者的微信朋友圈和微商一样,全是各种图片加广告语和案例,这在如今微信朋友圈营销已经比较成熟的阶段,只能作为反面的例子。

机构在微信朋友圈发什么才能提升转化率呢?我们首先要认识到在微信朋友圈营销的作用更多是润物细无声的,是关于品牌口碑的,它当然是有准备、有策划的,不是随意的。

本书所说的微信朋友圈营销包括两大角色:一个是机构侧的运营人员(泛指机构所有的发声者);另一个是体验过机构课程或服务的学员。这两大角色会影响到机构课程的转化。

打造微信朋友圈机构侧角色有三大原则,分别是人设原则、目标原则、换位思考原则,如图 5.16 所示。

1. 人设原则

微信朋友圈首先是人,其次是工具,这是什么意思呢?一些机构运营者认为自己拿的是工作号,把微信朋友圈当成推送信息的

图 5.16 打造微信朋友圈机构侧角色的三大原则

工具,生硬地展示或转发信息给学员,即使前后矛盾也浑然不知。这样的转化率自然不会高,那要怎么做呢?一方面,机构侧角色要按具体的时间轴来做内容安排;另一方面,机构侧角色也最好做精细化区分运营。只有横、纵两个方面都考虑安排到位,才能把微信朋友圈人设的威力发挥出来。

横向时间轴安排是指一个周期下来，平均一天发几条微信朋友圈，每天几点发送，发送什么内容，是系统付费课学员的升职加薪案例还是追求努力上进的人生"鸡汤"，是本月的重点活动还是辅导教师认真给学员辅导的镜头……

这些都需要依据时间轴来安排，而不是毫无规律，有时候一天发几十条，有时候几十天不发一条。这对于个人而言完全没有问题，但放在工作场景来看，就错失了很多转化高潜学员的机会。

纵向侧的角色拆解，在理想状态下，机构的每一个运营角色都有不同侧重点的微信朋友圈内容运营。假设你是机构的负责人，那么传达信息要更注重宏观层面，要多一点品牌宣传，多一点公关，多一点思考和触动人心弦的东西。此时，你可能会发你们机构入选某某新闻年度十大精英教育品牌的内容。

假设你是这门课的助教，那你发的内容应该有很多都是关于教师如何认真指导学员或帮助学员做提升的场景，抑或是今天某位学员通过学习你们的课程进步后的感谢短视频等，当然发给学员们的生日祝福也是可以的，传达真、善、美也是一种口碑积累。

假设你是这门课的销售人员，你的微信朋友圈可能是这样的：今天有多少学员信任我们某某教育品牌，两小时就报名了多少人，限时优惠的名额，某某学员学后的效果；还有个人成长类的励志语录、书籍等，展示出积极努力的个人形象，配上一张与努力奋斗有关的照片也未尝不可。

其他各种角色亦是如此，本节暂不做详细讨论。除了对应角色的准备，有一条永恒的铁律就是要乐观，传达正能量。这种能量可以拉近你和任何人的距离，包括潜在的学员，毕竟没有人喜欢经常抱怨、负能量的人。

以上这些，在开展的时候不能太做作，太刻意，太死板，在需要强化的内容方面，可以大家一起发布或引导学员发布，还可以借用一些利益机制来刺激宣传。但没规律、无准备的仗是打不得的，其中的度要运营者结合团队的风格和产品服务特性来整体把握。

2. 目标原则

目标原则指发哪个，以及这么发是想达到什么目的。就工作场景而言，每一条微信朋友圈都应该有它当时的目标和作用，不管是为了用优惠吸引高潜用户，还是用服务证明课程的高性价比，抑或是为了让学员觉得品牌知名度高，都是有对应出发点的，否则就会显得乱七八糟，毫无章法。

虽然不能每一次都达到目的，但至少是"让子弹朝目标方向飞"。

3. 换位思考原则

对于机构或运营人员，发微信朋友圈要注意内容对于口碑和转化的影响，这是在发微信朋友圈之前就要换位思考的部分。

同说话一样，站在他人的角度，也就是学员的角度考虑一下这个信息是正向的还是负向的，会不会有不合适的地方。假设你是学员，你看了这个口碑例子后会怎么想，然后通过评论回复和一些后期的调研了解学员实际上又是怎么想的，而且也可以适当通过分组来实现微信朋友圈的精准营销。

综合来看，一条符合真实人设的微信朋友圈，有目的地展示一些高价值信息，能让学员感受到口碑和行为的价值提升，就是一条有效的微信朋友圈。这些微信朋友圈经过一定时间的累积，就会形成有着具体转化占比且相对稳定的转化渠道。

点评模式

从目前的教学场景来看，点评的作用还没有发挥到极致，一些机构还没有意识到对学生作业或者任务的点评反馈，对于他们有多重要。本书在第四章服务的部分介绍过点评的重要性，并举例介绍了一家书法机构如何通过点评做服务，也提到了如何借助点评做转化，本章就不再用案例做详细说明。

点评除了机构本身，首先给系统付费课的学员进行作业点评，然后把学习交付点评的视频传到各引流平台这种方式之外；也可以把给付费学员的点评作为免费直播课，吸引那些未加入的学员；还可以引导学员保存机构给自己点评的反馈，经常翻看，记录进步过程，这样，未来发挥的口碑转化作用会更强。

有关借助一些服务来做好转化，对于不同的类目或机构，还有很多方式可以尝试，例如互动分享、班级服务、面试辅导等，本章不做展开讨论，留给在线教育机构结合自己的情况做拓新和升级。

以上一些工具或服务的方式，你觉得是否对你当下的项目有所启发，哪种方式更适合你们做转化提升，为什么？

训练营玩法技巧

在介绍转化模式时，本书提到了训练营这种模式。不论是知识付费升级转型还是大班高单价课程直播转化，训练营都是比较好上手的转化模式，它可以帮助机构有效提升系统付费课的转化率。

训练营的概念和作用

那训练营具体是指什么呢？广义上来讲，所有关于某一具体主题的集中训练、培训都属于训练营的模式。目前市面上的大部分训练营模式还是产品和服务体验阶段合适化的载体，定位是为高价付费课程转化而服务的，它是"短期内体验课+社群服务"的集合。训练营的模式非常多样化，例如前文提到的"直播+社群"或"录播+社群"的模式，社群中会借用诸如打卡、点评、作业等课程适用的方式来提升训练营的效果。

当然也有一些机构把训练营当作高价课程来做，是其核心课程产品，其实也是一系列围绕社群来做的授课和服务，此时其定位是营收课程。我们本节讨论的还是大部分机构在用的转化型训练营，至于它为什么出现并被广泛应用，有三个方面的核心原因。

1. "体验"在不断升级

在线教育学员被市场化程度越来越高，对于机构推出的体验营销手段也越来越熟悉，所以机构需要不断想办法做好"体验"。之前可能只需要准备一节体验课就完成了体验环节，就可以驱动学员做购买决策，但现在不行了，除了直播还要在社群中加上答疑、点评等核心课程的增值服务，来提升"体验"的满意度。这是体验方面的原因，不管采用何种体验形式，都是为了让体验效果最佳化，从而促进学员购买完整产品。

2. 解决免费带来的副作用

有很多学员习惯了免费体验，加上有的机构还比较配合，准备的免费体验内容全面、重复周期短，所以培养了大量喜欢免费学习的学员。这些学员转化起来会非常困难，而通过付费训练营的模式，这种情况可以得到有效改善，从而提升转化率。

3. 发挥社交优势

更为重要的是，训练营放大了社交决策的优势，充分发挥了社会心理学的积极优势。训练营是围绕某一主题开展的，往往是几十人甚至上百人参加。因此，在几天或一段时间内，大家是一起学习的同学，最终购买成单也会受到同侪的影响。尤其是群里有意见领袖的时候，从众效应会更加明显。

关于群体效应，古斯塔夫·勒庞在其经典著作《乌合之众》中有清晰的表述："群体的无意识会表现出极崇高的献身、牺牲和不计名利的举动。"因此基于群体的传播作用和无意识，在某种程度上可以抵销边际成本的提升，获得非线性的收益，但具体要看应用者如何使用。

在理解了训练营的概念和作用后，接下来，我们分享一些常见训练营的玩法。

训练营准备

如表 5.2 所示，正常情况下，机构准备一个训练营需要做好训练营形式、训练营周期、课程价格、课程内容、社群内容安排、社群服务等方面的安排。

表 5.2 常见训练营标准化参考

关键指标	标准参考	说明	备注
训练营形式	"直播+社群"；"录播+社群"；社群主导	一部分上课内容价值，一部分引导转化价值	参考学科学习方式
训练营主题	垂直且有明显交付价值	不空、不大、不泛	
训练营周期	3天、5天、7天、14天、21天、30天	根据类目和主题而定	由于完课率和转化率的要求，一般建议在7天内比较合适
课程价格	限时 0.99 元、9.9 元、19.9 元、69 元、199 元等抢购	根据转化能力和主题而定	不建议高价，目的在于引流转化；配合主题
课程内容	① 明确的知识点和交付参考 ② 结构化 ③ 连续性强	注意到课率和完课率，实现高转化率	课程内容精而完整，配合训练营主题
社群内容安排	① 关键内容交付性 ② 增强额外获得感	核心部分要多形式强化学习；注意额外收获	参与度提升 满意度提升
社群服务安排	① 流程严谨、周到 ② 仪式感	专业、全面的流程，有参与仪式感	每日多引导，每日多形式，每日多吸引
社群转化技巧	① 社群效应 ② 私聊关单体系	社群的从众会放大激励和跟随，转化同私聊关单体系一脉相承	群体无意识

1. 训练营形式

一般情况下，机构做一个训练营可以有多种形式。但训练营本质上主要由两部分的价值组成，一部分是上课内容，另一部分是服务和转化。前者给学员提供课程价值，后者给学员提供服务价值增值以及转化付费的价值。所以，机构可以根据自己正常情况下所提供课程价值的形式来决定采用哪种形式。

2. 训练营主题

决定了采用哪种形式后，机构需要决定训练营的主题、周期、课程内容、价格等。我们分别来看，主题内容选垂直且有明显交付价值的比较好，例如"7 天理财训练营"相对宽泛。还需要告知学员从课程收获的价值覆盖哪些，因此如果是"3 天基金小白训练营"就更加垂直，反馈也更加精准。主题选择如果宽泛，且学员没有明确学习后的反馈价值，对机构来说就不容易产生正向口碑。

3. 训练营周期和价格

转化训练营周期一般不建议超过 7 天，因为超过 7 天后学员的到课率通常下滑比较明显，当然机构也要根据实际的流量和转化能力来看。价格方面从几元到几百元都有，原则上价格越低，对于机构的转化能力要求越高。最好是付费训练营，因为本质上免费训练营很难和机构自己正常开展的免费体验课有所区别。付费训练营中学员的学习意愿和质量相较免费的要好，既然学员增加了体验成本，机构应该也会提升体验转化率。

4. 课程内容

课程内容方面，一方面，机构一定要在训练营的目录上清晰展示出课程内容且最好逻辑闭环，而不要把完整课程的部分内容直接搬过来，这样在招生转化时会和学员产生信息不对称。另一方面，课程内容一定要高度连续，如果内容之间的连续性没有设计或强调清楚，会不利于学员的连续到课。

5. 社群内容安排

和单纯的课程转化不同，社群也发挥着非常重要的内容和转化的价值作用。社群的内容安排，要把关键内容的交付做好。例如，一个"日语动漫歌曲的训练营"，那关键内容就是让学员学会这首歌的发音、翻译以及演唱，因此社群中就需要针对这些关键知识进行交付安排。机构可以通过各种形式，例如打卡、作品上传、教师纠音等形式来实现核心价值的交付。

在此基础上,可以额外给学员"加餐",例如分享一些趣味的发音知识、日本文化介绍等。对于其他科目,诸如行业信息、考试早报、读书拆解等,都可以作为额外的知识或服务来提供,提升学员的参与度和满意度。

6. 社群服务安排

社群服务需要专门的人员配置来做规范化的流程运营,包括开营的欢迎语、闭营散群的形式和话术等,仪式感能增强学习动力和参与度,还有训练营期间必须遵守的规则,如核心内容交付规则、广告拉人纪律等;整体的流程安排,如上课时间表、互动流程、交付流程、彩蛋环节等;其间如何满足学员的核心利益点和期待点等。这里建议机构做一个以时间线为标准(精确到小时)的运营角色、学员、关键事项的行动表,可以更方便细节的落地。

训练营转化

社群运营服务一直有一个难点,就是学员的学习参与度或活跃度会随着时间的推移下滑得比较明显。机构要解决此问题除了提升学员对内容的高质量要求外,还可以通过形式和社群氛围的营造来补充。

例如,一个 7 天的训练营,如果每天只对固定知识点打卡,而没有其他内容,除非打卡内容设计得非常严谨,知识结构的承接和吸引力做得非常好,否则社群的参与度或活跃度一定会出现比较明显的下滑。那这个时候其实可以借助社群接龙、排行榜、抽奖、测试等形式辅助,或者在 7 天的周期内安排新的起承转合点。例如第二天增加一场学员互动连麦,第四天增加一个"大咖"分享,第六天增加一个优秀老学员分享等,这些主要是为了增加学员的期待值,让学员觉得这几天的训练营丰富多彩、有层次感,使他们的感知价值最大化。

关于训练营私聊转化部分,其实在私聊转化关单部分已经介绍得比较详细了,机构直接参考即可,本书不做赘述。值得注意的是,训练营刚开始的时候机构不要急着转化,先把服务做好,否则一方面和单独的体验课区别不大,还未发挥出集中训练的价值;另一方面也会让学员感觉到你们的目的不是服务而是卖高价课程,部分学员会比较反感,所以机构不要操之过急。

训练营和单纯的体验课有明显区别的地方在于社群有人和人集聚的特质，社群效应有可以多角度发挥的部分。下面重点介绍一下，怎样借助社群效应提升转化率。

1. 用户的核心价值得到满足

用户的核心价值得到满足是根本，是大前提。冲动的消费并不长久。

2. 从众效应

人们都有从众心理，而社群又是天然的人群聚集地，所以很容易发生从众效应。这意味着机构不论在作业打卡、内容交付、互动发言还是在转化的报名参与上，接龙学习都对最终成单有直接的积极作用，所以在流程和环节中需要设置引导。例如有的机构在最终买课环节有接龙排名优惠，有多于3位学员购买后，跟进接龙购买的人数就会快速增加。本质上从众效应是人趋利避害的本能反应，降低了用户启动复杂理性决策的程序机制频次，是常见的营销手段。

3. 意见领袖效应

一个社群一定要从学员中选出1~3个意见领袖，可以是竞选出的班长，也可以是活跃发言的参与者，还可以是默默做贡献的群成员，或以往的老学员等。总之，机构要把群成员的价值最大化，就需要群里意见领袖的帮助，他们对营造氛围、带动学习、促进转化，都会有直接的帮助。互联网时代，意见领袖的发声力量和作用在某种程度上比官方组织还要大。

4. 充分发挥同侪效应的作用

机构要学会在社群中营造积极反馈氛围，这样就会有目标收获的氛围，让学员之间产生良性竞争，起到示范作用，从而提升学员的积极性。

5. 借力社群的传播效应，进行二次拉新和品牌传播

学员在完成作业、打卡以及其他交付价值，或者获得奖励、证书、结业完成证明后，机构都可以引导学员借用完成工具进行分享，通过分享来传播机构的口碑价值。

与此同时，机构也可以进行新学员的拉新，尤其是在学员感知价值较高的时候，自我成就感和学习情绪高涨，就更有利于分享传播。乔纳·伯杰在他的代表作《疯传》中提到了发掘非凡吸引力对于传播的积极作用。怎么让产品、服务或交付价值看起来更加有趣、新奇、生动，让学员自愿受到吸引，这在产品、服务及其细节中是可以设计传达的。同样高度唤醒性的情绪，如通关、拿到奖励或证明后高涨的成就感，都对最终的转化和传播有直接帮助。

到目前为止，社群价值依然还有较大空间可以挖掘和发挥，虽然未来其载体和形式可能发生变化，但人类社群的价值从未发生变化。我们再回到训练营，看一下理想训练营的展示曲线应该是什么样的，如图 5.17 所示。

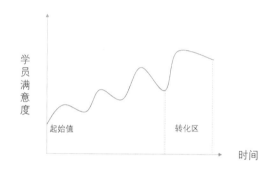

图 5.17　理想训练营的展示曲线

对于一个理想训练营而言，学员刚进营的时候因为已付费(付费训练营)而有决策期待，所以至少有一定的满意基础。

接下来在理想环境下，开营仪式的良好呈现、机构缜密高效的群运营、对课程的期待等会让学员的满意度有进一步提升。之后，在学习过程中，有可能由于学员基础、时间安排等各种原因，满意度会有一定的波动。但不管怎样，这种波动都是可控的，整体会在教师课程、助教服务、群氛围等的合力下有动态的提升，虽然还会继续波动，但会呈现螺旋式上升。

在经历这个过程后，学员会带着对知识的收获、社群氛围的友好促进、个人需求的满足，随着最后训练营的证书、获奖、彩蛋等达到一个高峰区。这个区域机构就可以结合利益进行转换关单，形成一个高转化率、高口碑的训练营。

其实这条理想训练营曲线对于所有体验场景的转化都是适用的，它是在一个购买的理想决策环境下形成的。虽然曲线中间一定会因课程、服务等在机构和学员之间产生的落差而引起满意度下降，或者不能在每个时间节点都有对应的预期吸引或满足，使得学员到课率等各方面都下滑，但趋于理想的机构有很好的用户洞察和纠偏能力，可以让曲线更好地逼近高峰转化区，提升转化率。

当然，在某些少数的特定场景、特定产品、特定学员的情况下，会出现更理想的线性满意，即学员在体验产品时不断超出预期，直到成交转化，如图 5.18 所示。不管怎样，只要有社群存在，训练营这种转化形式对于转化而言，就会有额外的附加加成，这就是社交的力量。

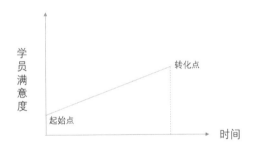

图 5.18　少数理想的训练营曲线

 作者互动　请问你们是否做过你们认为当时状态下理想的训练营，是如何做到的？

至此，关于转化部分的内容已全部讲解完毕。这意味着我们对在线教育运营的"三板斧"——流量、产品、转化都有了更深入的理解。其中，我们不难看到三者之间是密不可分、缺一不可的，它们共同促进了机构运营的进化，也对我们通过在线教育机构营收公式理解其商业路径，以及形成高效运营思维和落地的运营方法论有直接的帮助。

本章要点

1. 转化是很多商业化产品必备的环节，通过转化，机构可以有效地满足用户需求。

2. 在线教育高价系统课程常见的转化模式有免费和小额转化、私聊关单转化、服务反馈转化、信任口碑转化四种。

3. 想办法站在用户视角，让学员获得更好的体验和感知，是提升转化率的有效方法之一。

4. 六步私聊关单法是包含"破冰"切入、需求挖掘、课程引导、"痛点"解决、利益点关单、全周期总结维护的全流程关单方法论，是最常用的转化关单方式。

5. 转化关单需要理性和感性都具备，理性上给予逻辑证明，感性上给予案例共情，才能让学员产生积极的共鸣，促进转化关单。

6. 训练营的转化结合了社群和体验的双重优势，理想训练营可以把这两方面的积极作用发挥到极致。

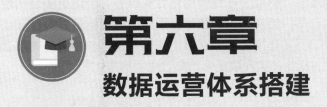

第六章
数据运营体系搭建

"知者不惑,仁者不忧,勇者不惧。"

——《论语·子罕》

本书在在线教育运营"三板斧"的章节中，重点从思维、方法论、运营技巧、案例等方面，剖析了在线教育运营的核心，但这更多是从定性的角度去讨论的。这一章，将从定量的角度，重点介绍数据运营对于在线教育机构的价值，以及如何搭建常见的数据运营指标体系，并介绍一些数据运营方法论和技巧，帮助从业者实现数据化、高效化、标准化的运营。

请先思考一下，在日常工作中你是如何运用数据来驱动工作的，你觉得数据对你最大的帮助是什么。

数据到底有什么价值？笔者认为数据最大的价值是在于求真，就是通过数据记录客观世界的行为变化，然后用来探索世界的真。当然前提是数据能相对准确地反映真实世界的行为。对于在线教育机构而言，我们获取数据、分析数据都是为了掌握机构运营行为的客观事实，据此结合机构的经验智慧来追求运营目标。

而且机构规模越大，数据运营管理就越重要。一方面，随着机构的运营投入，各项数据量与日俱增，如果没有有条不紊的数据统筹和整合，这些杂乱无章的数据便可能成为运营的障碍。另一方面，对于拥有大量有效数据的机构而言，数据可以作为管理的抓手之一，帮助管理者做出有效决策的参考。

此外，数据对于机构最实用的价值是可以把过程相对量化，帮助每一个机构人员找到最小运营单位下的关键路径，这意味着机构是在做正确的事。如果关键路径没找对，事情可能越做效能越低。数据化的好处是相对精简和准确，这样就会间接使人看待问题的思路更加宏观和有效，作为运营的负责人，可以通过一些有效指标来判断业务健康与否。

常见运营分析数据指标

机构想要用数据来驱动运营优化和策略制定，首先要建立合理且清晰的数据指标体系，因为这是数据能够进行有效分析的基础，也是关键路径分析的基础。

从接触机构到成为一个忠诚用户，在用户全生命周期中，需要我们关注的运营分析数据指标体系有哪些，它们是如何构建以及如何帮助机构找到关键路径、提升产能的？

按照这个全生命周期和机构的运营路径，我们可以把常用的运营分析数据指标体系分为流量数据指标体系、转化数据指标体系、上课数据指标体系以及口碑推荐数据指标体系。接下来，我们会挑选常见的路径模式来做分析，机构可以根据实际情况灵活调整。

流量数据指标体系

先从获客来看，建立流量数据指标体系可以帮助我们直观地看到不同流量渠道的触达效率，这样我们就可以对流量渠道做更有效率的监控和运营。从第三章流量获取部分可知，流量可分为主动流量和被动流量两个部分，其中又将主动流量进一步分为免费流量和付费流量部分，那具体该如何建立免费流量和付费流量的数据指标体系呢？

1. 免费流量

对于免费流量，不管是来自短视频、长视频还是来自图文类、音频类流量渠道，大部分的获客基本上会以获得学员的微信、QQ、手机号或其他联系方式为落脚点。而且对机构而言，免费的渠道大部分是被动的，也就是学员主动与机构建立联系。

例如，A 机构的主获客渠道是短视频平台，那么 A 机构流量运营人员需要每天建立一张免费流量的日统计表，统计流量渠道的新增学员情况以及各渠道其他核心指标情况，如表 6.1 所示。

表 6.1 中选取了 A 机构每日短视频更新数量，以及 A 机构关注的短视频累计播放量、直播累计人数、新增粉丝量等关键指标。这里具体可以根据 A 机构的类目特性、实际的核心指标关注情况来做调整。

表6.1 A机构免费流量日统计——×年×月×日

渠道	短视频更新数量	短视频累计播放量	直播次数/次	直播累计人数/人	新增粉丝量/人	获取新学员数量/人	备注
抖音	2	300000	2	1200	300	50	可以凸显重要信息,如渠道特性、更新内容调整方向、哪一个视频播放量最大、新增粉丝增长原因等
快手	2	200000	2	700	120	60	可以凸显重要信息,如渠道特性、更新内容调整方向、哪一个视频播放量最大、新增粉丝增长原因等
其他						15	其他长尾渠道来源
总计	4	500000	4	1900	420	125	

如果机构的直播效果比较好,那么可以在表单中增加直播相关的关键指标,如直播点赞次数、评论人数等;如果 A 机构的主要获客渠道是其他种类,如公众号或头条号等内容信息类渠道,那么可以增加阅读量、转发量等关键指标。其他亦是如此,具体视机构的运营情况而定。

表 6.1 只是一张日统计表,机构还可以根据每天的日统计表进行周、月、季度、年度的统计,根据不同周期的数据情况,可以看单一变量下的新增学员数量的变动,也可以看趋势图以及同比、环比情况,然后分析原因,为未来的运营提供参考。

要知道由于分析目标的不同,关键数据指标构建的关键路径不同,侧重分析的指标也是不同的。这在后面介绍关键路径法的时候会进一步阐述。

2. 付费流量

付费流量的数据指标统计稍微复杂一点,但系统化会更强一些,尤其是一些大机构,很早就通过购买第三方或者自己开发完整的客户关系管理(Customer Relationship Management,CRM)系统来做数据管理。还没有购买或没有开发自己信息系统的机构,在付费流量统计方面,可能还需要依赖第三方投放公司和机构自己进行手动整理。

对于购买第三方或自己开发系统的机构来说,有个好处就是可以通过技术动态获取关键数据并推进业务。例如,不管是投放竞价广告还是信息流广告,他们都可以通过应用程序接口(Application Programming Interface,API)动态抓取并统计关键数据,掌握广告的消耗情况;对于落地页,他们也可以"埋点"做监控安装,统计关键数据。

但不管是手动统计还是系统抓取驱动,核心指标基本上是一样的,具体请回忆一下本书讨论流量部分的时候提到过的付费投放数据路径。基于此,笔者简单整理出一张付费流量的日统计表,如表6.2所示。

表6.2 付费流量日统计

渠道	承接形式	曝光数	点击数	点击转化率/%	总花费/元	千人曝光成本/元	有效信息量	有效信息量成本/元
SEM	表单	60000	1200	2.00	10000	167	80	125
广点通	表单	400000	7500	1.88	8000	20	80	100
头条	多转化	50000	600	1.20	3000	60	15	200
总计					21000		175	425

付费投放渠道里,本书以曝光→点击→有效信息这个关键路径来举例,可以看到该机构某日消耗多少金额,带来多少有效信息量(有效信息量指的是机构获得的有效用户关键信息,例如表单获得的电话号码等)。

根据不同的投放形式、侧重点,数据指标也会发生变化。例如,有些机构会直接投放小额课,有些机构会投放群,有些机构的落地页会有视频,那么这个时候视频的播放量、有效播放量就会成为关键数据指标。

同免费流量统计一样,机构还可以根据每天的日表进行周、月、季度、年度的统计。根据不同周期的数据情况,机构通常会发现免费和付费不一样的地方是成本，即付费要消耗机构预算，所以机构对于每一个漏斗环节的转化，素材准备都需要尽量做到最优，而且要经常和同行做对比，判断获客成本的高低，让钱花在刀刃上。

当然从全链路角度来看，这个关键数据指标还不完整，剩下的部分在转化环节，即机构拿到学员的关键信息或者接触到学员后。关于后面的转化成交到底如何，还要做最终的付费投放 ROI 的统计，这些内容本书会在后文转化数据指标体系部分进行补充。

以上是机构关于流量数据指标的建立，由于机构的渠道和侧重点不同，行业内没有一个统一的流量数据指标体系，但重要的是，要让机构有数据统计和运营的意识，至少能通过以上简单的数据表，知道每天机构的新流量进入情况。当然不同的机构有不同的做法，表格中的数据只是一个参考。有条件的机构可以购买数据系统或自己开发，以方便和其他环节打通，提升整体决策效率，也可以通过各种图表分析、因果相关分析来提供进一步的参考。

流量统计表就相当于企业的"流量现金流"表，机构要实时关注。如果没有新流量的进入，机构其他转化、课程体系又没有明显优化，那机构就要有很强的危机感了。

转化数据指标体系

机构通过免费或付费、主动或被动的方式获得了新的学员。这些新的学员要经过进一步转化引导，才可以成为系统付费课的学员。转化数据指标体系的建立，可以帮助机构相对精准地把控转化漏斗的每一个环节，让机构可以根据具体的数据指标做进一步的转化策略调整。

本书按几种常见的转化场景来给出具体每个场景会用到的数据指标，分别是直播体验课转化、私聊关单转化和知识付费软文转化。

1. 直播体验课转化

直播体验课是比较常见的转化方式，以体验课转化为驱动的机构，其体验课中的每一个环节大多可以统计有关键数据，A 机构直播体验课日统计表如表 6.3 所示。

表6.3　A机构直播体验课日统计——×年×月×日

时间	直播间稳定人数/人	直播间峰值人数/人	第一次来直播间新学员数/人	营销期稳定人数/人	营销期新学员人数/人	活跃学员数/人	直播间转化付费人数/人	直播间转化付费额/元	直播间营销转化率/%	加助教的学员人数/人
15:00~16:00	500	750	100	100	20	50	2	8000	2.00	35
20:00~21:00	1200	1500	150	250	40	120	6	24000	2.40	80
总计							8	32000		115

体验课报名人数的参考意义远没有上课人数重要，因为从报名到上课期间的人数变化较多，但来直播间听课的人都是体验课转化的重点对象。

1) 直播间稳定人数

直播间稳定人数是一个从刚开始上课到课程进行一段时间后达到稳定状态的人数量级，基本上每个平台都会有具体数据显示。直播间峰值人数也要留心观察，这样可以基本判断课程的流失率。如果再细致一点，机构还应该知道是在哪个环节人数到达峰值，哪个环节开始人数减少，从而在教学层面上寻找原因，进行适当的调整和优化。

2) 第一次来直播间的新学员人数

第一次来直播间的新学员人数是一个关键指标。因为大多数以营销直播体验课驱动的机构，会在固定周期重复开设直播体验课，有些老学员就会一直反复听体验课，那么这个时候新学员，特别是第一次来直播间的新学员就非常重要了，机构需要第一时间做好统计。

教师一般会在开课时发起问卷、投票等，以收集信息作为参考，有些系统可以直接做区分，或者还有些人工的方法可以统计。虽然不一定绝对准确，但至少有相对数据可以参考。

3) 营销期稳定人数

体验课基本上会设置营销环节，系统地介绍付费课程的优势并答疑等，一般在这个环节学员人数会有所减少。所以为了分析营销环节转化效果到底如何，机构需要有一个相对稳定的数据指标来做参考，这就是这个指标的意义。而其中的营销期新学员人数也是很重要的检测体验课质量，以及各环节团队配合程度的指标，对于能留在营销环节继续听课的新学员，机构需要重点跟进。

4) 活跃学员人数

活跃学员的定义应根据直播间现场情况和机构运营情况来看，可以定义为在直播间发送消息两次以上的学员，也可以定义为提问两个问题以上的学员，具体要看机构怎么统计。统计活跃学员数的意义在于活跃学员可以反映课程互动环节的设计是否良好，以及为直播销转质量提供参考依据。

5) 加助教的学员人数

因为不少机构是直播体验课和销售私聊关单结合推进的，所以有的时候直播体验课转化效果不好，但加助教/课程咨询/销售好友的学员比较多，这也可以进行进一步的关单转化，提升付费额。

6) 直播间转化人数和付费金额

直播间转化人数和付费金额是指到底在直播体验课结束后有几个人报名系统付费课、是哪一门、转化金额有多少，可以说转化付费人数和金额是直播体验课阶段性的目标，需要重点关注。直播间营销转化率的分母是营销期稳定人数，当然，机构可以再增加以直播间总人数做分母的比例，做对比参考。这里机构大体可以根据百分比和行业平均参考值了解自己的情况。

以上体验课直播间的数据指标仅作为参考，机构可以根据实际教学安排和机构特点来进行增减。例如有的机构是两位甚至多位教师搭档做营销或授课，且对时间把控很明晰，那机构就可以按照固定时长来统计直播间在线人数，方便对不同环节做优化分析，也方便对不同教师进行指标考核。

也有的机构直播间会做活动，比如交定金获得优惠或预定优惠名额等，那机构就可以增加交定金或预定优惠名额人数的指标，而且这些字段中很多还没有计算付费率，例如活跃学员付费率、新学员付费率等，机构可以根据实际运营情况来设计和调整优化。

除了直播体验课，录播体验课也有指标需要统计分析，例如完成度、平均播放时长、最长停留位置、转化率等。但整体细分维度较少，且分析思路同直播体验课一样，故不做详细介绍，机构可以根据自己的情况来设计。

2．私聊关单转化

关于私聊关单转化，不同的机构差别比较大。沟通方式上有电销、微销的区别，流量来源上有免费和付费的区别，机构系统化上有自建、用第三方系统及人工统计的区别，等等。所以最终的统计指标口径会依据机构的实际情况而定。这里我们挑选几个具有代表性的统计指标进行说明。

首先接着表 6.2 付费流量日统计来说明，从流量运营的视角来看，数据指标落实到每天的新流量、新确认的付费学员信息上即可；但从投放效果的跟进来看，获得了新学员信息才算刚刚开始，还需要进行进一步的关单转化，A 机构付费流量日统计如表 6.4 所示。

表6.4　A 机构付费流量日统计——×年×月×日

渠道	承接形式	曝光数	点击数	点击转化率/%	总花费/元	千人曝光成本/元	有效信息量	有效信息量成本/元	成交单数	成单率/%	成交金额/元	ROI
SEM	表单	60000	1200	2.00	10000	167	80	125	7	5.60	19600	1.96
广点通	表单	400000	7500	1.88	8000	20	80	100	12	12.00	33600	4.20
头条	多转化	50000	600	1.20	3000	60	15	200	1	0.50	2800	0.93
总计					21000		175	425				

可以看到，在付费投放获得有效信息后，这些提供有效信息的学员需要销售进一步去销转关单。销售人员通过电话、微信、QQ、公众号及其他社交协同工具联系学员，引导学员购买课程，进而关单成交。

所以这里增加了成交单数指标，即系统付费课成交了几单，然后有对应的成单率和成交金额。这可以判断对应渠道的成单效率和效益以及最终的 ROI，可以知道这个渠道是赚是亏。不过，对于付费投放的 ROI，因为承担成本的能力不同，所依托的策略也不同，不同机构的理解也不一样，但机构至少要培养基本的数据指标建立意识、成本意识、关键路径优化意识等。

我们再回到投放中间的流程,前文直接从获得的有效信息(线索)到转化关单这个步骤了,那中间销售转化的这个过程是否可以数据化、系统化呢?当然可以。

很多大型机构有自己的信息对接系统,这些投放获取的有效信息,会自动进入他们的 CRM 系统。而且这个信息可以自动分配,也可以在未转化线索池中自定义给销售人员分配,这样获取的有效信息才能被机构高效利用起来,而销售人员也会在系统中进行跟进和转化,进行重点客户管理。如果是以电销驱动的大型机构,一般会借助外呼中心,系统一键拨号,对销售人员的任务量、回复情况、有效回复率、平均会话时长、录音情况、转化记录等进行详细的监控记录,之后会专门针对各环节进行效率、效能评估,各项指标也会有系统的数据报表来呈现并作为运营参考。

对于流量来源是免费的各渠道而言,转化建立数据系统化的链路要短一些,难度也要大一些,但销售人员在跟进关单方面还是可以适当做一些数据化思路的沉淀和运营,帮助销售人员自己和机构做效率统计和横向数据对比。A 销售人员跟进关单日统计,如表 6.5 所示。

表6.5　A 销售人员跟进关单日统计——×年×月×日

学员昵称	学员联系方式	用户画像	学习背景	学习目的	现阶段适应课程	关单可能性(分级)	购买课程	购买金额/元	成交周期/天	备注
abc	111	性别/年龄/职业/基础……	① 切入点 ② 目前情况			*****			5	
def	112	性别/年龄/职业/基础……	① 切入点 ② 目前情况			****			12	

A 销售人员可以根据表 6.5 中学员的情况建立一个关于学员销转进展的数据库。这个数据库有学员联系方式、学员昵称等基本信息,可以做唯一识别 ID。

用户画像,即根据机构的类目对学员的个人基本信息、学业基础、工作经验等信息进行收集。学习背景是指转化的切入点以及学员目前的学习现状,例如是否报班学过或自学等。学习目的是学员的核心诉求,销售人员对其进行深入了解可以方便后续关单。如前文所提关单可能性，可以对转化学员进行分级排序，包括最终学员是否购买课程，花费多长时间成交，购买了哪门课程，产生了多少销售额等都可以清晰地反映在表上。

销售人员可以结合转化章节的私聊关单技巧来看日统计表，这样理解会更深刻。当然，统计字段可以根据机构情况调整增减，例如学员的经济情况、购买决策。如果对于有些类目需要格外关注，销售人员就可以增加相关数据指标。

同样，表 6.5 给出的是日统计情况，而且是针对一个销售人员的。机构需要看进行一定时间范围内的销售的成交周期、关单效率以及销售额，另外，还可以在各销售人员之间做横向对比等。最终，机构可以把待转化数据库和正式付费学员数据库打通，并动态更新。例如在一个周期内超过 30 天，没能成功转化的学员就会进入待转化学员的存量数据库，而其他成功转化的学员可以进入正式付费学员数据库，这对于学员的动态管理和销售人员的数据激励都有较多帮助。机构可以根据自己的转化周期和数据指标构建情况灵活调整。

除了以上的转化场景，依托社群、教学工具的转化其实也可以进行数据化的管理，这两个转化场景的数据情况一般由第三方工具提供。例如，打卡工具后台都会有每位学员打卡学习的频次、时长、打卡完成率等指标；社群工具都会有学员的标签分类、活跃情况等指标，这些指标基本足够机构了解学员情况并做好分析。

3．知识付费软文转化

由于课程价格比较低，知识付费的转化逻辑相对简单，和学员的接触也比较浅。本书用常见的软文推广模式来做简单展示，A 机构某知识付费课程推广数据，如表 6.6 所示。

微信公众号推文一般是找合作渠道或付费渠道来推进。我们比较关注的是阅读量，阅读后有多少人直接购买课程，课程购买产生的金额是多少，阅读购买转化率是多少等指标。另外，一些机构比较关注的评论量、在看人数，也对机构有一定的数据参考作用。

表 6.6　A 机构某知识付费课程推广数据

渠道	推广日期	推广位置	24小时阅读量	一周阅读量	评论量	在看人数/人	24小时购买量	一周购买量	一周购买金额/元	阅读购买转化率/%
公众号1	1.1	头条	30000	35000	10	20	70	100	9900	0.29
公众号2	1.1	次条	7500	10000	2	5	35	50	4950	0.50
总计							105	150	14850	

软文推广模式除了知识付费课程外，应用较多的场景是付费推广模式，数据指标和知识付费课程类似。但这种模式是为了获客，不是为了直接卖课程，因此，其关键数据指标和构建关键路径的目标是加微信/企业微信人数、进群人数、免费体验或小额体验课报名人数等。

回到前文的知识付费课程推广，假设课程在腾讯视频知识频道、快手课堂、头条号专栏等渠道也有推广，就可以按对应的指标来进行数据统计分析。如资源位的曝光位置、曝光时长、访问用户量、试学用户量、购买用户量等。机构可以进一步按每一节课的时长进行分析，优化正式课程内容和试学课程部分，提升相应的转化率。可以按渠道特性找准关键数据指标，进行数据运营驱动。

上课数据指标体系

上课数据指标是指学员初步与机构接触，购买了正式课程后，后续学员的到课、活跃等一系列行为的数据情况。上课数据指标体系的建立对于机构清楚地了解学员学习过程中的问题，以及根据数据进行针对性的优化策略有直接的帮助。

上课数据指标的数据获取相对其他指标来说要简单一些，因为一般的上课工具都会提供对应的数据，以方便机构进行统计分析。机构基本上可以按直播课和录播课两种场景来跟进学员的学习情况。首先看直播课的场景，如表 6.7 所示为 A 机构某正式直播课中学员的数据情况。

我们通过表 6.7 可以看到，整个课程中每一位学员整体到课率、整体完成率、累计上课次数、累计上课时长、学员在直播间累计互动的信息量,以及学员每一节直播课后给课程的加权评价分值。通过数据,基本上能够了解到每一位学员在直播课程中的学习情况。

表 6.7 A 机构某正式直播课学员数据

学员昵称	学员联系方式	整体到课率/%	整体完成率/%	累计上课次数/次	累计上课时长/小时	累计互动信息量	加权评价分值	1.1直播到课率/%	1.1直播完成率/%	1.1…
aaa	111	88	90	16	16	20	92	100	100	
bbb	222	50	40	9	7	8	80	100	90	
……										

当然表 6.7 不是全部直播课结束后才需要看的,而是每一节课都需要看。例如表 6.7 给出了 1.1 节直播的到课率和完成率,其他指标也是一样,以此类推。这样横向把所有直播课的数据情况展示出来,教师就可以看到每一节直播课学员的具体学习数据;然后根据机构的标准,对不同学员进行跟进处理,该督导的督导,该答疑的答疑,该表扬奖励的做正向处理,等等。

但那只是学员侧的情况,假设你要分析不同课程的授课教师的整个班级到课、完课、活跃情况,也可以做横向对比;如果要分析所有课程的"明星"学员,也可以增加排序功能;如果要分析同一门课程多个班级之间的比较,也可以按班级的粒度做整合对比等。

录播课的上课指标相对会更简单些,例如同样的上课时长,学员的完课率、学员对每节课的评分等都是需要机构做重点关注的。当然,机构也可以对录播课内容进行深入分析,Coursera 就会对学生重放或多次播放视频的某个片段做数据分析,从而找出不明确或者吸引人的地方,再反馈给课程设计团队,持续优化升级。

当然,除了直播、录播,还有其他的学习形式,像我们在教学形态提到的 AI 互动课,如一些少儿编程类机构,一般机构会自己开发游戏化编程的模块,这些模块也都可以"埋点",机构通过关键教学节点了解学员的学习情况。还有以打卡工具作为核心上课交付类的机构，第三方工具后台一般也会有比较明确的数据指标，如作业提交次数、咨询次数、获奖次数、排行榜 Top 次数等，机构最多只需要借助数据分析软件做整合分析。

口碑推荐数据指标体系

口碑推荐是指学员购买了正式课之后的有价值的相关行为，例如给课程的评价、复购以及对课程的推荐转介绍，使其他学员产生购买等相关的一系列行为。口碑推荐数据指标体系的建立能帮助你更清楚地知道自己的"软实力""被动收入"的数据情况，从而使机构做相应的策略调整。依照学员侧来看，我们可以根据学员购课后的口碑、推荐行为，来建立一个数据指标体系，A 机构推荐正式课学员数据，如表 6.8 所示。

表 6.8 A 机构推荐正式课学员数据

学员昵称	学员联系方式	已购课程数量/次	已购课程金额/元	复购课程数量/次	复购课程金额/元	推荐学员数量/人	推荐学员购买课程数量/次	推荐学员购买课程金额/元	推荐学员提成/元	备注
aaa	111	1	500	1	5000	5	8	40000	4000	100%
bbb	222	2	8800	0	0	3	4	17600	1760	100%
……										

假设我们想了解已付费学员对机构的二次付费和转介绍情况，就可以做如表 6.8 所示的简单统计。根据正式课学员的数据，可以清楚地得到一个正式学员购买的课程数量和支付的课程金额，以及假设课程属于年服务周期时，学员有没有进行复购、产生二次购买，或者购买机构的其他课程等。笔者曾经了解到某机构的一位付费学员，几乎购买了该机构全部十几门的系统付费课程，说明这类学员对于机构有很强的认同度和品牌忠诚度。

除了自己复购或续报，如果学员还推荐其他人成为正式学员，购买了付费课程，那么学员就可以根据机构的转介绍提成机制获得相应的提成，为自己创造收入。虽然对于机构来说提成部分是成本，但这些成本远远低于机构的营销成本。更为关键的是，这是学员对课程的一种认可，也是口碑发挥作用的结果。

以上我们的路径搭建和介绍重点虽然是从学员的全生命周期管理出发的，但还是有没有覆盖到的部分，尤其是在机构层面的数据指标建立相对较少。例如机构课程成交价格横向对比走势，营收同比、环比单一变量趋势，人均销售产能，教师授课好评率等，这些因素帮助机构从内部来看到底哪个环节做得不够好，哪里可以做提升的指标，没有逐一列出来。

其原因在于，一方面，各个机构的运营方式和特点不一样，没办法较全面地覆盖到每一部分；另一方面，本章内容重在数据思维和方法的启发，希望能引导机构运营人员阅读本章内容后，自己根据机构需求去建立或优化适合所在机构的有效指标体系，这样才能真正让学习产生作用。

这些数据路径最终不管是以什么形式存储和展现的，都希望机构能够重视并打通数据。"打通"的意思其实很简单，一个层面是从流量到销转、付费、上课、售后，再到口碑推荐，一名学员和机构发生的全部关系都可以清楚地通过字段和数据进行落地，包括每个环节的流失率，都能够一目了然。另一个层面就是在运营分析上，运营人员能够第一时间找到关键数据指标并建立关键路径进行有效分析，给运营策略以启发与支持。

有人认为，前文所说的需要实现的话，一定需要一个复杂的数据管理系统，我们没有那么多资金和人力去做这件事，也没有那么多的资金购买第三方的 CRM。的确，能有专门的数据管理系统肯定会更好，能够实现数据可视化，维度也比较多元，查询、分析效率也高，但它确实也是一件重要且有难度的事。但如果说非如此不能做好数据运营决策，则不尽然。笔者认为只要把基本的数据字段和数据打通并做好整理，用 Excel 也可以对学员进行全生命周期的数据指标管理，如表 6.9 所示。

表 6.9 基本上将一个学员和机构接触到付费，再到最后口碑介绍的全过程的情况都展示出来了。

表6.9 学员生命周期管理数据指标

		aaa	bbb	…
基本信息	学员昵称	aaa	bbb	
	学员联系方式	111	222	
	学员核心诉求	升职加薪	提升自我	
流量转化	体验课上课次数（次）	2	3	
	体验课上课时长（天）	2	4	
	转化周期（天）	3	7	
	正式学员日期	1.1	2.2	
上课	上课累计时长（小时）	30	40	
	直播平均到课率（%）	50	65	
	直播平均完课率（%）	80	80	
	上课累计互动量	15	25	
	加权评价分值	92	95	
口碑介绍	复购课程数量	1	2	
	转介绍学员数量	0	5	
	消费总额	10000	40000	
	提成总额	0	2500	
	学员整体评级	***	******	
其他	备注			

从学员的基本信息中，可以知道这名学员一开始来机构的核心诉求。从流量转化的数据指标，可以知道这名学员是从什么渠道来的，上了多久体验课后转化为付费学员。从上课的指标来看，可以获得学员在上课过程中的学习情况，包括课中的互动、直播课的到课率以及对课程的评价等。

最后是这名学员进一步的口碑行为，即进行复购以及转介绍。我们也可以看到学员在机构一共消费了多少金额，通过转介绍获得了多少提成，以及对学员的整体评级。这部分指标可以和未来学员的激活、新课推出以及品牌忠诚活动进行关联绑定。

以上信息只要在各分表之间建立清晰、准确的基础上，直接进行一定周期的数据整理，透视匹配一下就可以获得表 6.9。但这些指标肯定不是唯一指标，机构可以根据实际情况来调整，例如，可以增加销售人员、教师、售后人员对学员的评价分数，或者有的机构需要在某一模块体现更多形式的指标等。

当然，这些需要团队在各环节的紧密配合，需要机构有意识地重视数据收集和整合，需要机构去制定 SOP 来推进，进而形成机构庞大且高质量的学员数据库，以及数据化运营思维和决策参考。这些都是机构长期积累形成的竞争壁垒。

提升数据化运营的方法

对数据指标体系的建立有了基本的了解后，我们要学会通过数据运营和分析来找到机构的一些关键运营问题，同时给出一些有效的决策建议。这就需要我们掌握一些有效的数据分析思维或方法。

常见的有关键路径、漏斗分析、趋势和对比分析、公式化思维、假设分析、维度分析、相关分析、象限分析等方法，本书重点介绍一下使用频次较高、通用性比较强的关键路径、漏斗分析、趋势和对比分析三种方法。

关键路径法

数据分析最怕在没有搞清楚目标的情况下就开始分析，这种情况往往出现在数据分析新人身上，其论证的视角和得到的结论往往对判断决策帮助不大。其次是怕虽然清楚目标，但找不到或找不准因果关系。出现这种情况，核心原因通常是分析人员没有找到关键路径，没能把关键指标有效地串联起来。

而实际上，我们绝大多数的运营工作都可以通过有效且可量化的关键路径表示出来，机构这艘大船也是在无数条这样的关键路径中向前推进的，数据化运营之关键路径法，如图 6.1 所示。

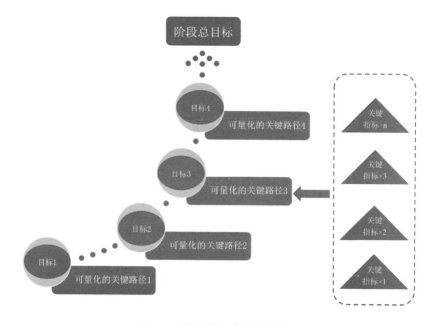

图 6.1 数据化运营之关键路径法

通过关键指标的点连成关键路径这条线，跑通关键路径这条线就会实现相关子目标，进而完成阶段总目标。这是关键路径法的应用思路，其实也是一种很好的数据分析思维。

举一个简单例子，对于一家以直播体验课驱动做转化的机构 A，同行业的直播转化率大概是 5%，但他们连 1% 都不到。所以，他们短期的目标就是找到直播转化率低的原因，并进行对标提升。

于是他们就从流量和转化环节的关键指标入手，从上课的流量环节逐个做拆分，找出生源质量、课程内容、营销以及团队配合影响转化的关键路径。基于此路径，他们逐个对比了几个渠道的流量转化率、直播间到课率、10 分钟以上的完课率、营销时间流失率等几个关键指标。然后他们在分析教师"营销时直播间学员人数"这个关键指标时，发现学员流失率很高。原来是教师在营销环节做广告比较生硬，和内容部分积累的良好人设判若两人，导致直播间减少人数比其他机构多 60% 左右。

因此，他们就知道接下来的策略是要调整直播体验环节中的营销部分，加强培训或更换教师等。这就是通过关键路径法驱动的数据运营策略的应用。

关键路径法应用有两个重要的前提，一个是对业务逻辑的熟悉，另一个是对关键指标信度和效度的把控。我们在用关键路径法做数据分析时，要清楚业务的开展逻辑。只有在对开展业务逻辑熟悉的情况下，才有可能依托有效的数据逻辑去推进分析工作，否则就容易走偏，做出错误或不相关的判断。

信度和效度怎么理解呢？信度是指数据指标的可靠程度，简单来说，就是这个数据指标的取数逻辑是否正确、指标是否准确和稳定。例如体验课的直播转化率，如果没有考虑到学员反复进出的情况，将这些学员多次计算到分母上，会导致转化率变低。此时该指标的信度是有问题的，因为数据不准确，一致性较差。

效度是指数据指标能够准确衡量或反馈事物的程度，检验的是有效性。同样是体验课的直播转化率，我们的初衷是想检测学员听课体验后，到底能有多少人购买付费课程，从而来判断直播的效果。但假设只要把进过直播间的人次都算作分母，是没有办法准确反映出直播体验的效果的，因为有部分学员进来几秒就退出了，所以这个时候效度是有问题的。正确的方法是按听课持续时间大于 5 分钟的学员来计算，当然也可以按 10 分钟来计算，这里的衡量标准可以以大部分直播教师的体验时间或专家建议作为参考。所以指标既要准确可靠，又要精准反馈业务，这样的指标才是真正意义上的关键指标。

综上所述，关键路径法本质上是一种有效的数据分析思维，即学会结合数据建立因果关系，洞察问题本质；方法层面上是通过找到关键指标来构建关键路径，关键指标又依托信度和效度来定位，最终实现分析的目标。

漏斗分析法

分析学员行为的时候,经常会用到漏斗分析法去分析学员在每一个环节中的流失数据,从而判断这个环节的价值是否发挥到位,以及哪里存在不足导致了高流失率等。

无论是营销学最早用来测量广告效果的 AIDA 模型,还是消费者行为学领域的 AIDMA 模型和 AISAS 模型,或者是互联网产品分析常用的 AARRR 模型,都是比较典型的漏斗模型。漏斗流失环节就是需要重点关注的环节。

对于在线教育运营分析,有好几个环节适合用漏斗分析法来分析,例如流量环节的获客转化漏斗、转化环节的付费转化漏斗等。

假设投放微信公众号广告来获客,通常的路径是广告曝光,然后用户点击广告,点击后关注公众号;接着机构发起咨询触达,引导学员加助教(企业)微信;最后统计获客人数。公众号付费投放获客漏斗,如图 6.2 所示。

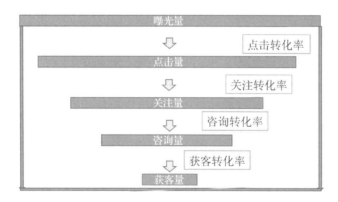

图 6.2 公众号付费投放获客漏斗

把以上路径用漏斗来分析,可以看到每一环节的转化率。如果学员从触达广告到点击的转化率很低,则说明广告素材和关键词匹配等方面需要优化;如果学员点击后关注公众号的转化率很低,那么说明落地页等素材需要优化;如果学员关注后咨询转化率很低,那么说明关键词回复引导语或中间跳转流程等需要优化;如果咨询后还是获客比较少,那么说明活动、内容或利益吸引点等需要优化。这样通过计算每个环节的转化率就可以倒逼出数据背后需要优化的环节，分析起来就相对比较准确。

直播体验课上课转化率漏斗分析，如图 6.3 所示。

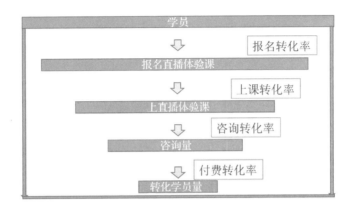

图 6.3　直播体验课上课转化率漏斗分析

直播体验课的路径是机构通知学员报名直播体验课，然后学员去上课，在直播间咨询或私聊机构教师或销售人员，最终统计成功付费人数。

把以上路径按漏斗分析，就可以看到每个环节具体的转化情况。如果机构通知学员上直播体验课时的报名转化率很低，那就要分析上课通知的渠道、频次、时间、内容、话术等是否到位；如果是上课转化率低，那就要去分析上课通知间隔时间、频次、话术以及课程核心卖点等是否传达到位；如果咨询转化率低，可以根据不同利益场景去调整，看干货卖点、案例、活动、奖励激励、话术等哪里出了问题。当然，对于做得好的环节，也可以总结成功的经验。

整体上，进行漏斗分析时如果逻辑比较清晰，就能帮助机构快速梳理出数据问题，机构也可以根据各种需求临时设立漏斗分析，快速判断做决策。

趋势和对比分析法

趋势和对比分析法是最常见的数据分析方法。

1. 趋势分析

趋势分析可以告诉我们这个指标在一定时间范围内的动态变化情况，我们可以通过现有的数据趋势来寻曲线产生的原因，以及做未来的趋势预测等。例如我们可以看"机构的课程成交价格提升后机构的营收增长曲线的变化"；也可以看"在今年 1 月增加了某付费推广渠道后，整体流量和转化率方面的变化"；还可以看"机构教学教研的新产品上线后，学员整体的留存时间、完课数据、投诉量的变化"等。

机构在流量、转化、上课、口碑等各个阶段都要做好基本的趋势分析。当然，一些平台已经给机构作了很多基本数据趋势图，机构可以直接查阅使用；但最好还是结合自己的实际情况来做整合分析，因为只有机构知道自己的运营策略，才会知道每个时间节点的变动。

2. 对比分析

对比分析也是一项非常基础的分析方法。例如，不同教师销售业绩效率的对比，行业里其他机构的转化率的对比，数据周期的同比、环比分析等。机构也可以应用 A/B 测试的方法，来分析两种变量对结果的影响。例如，可以分析只上直播课和只上录播课对私聊关单的转化率的影响，然后判断哪种方式的转化率更高，更适合该机构。

数据运营注意事项

1. 数据分析重要的是切入点

什么是数据分析的切入点？说白了就是从哪里开始去做分析。有时候换个视角可能就知道答案了，但很多人执着在原来的路径中不断地探索，这样往往会和真相失之交臂。

怎样才能有这样的视角基础呢？即使知道要换个视角切入，但要从什么角度切入呢？除了在思维上进行训练(可以通过关键路径思维进行分析前预测和分析后验证来训练)，更多的是依托对业务的深思和敏锐程度。

例如，如果拿到这个月的学员到课率数据，发现减少了50%以上，于是准备做数据分析。如果你按照通知频次、话术、产品功能等进行分析，最后可能发现和之前没有明显差异。而实际情况是上周是训练营作业提交的截止时间，不少报名训练营的学员为了在规定时间内提交作业，选择延后看回放学习，所以到课率下滑，这就需要对业务有熟悉度和敏锐度。

2. 不要单凭数据做决策，要回到业务上

数据运营分析做得多了，就会总往技术上思考。提升数据分析技术、优化分析方法固然是好事，但如果过于依靠数据技术思维驱动，就会导致数据运营不能落地，而机构真正需要做的是，业务深入思考与数据分析技术的提升同时进行。没有业务洞察，数据分析就会很薄弱，以致会问出一些让人很无奈的问题，听问题的人一下子就知道你根本不懂业务。

这是因为有的时候数据看起来很有欺骗性，如果对业务不熟悉，是没办法了解数据背后的原因的，也没办法依托于业务找出准确的运营决策的。所以数据运营人员要了解学员情况，并和销售、教师一起做好业务的理解，这样才能更好地把数据运营做到位。数据运营人员追求的应该是把数据作为有效决策的一个分析视角、决策依据，这样才能走出数据运营的局限，成为受欢迎的数据运营人才。

3. 找到唯一关键指标进行数据运营

更简单的数据运营分析思想是借助唯一关键指标来指导机构运营。唯一关键指标(One Metric That Matters，OMTM)是精益创业思想中的一个重要概念，阿利斯泰尔·克罗尔在其畅销书《精益数据分析》中提到："在任何类型产品的任何一个阶段，都需要找到唯一的一个数字，把它放到比其他任何事情都重要的位置上。"

尤其是对于中小型创业机构而言，针对这个唯一关键指标的数据运营，会有效提升机构在当前阶段的运营效率，也能让机构更准确地抓到当前阶段

的核心价值,团队的目标也会更加清晰聚焦。那具体怎么选择 OMTM 呢?

OMTM 应该是根本性的、可比较的、可理解的、可指导企业行为的,而且不同阶段、不同机构的指标是不同的。对于起步阶段的创业型在线教育机构而言,笔者认为"日付费学员数"(一般是指该机构最核心的付费课程的学员购买数)是这个阶段的普遍 OMTM,这是当下机构生存的根本指标,意味着有多少学员愿意为你的核心产品付费,它既容易理解,也可做同环比分析和市场对比分析,亦可有效指导流量、转化、产品服务等各环节的行为。选择好 OMTM 并制定好当前阶段的目标后,机构需要进一步通过人群聚类分析、A/B 测试等方法对 OMTM 做深入分析,来指导机构日常运营。

后续随着机构的发展,OMTM 也会发生变化,例如有的机构核心产品策略是靠口碑获取转介绍,会把"付费学员转介绍占比"作为 OMTM;而有的机构当前关注渠道的转化率,会把"新媒体渠道转化率"作为 OMTM;还有机构关注长期学员的变现价值,把"日活跃用户数"作为 OMTM。OMTM 的核心思想是找到一个关键指标有效指导当前阶段机构的运营,而不是通过对一堆数据指标进行大量分析,华而不实。

好的在线教育机构要养成用数据去发现问题、辅助决策、预测趋势的习惯,高质量的数据分析应用和对行业、自身业务的洞察可以形成良性循环。如果再理想一点,关键指标的信度和效度都极高,业务逻辑和关键路径都极其清晰透明,如果有能力建设这样的制度文化和产品机制,其数据和业务碰撞产生的价值一定是最大化的。

4. 数据运营思维

相较于数据运营分析方法,笔者认为数据运营思维更为重要,因为思维会决定数据分析方法的使用边界和效率。有两种数据分析思维方式非常重要,一种是全局思维,另一种是非线性思维。

你会发现有的数据分析人员做数据分析时,总会沿着是什么数据→数据代表着什么→为什么会有此数据→通过这些数据能判断什么、预测什么、决策什么的思考流程来推进,而且会有全行业、全流程、产品整体的视角,但有的数据分析人员只会局限在某个环节进行思考，数据分析的触角和思考都受限很多。

那非线性思维又是指什么呢？我们先看线性思维是指什么，从数学上讲，只要两个变量之间存在一次方函数关系，就是线性关系，与之对应的线性思维往往被我们理解为简单思维、表象思维、静态思维。反之，非线性思维则会被理解为复杂思维、系统思维、动态思维。

在日常运营中，机构往往希望通过数据分析给出"一招制敌"的明确策略计划，尤其是在竞争加剧的时候，这是典型的线性思维。但实际上，在复杂的运营环境下，我们不能急于靠简单的线性因果驱动运营，而要做多场景深入分析，就像维克托·迈尔·舍恩伯格在《大数据时代》一书中提到："小数据时代，由于计算机能力的不足，大部分相关关系分析仅局限于寻求线性关系。事实上，实际情况远比我们想象的复杂。经过复杂的分析，我们能够发现数据的'非线性关系'。"

在大数据的时代背景下，全局思维和非线性思维会越来越重要，当然，这并不是代表只关注表象相关，不去深入思考，而是要辩证地看，不同深度的全局思维和非线性思维指导差别也会很大。如果没有局部的纵深，全局就会显得空洞；如果没有线性的层层剥离，非线性就会显得杂乱无章。

请写出接下来你会去尝试改变的数据运营现状以及着手调整的第一个切入点。

🏆 本章要点

1. 数据运营高效开展的前提是有基础的数据指标体系，数据指标体系主要可分为流量、转化、上课、口碑推荐四个方面，也可以结合机构侧建立数据指标体系来做数据化运营。

2. 比数据分析技术更重要的是数据思维的建立。

3. 本章重点介绍了关键路径法、漏斗分析法、趋势和对比分析法这三种常见的数据运营方法。尤其是关键路径法，其背后对应着探寻事物本质的思维方式，用好了可以举一反三。

4. 数据运营分析不是一件纯技术的事情，而是需要业务逻辑和数据逻辑结合，才能有的放矢，做得更好、更有价值。

5. 在线教育机构需要养成用数据来驱动业务的分析、决策、预测的习惯，这样可以增强决策的可信赖度和可靠度。

第七章

在线教育团队管理——精兵强将

"学习如逆水行舟,不进则退。"

——《增广贤文》

在线教育运营之道

不管是什么行业，企业都希望自己的团队成员个个是精兵强将，为企业发展发挥最大化的效能和价值，在线教育机构亦是如此。因此，如何激励团队，做好效能管理，是本章着重讨论的问题。

个人和小团队的美与不足

对于在线教育行业，或者说整个教育行业，比较有意思的一件事就是目前行业巨头的市场占有率比较低，没有出现明显的垄断情况，不管在几线城市我们都能看到不同品牌和规模的教育机构。而且由于教育的多样化发展需求，以及进入门槛相对较低，所以不少中小型机构和个人教师都可以从中获取不错的收益。尤其是在线教育，一个中小型的团队或者个人教师在三线、四线城市一年就可能获得几十万元、几百万元甚至上千万元的收益，足以让他们的生活非常富足。

而且各个领域百花齐放，有做新媒体培训的、做舞蹈培训的、做电工电气培训的，也有教编程的、高中物理的、办公软件的等，基本上只有你想不到，没有他们覆盖不到的。因为不论哪一个行业，都有其需要学习的理论、技能等知识，所以自然就会有培训学习的需求，而在线教育让这种需求的满足变得更加低成本和便捷。

当然，也不是所有小团队和个人教师都有这个能力和机会真正做好在线教育，大体上做得不错的个人教师或小团队都需要具备以下几个特质。

1. 教学本领过硬

教学能力是硬功夫，课讲得不行，学员不喜欢，怎么都不会成为佼佼者。教师是靠教学获取收益的，因此教学本领是一定要过硬的。当然也有低质量、短视的教师或小机构，可以在短期内获得不错的收益，但难以长久。

教学本领过硬，除了专业知识和行业经验外，对教师的个人魅力、表达力、同理心等也有要求。教师教学不能过于刻板化、包装化，否则会加大与学员的距离感。而要以学员喜欢的视角传达知识，真实且有自己个性的教师，更容易获得学员的青睐。

2. 能力多面手

传统学校基本上都是别人在帮忙招生，教师只需要把教研和授课做好。但如果你想让成本尽可能低，自己需要做的事情、拥有的技能就要多一些，除了做课件，线上获客、转化、授课服务等不少工作都要教师自己搞定。

尤其是获客思维，我们说的这些团队或个人教师，他们大部分对线上免费流量或付费渠道的获客方式都比较熟悉，而且至少有一个渠道是做得还不错的。很多小团队的配置都是一个做流量，一个做销售，能做免费渠道流量的很多人本身自己就是教师。他们往往自己录制内容做引流，然后自己上课，再加上销售转化，基本就形成了闭环。

也有按营销和上课划分的团队，营销是专门负责流量和转化的，上课则是负责体验和系统课程的研发和答疑，二者也能配合得不错。小团队具有多样性，但整体而言，教师都是多面手，能力比较强。

3. 善于察新，专注且有韧劲

线上流量随着新的互联网产品的更新、市场的变动，会经常发生变化，所以，他们要对自己的流量变化敏感，对自己讲解的内容敏感，不能固守原有的东西不变。

而且大部分在线教育的教师或团队都比较专注、有韧劲，有的做了几个月新媒体才摸索出第一波流量。虽然前期花的时间比较多，但后面就比较顺利了。但比较可惜的是，也有不少教师坚持不下来，往往今天做一点，隔几天再做一点，然后说这个渠道不行、此路不通；或者今天做这个平台，明天尝试那个平台，自己的主流量上课路径都没有打通，成效自然一般。转化或其他路径也是如此。

专注且持续的耕耘，对于一件正确且有价值的事来说，不论何种行业，成功的概率都很高。

那这些小团队或个人教师有局限和不足吗？当然有，如果只想靠自己的专业和在线教育的红利过比较富足的生活,这些个人教师或小团队的目的算是达到了,也确实有很多教师乐在其中。

但若真的想做大、做强,他们就需要经历新一轮的升级和挑战,因为现有的逻辑会影响规模的扩大。例如想创造更多营收的时候发现人力不够,要找更多的流量渠道,要投入更多的服务,或者是现有的类目已经满足不了更大规模营收的诉求,需要进行垂直整合或者横向拓展。

等到有了更多的投入,对业务结构优化、组织分工等一系列问题得到了解决,自然而然就会成为更大一点的公司,但同时也会面临更多的问题。这不像自己一个人或几个人运作时,团队很小,推进自然高效;人多了,组织变复杂了,对应的机构管理能力没有跟上,机构自然是撑不住的。

因此,这些小团队或个人教师如果想将业务做大、做强,就必须要扩充团队,提高产能,也自然会遇到各种各样的问题,尤其是思维和管理的问题。

不仅是小机构或个人教师,大中型机构一样面临着各种各样的管理难题。常见的有员工工作动力不够、兼职教师不好管理、销售团队业绩增长慢、绩效反馈不敏感等。虽然在线教育通过互联网技术改变了人们的生活,但不得不说,当前阶段的在线教育行业依然是劳动密集型行业,需要大量的人力来完善课程和服务的交付价值。所以有人的地方,就需要做好管理。

 请写出你目前在团队管理中所遇到的问题。

在线教育机构管理 3WAE 模型介绍

本章会重点讨论在线教育机构如何通过科学高效的管理建立或优化各项组织制度,以提升团队效能。

前文讨论了小团队或个人教师单打独斗之后的路应该借助科学有效的管

理制度来走,那具体怎样走呢?开门见山,我们先从管理的定义着手了解。管理的定义有成千上万种,较通俗易懂的一种是"现代管理学之父"彼得·德鲁克的定义:"管理就是界定企业的使命,并激励和组织人力资源去实现这个使命。"

怎么理解这个定义呢?下面从在线教育机构的运营视角来做进一步阐释。

假设之前 A 是个人教师,或者是高度统一的小团队,他们可以快速思考、执行、反馈、改进。但做到后面他们发现需要更多的人才能把这件事做好,但不同的人对不同问题的看法完全不同,理解不同,思考不同,执行也不同。这种情况应该怎么办?

所以这个时候必须要有人牵头把这一群人分散的力量,通过各种制度、流程、激励等聚合在一起,让一个组织或团队高效地推进演化。这个过程就是管理的过程,当然也是一个内耗的过程。因为假设人人本身是统一的、无杂念的、那就高效多了,不需要管理就可以把每个人聚在一起的合力发挥出来。但这一则不现实,二则也不符合进化的规律,如果这样世界的颜色也会变得单调,技术革新和进化也会滞后很多。

所以在充分了解了管理的重要性和必要性后,需要着手学习管理方法,并解决前文提到的一系列管理问题。我们不是简单地直接从"术"的角度学习管理技巧,而是通过全面系统的视角,了解在线教育机构管理的底层逻辑和应用。本书把这个底层的逻辑和应用称为"组织进化系统",也称"3WAE"模型,具体模型如图 7.1 所示。

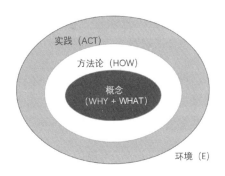

图 7.1 组织进化系统

无论是个体还是组织，从主动进化的视角来看，他们都会通过自身与环境的作用来提升自己的生存与发展能力。而自身机体和环境的作用离不开概念、方法论和实践这三个核心要素：概念解决的是 WHY 和 WHAT 的部分；方法论是 HOW 的部分；(这两个部分合称"3W")实践是 ACT(以下简称"A")，即实际和环境交互的部分。这样介绍比较抽象，下面我们用具体的例子来说明。

以个体为例，我们在通过某件事、某个项目对外发声、交换价值、产生影响时，首先应知道为什么要这么做。做这件事的意义和原动力在哪里。这样才能激发自己全部投入进去，把事情做到最好。

其次，需要知道这件事主要是做什么，具体包含哪些部分，有的时候 WHY 和 WHAT 的先后顺序会调换。

最后，需要知道怎样把这件事或这个项目做到基于 WHY 的最好，所以会涉及各种各样的方法论，即 HOW 的部分。最终通过相对准确的实际行动作用于环境，这是 A 和 E 的部分，环境也会反作用于 3W 和 A 的全过程，通过不断调整、优化，从而完成自我的动态进化。

这个进化系统或 3WAE 模型其实都在潜移默化地影响我们每一个人，只是很多时候，我们没有清晰地意识到。下面笔者借用 3WAE 模型来分析一个具体的在线教育案例。

假设有一名英语教师，他觉得市面上大部分的英语词汇课程讲得都不够好，学生还是停留在背诵技巧和套路学习的层面，不能让英语词汇在使用层面发光发热。于是他准备自己做一套课程，影响这个市场，让更多学员通过他的课程受益，且能打造他个人在这方面的影响力，这是 WHY 的部分。

接下来，他需要确认具体是什么样的课程，从内容、产品形式、包装等方面全方位确认这门课程，这是 WHAT 的部分，这些都属于概念的范畴。

然后他需要进一步制订营销计划、服务计划以及根据以往的成熟经验和方法论，为打造并营销这门课做好一切准备，这是 HOW 的部分，也属于方法论的范畴。

最后他要开始大干一场。不迈出实践这一步的话,前面这些都不会让他产生实际的进化。所以他要去实践(A),去和环境(E)交互,实践过程中通过环境的反作用,产生新的反馈再去影响方法论和概念。这里一定是各范畴、各因素不断动态调整的,是大循环中带着无数个小循环推进进化的,不是刻板铺陈。从而获得事情的成功、个人的成长进化。

如果换一件事一个项目,或换一个条件,这些因素和因素的边界就会发生变化;但系统进化的底层逻辑是一脉相承的。

一个组织、一个企业、一个机构、一个团队,也是如此。只不过组织是每一个个体运行的集合体,由每一位员工合力推进。这些员工对事物的认知、思维方式以及方法论形成的合力,通过实践行为推进企业和外界环境发生作用,产生质变,最终或生存或灭亡,或发展或滞后。

如何帮助在线教育机构让这个过程的合力更强、生存率更高、发展得更好呢?我们需要通过拆解进化系统来逐一剖析。为了方便理解 3WAE 模型在机构管理中如何应用,本书结合组织的四个层面来做分析,即一家机构由内而外可以分为价值层、制度层、业务层、执行层,如图 7.2 所示。

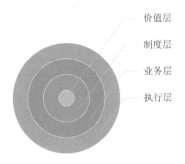

图 7.2　组织—环境作用层

3WAE 模型之概念篇

现在,我们用 3WAE 模型来对机构的四个层面做拆解,先从进化系统的核心——概念入手,即 WHY 和 WHAT 的部分。请你想一想,对于你所在的机构或者团队而言,概念是什么呢?

接下来,具体从概念在机构各层面的作用来进行逐一分析,如图 7.3 所示。

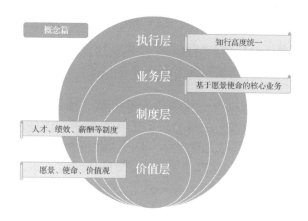

图 7.3　概念在机构各层面的作用

1. 概念之价值层

对于价值层,概念就是指机构的公司文化、团队文化。它们有没有无限趋近以 CEO 为核心的管理团队倡导的向心力和内驱力,这个是最核心的。

再具体一点,概念关系着机构的愿景、使命、价值观,以及员工是否高度认同它们,并以此为准绳和动机去推进一切。如果说机构目前还没有这些,或者说就是 CEO 找人帮忙,模仿官方样式地写了写,自己都不太清楚是哪些。那这个机构就基本没有灵魂可言,这艘以 CEO 掌舵的大船是没有船魂的,因为 CEO 也不知道能将机构带向何方,机构后续必将风雨飘摇;而有明确使命和方向的 CEO,则更容易带领团队获取成功。

西蒙·兰卡斯特在《感召力》一书中提到:"伟大的领导人有一个远景。通过明确解释他们的远景和目标,他们就激活了人们大脑的奖赏系统。当该远景变得更接近现实的时候,越来越多的多巴胺就会被释放。远景越明确,多巴胺的释放就越多。如果目标模糊、失去焦点或者不明确,本能脑就懒得行动了。"这也是团队战斗力表现不同的背后原因之一。

当然，愿景、使命、价值观是会随着企业的发展，以及 CEO 和核心团队的认知进化发生变化的。像华为、腾讯、阿里巴巴这样的大企业也会阶段性地更新其愿景、使命和价值观。这就是"概念"在随着认知和市场的变化而进化。

不管怎么说，这三点的建设是必要的。如果没有，或者有但员工没有真地认同，那么最宝贵的价值层产生的动能就失去了，因为员工的内心价值与利益和机构的不一致，企业的合力从一开始就是飘摇的。所以这也是那么多大型公司聘请组织管理、价值建设、人力资源相关专业人士的原因，因为这一能量是企业综合实力的根本。

因此，作为机构或团队的负责人，要时刻提醒自己和团队，出发点和落脚点是什么，创业做在线教育机构的初心是什么。从长远的发展来看，这些是极其重要的。但负责人也不至于在什么商业基础都没有，连业务模式都不清楚的情况下，就在价值层的需求上反复雕琢，这样便务虚过头了。

2. 概念之制度层

对于制度层，概念是指企业各项业务、各项流程基于价值层所依托、推进的规范及行动准则。常见的制度有薪酬管理制度、职业发展制度、绩效管理制度、财务管理制度、组织设计以及其他企业常用的规则制度等。

一个企业远比个体要复杂，如果没有这些制度或制度不健全，经常出现的问题就是业务推进效率很低，团队怨声载道、人才流失。

笔者了解到有一个机构没有制定好员工的职业发展制度，致使一个跟着负责人工作了三年的核心销售人员离职的案例。这三年来，虽然团队销售人员的人数有所增加，但负责人也从来没有和这个销售人员沟通过职业发展的事情，公司也没有这方面的明确制度，因此这个销售人员觉得有点看不到未来，个人发展像是在重复造轮子一样。当时，正好别的机构在招人，他发现了机会，而且那个机构职业路径很清晰，他毫不犹豫地就辞职了。

笔者也经常听到一些机构或团队薪酬制度没有制定好，导致奖金、提成分发比例没有明确依据，让机构或团队员工产生了大量内耗和负面情绪。还有不完善的考核制度，导致小团队主义盛行、内部工作风气慵懒等问题。

当然也有正面的案例，有知识付费机构就对组织重新设计，将机构重新打造成一个学习型组织。通过建立正式和非正式的学习制度，团队成员之间可以高效协作，互相成为彼此的学习资源，并将学习中所汲取的养分落实到具体工作上，使机构在工作质量和效率上都有了进一步的提高，而且反过来也加强了团队文化认同。关于学习型组织的具体内容，可以阅读彼得·圣吉的《第五项修炼》，书中有更系统的介绍。还有一个机构的负责人是财务人员出身，他将机构的财务管理制度建立得非常好，各个业务环节的数据化体系建设得十分清晰，内部管理团队都养成了借助管理报表指导业务的习惯，整体运营效率要比其他机构高不少。

因此，制度的存在为机构和员工不断进化奠定了扎实的基础，让机构进攻时有动力，防守时有底气。当然这些制度也是随着企业的发展不断更新调整的，包括企业的一些方向和战略上的变动等，都会导致制度有所调整。

例如，一家在线教育机构在战略上从原来的全 To B 业务变成 To C+B 的业务，原来该机构是基于 SaaS 的在线教育工具提供商，现在发现该软件的职场领域用户量特别大。在基于机构原有 B 端业务增长遇到瓶颈的情况下，现准备基于大量职场用户做 C 端的课程售卖，所以为了适应业务和机构更好地发展，机构内部的组织形式、晋升、薪酬、绩效、财务等制度都需要重新调整。这样的转变就是机构的核心概念在制度层上认知变化的调整。

3. 概念之业务层

对于业务层，概念是指一切基于公司的价值观、管理制度以及团队的目标和规则，它是为机构创造商业价值的部分，是务实的核心部分。

就在线教育机构而言，具体的业务团队可以是教学团队、销售团队、流量团队、教研团队、客服团队等。这些业务团队除了具备创造商业价值的专业业务能力之外，还需要深刻理解团队的业务目标以及遵循团队的规则，而且所有的业务推进基本上都离不开用人、沟通、培训这些通用的管理主题，以保证业务的高效推进。本书将在 3WAE 模型之方法论的部分详细介绍该如何做。

4. 概念之执行层

对于执行层，概念是指具体到每一位企业成员，他们如何基于公司的价值观、管理制度、团队的目标和规则来约束自己的行为，高效执行推进自己的业务。因为最终不管是对内还是对外，都是由每一个人产生具体的作用去影响自己的客户、同事、上下级，他们是否从内心对价值观、管理制度、团队规则认同，是否对核心业务了然于心，要在它们实际和外界发生作用时才知道，所以执行层才是最后概念是否贯彻到底的试金石。

如果没有贯彻到底，就会出现各种问题。例如有的销售人员没有理解公司正直的价值观，以为自己在外面用公司的资源接单赚点外快也是可以的；有的教师不懂团队合作的重要性，凡事以自我为中心，配合度差，影响机构成单量；有的客服人员执行效率低，恰好机构的回复效率和事故率考察制度建立得还不完善，但这直接会对学员产生影响，从而对公司的商业价值和口碑产生负面影响。因此，对于机构的每一位成员，概念无疑是非常重要的。

作者互动：请从组织进化系统概念的视角，说说你所在机构的各个层面还有哪些不足，思考后请带着问题阅读下文"方法论"的部分。

3WAE 模型之方法论篇

接下来，本书将通过 3WAE 模型中 HOW 的部分，看一下在机构的前三个层面如何应用。这里会提供具体的机构管理方法论，供机构参考借鉴，相信这也是大部分遇到在线教育管理问题的机构或团队最想了解的部分。

方法论之价值层

通过概念部分的介绍，我们知道对于一家企业或机构而言，需要建立企业的愿景、使命、价值观。那具体应该怎么做呢？

从概念部分的介绍，我们大体了解到：愿景是企业创始团队对未来想成为什么样的企业，给出的一个长远回答和承诺；使命则承载着企业的社会责任，也是企业存在价值的形象表述；价值观就是为了实现企业的愿景和使命，倡导每一位员工所追求和拥有的基本信念和特质。所以，大部分企业最初的发展都要依据创始人和核心团队做这件事情的初衷、动机或出发点。我们以一家 K12 在线教育机构为例，其创始人和核心团队当初为什么要做线上 K12 教育培训呢？

因为几年前，他们在四线、五线城市发现，当地的名师资源很少，很多学生没有办法享受到一线名师的教学指导。家庭条件好一些的可以送到北京、上海参加夏令营开阔一下眼界，但大部分学生只是通过网上一些视频零星地看一些教师的讲课，都不够系统。于是他们就通过线上大班的方式，请行业里非常优秀的教师来给学生上课，不仅学费比这些学生在当地参加的辅导班低，而且还方便学生随时参与学习。

基于此，他们建立机构的愿景是拉近优质教育和学员的距离，使命是让每一寸需要教育的土壤都能通过互联网获得足够的营养，价值观是诚信、高效、创新、公允。这里的愿景和使命突出了在线教育的特性，也让人们产生了对在线优质教育的期待，并且可以激励团队"为了让每一位学员都能获得优质的在线教育"而奋斗。价值观是他们整个核心团队所强调的，诚信是做人之本；高效是因为在线教育解决了效率问题，使教育触达更广的边界；创新是对于知识的无边界追求，对于教学方法和教学技术的无条件优化；公允是教育的使命，追求价值上的公平。

通过这个例子，我们大概了解了一家机构的愿景、使命、价值观是如何制定的。每家机构的具体特性都可以根据创始人和核心团队的情况而定，有的扎根于具体行业，有的扎根于教学形式，有的扎根于技术创新等，这要看机构自己的追求和目标。

当然有的机构是边实践边构思的，这也很正常，其作用是引导未来更多的人拥有一起建设企业的信念。所以愿景、使命和价值观有价值、远大、有实际意义、大家能基本认同是至关重要的，也是创始人和核心团队格局和视野的体现。

方法论之制度层

对于制度层而言,本书需要讨论的是有哪些方法可以把管理制度建立好。本书会重点介绍职业发展制度、薪酬管理制度和绩效管理制度。之所以选择这三个制度作为讨论重点,是基于机构在这三个方面反馈的问题最多,而且从中短期来看,它们对业务的驱动力非常直接。

1. 职业发展制度

职业发展制度主要解决企业人才发展的空间和效率的问题,一套行之有效的职业发展制度需要具备以下三个条件。

1) 清晰的晋升通道

晋升通道可以理解为发展方向和空间,一般的工作岗位可以按业务通道和管理通道来区分。

例如,一名大学毕业生从助理讲师开始做起,他在他所在机构的晋升通道是否清晰,就意味着他能不能看到他的未来。基本的讲师通道为助理讲师→初级讲师→中级讲师→高级讲师→金牌讲师→专家讲师→院长等,不同机构可以根据自己的情况而定。

那讲师是否可以走管理通道呢?管理通道是怎样的呢?如员工到了高级讲师可以转向管理通道,该通道为基层管理者→中层管理者→高层管理者。此处以讲师岗位来举例,其他岗位也类似。这样一来,这名大学生或新进入公司的员工基本上对公司的晋升通道就有了清晰的了解。晋升通道参考分析(以讲师为例)如图7.4所示。

当然,具体每个岗位是否要进一步量化以及按级细分等,要看机构实际的业务量和人力发展需求。

2) 明确的晋升条件

有了清晰的晋升通道,还要求有明确的晋升条件。机构需要告诉员工,从初级讲师晋升到中级讲师,需要具备哪些确切的条件。例如至少一年的初级讲师岗位经验,至少在两门核心课程上有一年以上的授课经验,必须累计专业课授课 300 节以上等。这样员工就知道,自己大约花多长时间可以晋升到什么位置,自己需要努力多久才可以实现自己的愿望。

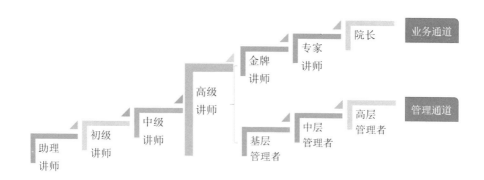

图 7.4 晋升通道参考分析(以讲师为例)

3) 与绩效、薪酬体系密切联动

这个愿望除了职位上的体现,还有与绩效、薪酬福利的联动。具体怎么联动呢?如一位教师从初级升到中级,他的薪酬会涨多少,按什么比例上涨,是否还可以享受其他福利等。另外,如果对他的要求基本达到了,但这次考核不行,那是否能晋升,考核的要求是怎样的,或者考核特别优秀是否可以加速晋升呢,这些都是相联动的。

有时候我们在思考,为什么有效的晋升体系对于员工的吸引力这么强?除了我们知道的职业发展的积极确认会满足我们的社交、尊重、自我实现需求外,笔者还想从游戏化思维的视角来论述一下。简·麦格尼格尔分享过一个很有趣的观点,大体意思是:几乎所有人都爱玩游戏,因为在游戏世界我们可以全身心地投入,通过"打怪升级",游戏会给予我们最快的反馈激励机制,从而让我们一步一步地实现自我价值。

例如《王者荣耀》这款游戏,有青铜、白银、铂金、钻石、星耀、王者的段位区分,这样的成长阶梯区分给玩家很强的游戏动机和反馈,大家都想在游戏里实现自我价值。玩家之间的交流大都是通过"游戏段位"来交流的,互相交流的第一句一般都是"你是什么段位的,玩什么位置和英雄"。

段位就相当于人才晋升制度中的职级,你是初级的、中级的还是高级的,一目了然,某种程度上它已经给你打好了标签。

公司管理又何尝不是呢?谁不想在团队中有清晰的晋升目标和空间,像在游戏中一样,不断通关,走向自己的人生巅峰呢?几乎每个人都想拒绝碌碌无为。因此机构无论规模大小,都要构建清晰的人才发展标准和路径,让你的每一位员工和管理者都知道他们在公司的发展方向,发展方向又和薪酬、绩效等有何积极联动。

当然,机构很多时候还是需要团队领导不断结合业务方向做引导激励的,只有配合业务才能把制度的效能发挥到最佳。

2. 薪酬管理制度

制度里面受关注度最高的应该就数薪酬管理制度,毕竟经济是生存的命脉,因此受关注度高也比较合理。薪酬管理制度的制定,主要是为了发挥激励作用,理想状态下可以实现个人和团队业绩在经济角度上的准确反馈。但薪酬管理制度的制定要科学、合理、公平、经济,需要综合市场、地区、岗位价值、职业发展生涯等多个角度来制定,不能盲目拍板或随意更改。

1) 制定薪酬策略定位

机构一般在制定薪酬管理制度时,需要先做一个市场薪酬的策略定位,然后根据这个定位再进一步制定具体规则。机构薪酬策略定位可以分为领先区、竞争区、跟随区三个区间(见图 7.5),机构要根据其企业文化以及整体策略来制定下一个阶段机构整体的薪酬策略。其中具体各区的比例要根据市场的实际情况来做参考。

不同阶段的薪酬体系是要配合机构当下的战略布局来定位的。如果是快速增长期的机构,亟须引入优质人才,那此阶段领先的薪酬福利就比较有吸引力。如果是长期稳定的大机构,由于其品牌或职业发展等其他溢价可以间接产生很多积极价值,所以这个时候薪酬只需要保持在市场上有一定的竞争力即可。如果机构业绩增长较缓或者和机构本身定位相关,那么主要采取跟随者策略,其薪酬竞争力要低于前两者。

图 7.5　机构薪酬策略定位参考

2）如何全面覆盖薪酬体系

在制定基本的薪酬策略后，大部分机构需要通过岗位薪酬、绩效薪酬、股票期权、福利制度四个方面来覆盖薪酬体系。

岗位薪酬很好理解，即机构给出一个薪酬范围，例如，客服岗位薪酬范围是多少，销售岗位是多少，定岗工资是多少，以及国家要求的"五险一金"等基本保障。

绩效薪酬就更有弹性一些，包括绩效奖金、特殊津贴、各类补贴等，不同档位的绩效标准要进一步明确。绩效薪酬的好处是激励性强，鼓励能者多得，让员工有挑战也有荣誉感，而且相对灵活，方便调整。

股票期权的激励方式在企业的使用中越来越广泛，主要是指企业通过派发股票和期权来激励企业的员工或管理人员，它往往会和岗位、职级、绩效等关联赋予，也会和岗位薪酬、绩效薪酬等组合赋予。很多成长型机构通过股票期权的高回报来招募优秀人才，而成熟型机构也通常借此来留住优秀人才，这是一种把选择权交给员工，把经济学中风险和回报、成本与收益、劳动与资本等关系应用得淋漓尽致的激励方式。

还有福利制度，各家机构在福利方面有很大不同，基本会覆盖报销、休假、团建、加班、餐补、体检等福利制度，有的机构还有日常衣食住行、兴趣爱好方面的福利。例如，有的机构会有上下班的交通补助；有的机构有免费的学习资源；有的机构给员工养的小动物做体检费用报销等，福利具体要根据机构自己的资源和能力而定。

因此，在一个员工的视角里，他最终理解的薪酬可能就是：岗位基本工资+团队绩效的提成+个人业绩绩效的提成+年终奖金绩效的提成+股权激励(可能有)+各类补贴+加班调休+各类福利。机构按这种构成来配置薪酬就相对比较全面，当然，不同岗位、职级的员工侧重点是不同的，粗放经营到一定阶段后，机构需要引入专业的人才来推进机构的一系列变革。

3) 薪酬管理制度制定建议

那具体到薪酬管理制度的制定上，有什么建设性的意见和方法可以给机构呢？

(1) 科学合理。机构薪酬的拟定一定要科学合理，要参考当地经济、行业情况、机构实际情况来综合评定。机构最好是有理、有利、有据地拟定，既不要超出员工的能力，也不要让薪酬发挥不出吸引、激励的作用。

(2) 注意公平。薪酬管理一定要注意公平，美国心理学家亚当斯于 1967 年提出了公平理论，该理论认为：职工对收入的满意程度能够影响职工工作的积极性，而且一个人不仅关心自己的绝对收入有多少，也关心自己相对收入有多少。

也就是说，员工很多的不满意是来自比较之后产生的落差感，这里的比较又分为横向比较和纵向比较。员工会将自己获得的报酬与投入的比值和组织内其他人做比较，这是横向公平。与此同时，员工也会和自己以往的投入产出比做对比，可以理解为纵向公平，简单概念上可以和数据分析经常用到的环比和同比做类比理解。

所以机构既要关注员工的相对公平，也要适当引导员工树立正确的公平观。公平看似是数值间的比较，但实际上基本是主观的感知。在很大程度上，公平是主观预期和客观比较之后产生的误差，因此机构需要做好沟通，让员工了解到薪酬是立体多元的指标体系，而不是某一个视角的绝对标准。另外，机构也要在薪酬保密的基础上做好合理规范。

当然除了制度的公平，机构也要注意用人公平，一个不太称职的领导往往是员工感知不公平的主要来源。

(3) 全面薪酬管理。全面薪酬管理更加适合现在的企业管理，也是人力资源管理近年来提出的新的管理视角。简单来说，就是把我们传统意义上认为的工资、奖金、提成、福利都统一归为外在薪酬，或者称为经济薪酬。

除了这些，机构还应该重视诸如个人成长、成就感、权利、工作方面的自主选择等，这些偏马斯洛需求层次理论的高层需求，称为内在薪酬。所以全面薪酬管理提倡的是外在薪酬和内在薪酬同样需要重视，都要把握好。全面薪酬管理如图7.6所示。

图7.6 全面薪酬管理

尤其对于在线教育机构而言，机构从业人员基本都比较年轻，他们非常在意自我成就感、工作中的认同感和价值获得等，所以建议机构在薪酬制度和其他制度的制定上，都要充分考虑这方面价值的满足。当然，制度应是内在和外在结合，并不是要忽略经济薪酬方面的价值。

(4) 与绩效、职业发展等制度密切联动。同样，薪酬管理要和职业发展、绩效考核等进行良好的联动。例如，薪酬的调整和绩效考核如何建立关系，具体是什么频次、什么级别、什么考核要求会直接和薪酬联动，具体在哪里体现等，都需要做好说明和规范。

3. 绩效管理制度

相较于职业发展和薪酬，绩效管理制度往往是机构重视不足、投入比较滞后的制度体系，但实际上绩效管理制度的重要性不言而喻。绩效管理相当于工作效果的评估器，也是员工前行动力的闭环，还是其他制度高效运行的重要标尺。

科学地讲，绩效管理是每一位成员在实现团队目标时的阶段化效果反馈，对团队整体发挥着公平、激励和提升生产力的作用。大体上绩效管理的流程可以分为制定、实施、考核、沟通总结四个步骤，如图 7.7 所示。

流程比较通俗易懂，下面我们针对机构不太关注的绩效管理制度的制定和绩效沟通两部分做重点说明。

图 7.7　绩效管理流程

1) 绩效管理制度的制定

关于具体的绩效管理制度如何制定，其实现行的绩效管理方法比较多，且一些是经过无数世界级企业的实践认证的，可以拿过来直接用。当然机构也要结合自己的实际情况来制定，而不是一味搬运。

(1) 关键业绩指标法(Key Performance Indication，KPI)。用 KPI 法作为考核指标来进行绩效管理，是大多数公司主要的绩效管理方法之一。KPI 法的制定一般是从机构整体逐步下放到各个部门和团队，再到个人的。

KPI 法同样遵守 80/20 法则，即推进企业的 80%的工作任务是由 20%的关键行为完成的。这个概念是意大利经济学家、社会学家帕累托提出的，他最早在一篇名为《政治经济学》的文章中举例说明了该现象。即意大利约有 80%的土地由 20%的人口所拥有，且后续发现将其扩展到其他国家也基本符合，这一法则后来进一步扩展到了国家财富、企业管理、实际生活等多个领域。所以把握好这 20%的关键指标，可以有效衡量企业的经营活动质量。

具体怎么用 KPI 法做机构的绩效管理呢？主要有两点：一是 KPI 法需要结合不同的岗位来制定；二是要自上而下地分解制定，公司级、部门级、团队级逐级拆解上级 KPI，做自上而下统一目标的达成。

对于在线教育机构而言，课程销售额基本上是大部分机构的关键绩效指标。如果用这个指标考核销售人员，销售人员的 KPI 法就是系统付费课程销量或课程销售额达到多少，或者如果机构要对具体转化率制定标准，也可以将其作为有效指标。

KPI 目标设定具有一定挑战性，但也要具有可实现性，不能随便"拍脑袋"。机构要根据以往的数据情况，更重要的是结合当下的业务情况来制定。当然在整体的 KPI 指标体系中，考核销售人员可能还有其他的指标，例如成长指标、能力指标等。

这里需要注意，KPI 除了本身指标的制定外，还需要对 KPI 的评价标准进行拟定，解决的是指标要达到什么水平、如何衡量的问题。

例如，销售的评价指标是课程的销量或销售额，那评价标准就应该明确是哪些课程卖多少数量、具体带来多少的销售额、销售渠道的覆盖率等。评价指标要非常清晰。KPI 指标体系和评价标准的具体制定都可以参考 SMART 原则，即 S(Specific)、M(Measurable)、A(Attainable)、R(Relevant)、T(Timebound)，分别要求指标遵循具体的、可衡量的、可达到的、与其他目标相关联的、在明确时间范围内的原则。

SMART 原则具体如何用？假设对于付费投放获客后做线索跟进的销售人员而言，机构给他设置的其中一条 KPI 指标就是"半年考核周期内，线上销售线索 5 分钟内响应率达到 90%"，如果是区分不同渠道的，还可以进一步细分拆解。而不是"销售跟进要及时"这样笼统且不可衡量的 KPI 指标。

SMART 原则除了被用在 KPI 指标制定上，还可以用在其他一切可行性目标的制定上，让笼统务虚变得更准确、更具实践性。但一切要以业务实际情况来定，不要完全被工具牵着走。

(2) 平衡积分卡法(Balanced Score Card，BSC)，也是一种常用的绩效管理方法，尤其是在大一点的公司用得比较多。BSC 法主要从财务与非财务、短期和长期平衡等视角来对业务单元、员工进行测评，囊括财务、客户、内部运营、学习发展四大方面，对应解决业绩表现、客户满意、运营效率、创新成长等关键问题。这样介绍可能比较抽象，我们分别通过四个方面的在线教育场景来做说明。

一是业绩表现。业绩表现是最好理解的，笔者相信大部分机构在考核时都非常重视业绩方面,这也是常见的传统财务视角。具体考核指标如课程销售额、续费率、各渠道转化比率、全网流量增量、平均员工成本/收入/利润等。

二是客户满意。客户满意是 BSC 法比较特殊的地方,它引入了客户视角。不少考核方法是自上而下的考核方式,更多是从业绩或任务完成的情况来考核,而忽略了客户评估的重要性。客户对于销售人员而言就是转化过程中的学员,对于教师而言就是上课的学员,对于渠道专员而言就是渠道合作方,以此类推。本质上客户满意考核的是在线教育机构为其提供核心产品价值的那个群体,即对员工的看法。

以销售人员为例,我们除了考核销售人员在一定周期内的课程销售额,还需要把学员对于销售人员的评价纳入考核销售的指标体系,像有的机构会考核线索的响应效率,或者通过回访来做口碑评价等。其他岗位也是如此,所有的员工都有对应的客户,即使是服务内部同事的员工也有相应指标需要考核。只有你的客户满意,你才能获得满意后价值的回馈,这是商业的本质。

未来的在线教育机构,一定要把"顾客满意度"等客户满意指标作为重点考核指标。

三是运营效率。我们往往关注结果较多,忽略了运营过程中对核心环节的考核。因此,我们对新课程上线的效率、教师改作业的周期、销售人员跟进学员的时长等核心的运营过程也需要做考核,以评价推进核心业务的效率。

四是创新成长。大家一听创新,就容易产生疑问,这方面怎么考核,一般都是停留在表面上讲一讲。实际上创新成长是机构未来成功的基础,它可能是知识产权、基础技术突破、服务创新甚至是新产品开发等,这些都可以作为员工为机构进步、未来成功做出真实贡献的考评。

BSC 就是以上四个方面的平衡,本书用在线教育机构中一个具体岗位的例子来做互动。

 请你应用BSC法,尝试建立对做抖音内容引流的新媒体运营人员的考核指标。

首先从业绩指标方面来看，现在有三个新媒体账号处于快速增长期，根据和被考核人沟通以及对该类目市场同行的分析，预估年底可以突破 300 万粉丝，净增长 150 万粉丝，带来新增好友 2 万人。其次从客户满意视角来看，新媒体运营可以分为内容客户，即学员侧；渠道客户，即平台侧，所以机构可以进一步按爆款作品数量以及账号粉丝调研来考查内容客户的满意度；以及通过各平台合作认可奖项等来考查渠道客户的满意度。

对于运营效率，我们需要进一步看在核心业务营收拉动和转化方面，流量是否有直接的带动作用，带来的渠道流量质量如何、有效性如何，这些都可以做细分考核要求。而创新成长方面，我们可以看流量渠道本身的增粉和拉活玩法是否有创新，也可以考查其他流量渠道的拓展创新或对机构、团队整体流量结构的创新玩法等。

通过这样的绩效管理，笔者相信对于机构人才考核的全面性和综合性会更强，当然机构也可以根据自己招募人才的结构，来给各模块分配不同的权重比例。

因此，我们可以看到，BSC 法除了让战略业务能落地到数据测评之外，更重要的是结合了长期的、非财务的、外部的考核因素，让考核更加全面和系统。要注意的是，BSC 法实施的整个过程不仅仅是简单的绩效考核实施过程，还包括机构的战略制定实施以及由上而下全面沟通的过程，是非常好用的管理工具。当然，因为工作量和自上而下的统一度要求比较高，BSC 法耗时也比较长，机构需要考虑清楚后使用。

(3) 360 度评估法。通俗易懂的理解就是全方位、多角度地进行考核评价的方法。例如，员工的上司、下属、同事、客户等都可以通过设计好的问卷来对其进行评价或打分。

这种考核方法的优点是比较全面，能够避免"一言堂"的情况，可以从多个角度反映出员工的真实情况。但它也有比较明显的缺点，一方面使用这种方法需要进行考核量表、问卷的具体设计，也需要收集多方面的反馈，时间成本较高；另一方面容易出现员工公报私仇和联合抱团的情况，对考核的公平价值产生影响。考核量表和问卷的具体设计，要结合机构的企业文化、价值观、整体策略和业务进行，不要照搬通用模板。

KPI 法、BSC 法、360 度评估法这三种方法其实可以不同程度地结合起来使用，它们不是互斥的，例如，有的核心管理岗位可以借助 360 度评估法来了解多方面的看法。那 KPI 法和 BSC 法其实在某些方面是可以互补的，前者像一把利器，直击要害，导向明确；后者像一位拥有内功的高手，攻防兼备，高瞻远瞩。

(4) 目标与关键成果法(Objectives and Key Results，OKR)。最早是英特尔创始人安迪·格鲁夫发明的。现在之所以流行，在很大程度上是因为很多一线的互联网公司在使用。

从字面意思来看，OKR 法实际上是指在明确公司或团队的目标之后，需要有对应的关键成果，而这个关键成果要可衡量。也就是说，较传统的目标管理而言，OKR 法对过程的关键节点把控更强。这本质上是因为公司业务和人为因素的复杂导致了系统的不确定性增强，让单纯意义上的因果关系变得更加复杂，所以需要把非线性尽可能线性化，增加因果关系的准确度，如此才能找准关键路径，从而提升目标完成度。

这个衡量可以和绩效考核相同，也可以不同，关键是自上而下和自下而上地去管理目标，不能割裂。例如，下属也可以查看上司的目标，从而保持统一发力点。

所以机构或团队管理者和员工都会制定对应的目标，然后在一定周期内进行检验，查验目标的完成情况并进行打分，再根据得分进行总结。当然这里的目标是可衡量且高价值的，更是高度符合机构策略的。

本书举一个普通的例子来应用 OKR 法。某机构直播体验课教师的季度目标是当堂直播转化率平均达到 5%，那接下来的关键结果可以是：

- 听同行优秀教师直播体验课 10 次以上；

- 在上课前每次做 10 分钟的课前复盘，每周做一次模拟训练；

- 选择一个直播新媒体渠道，在直播间每天进行 20 分钟的主题训练；

- 每周和流量、授课、售后负责人进行一次总结，集中优化。

一个季度过后，首先检验目标是否完成，然后检查每一条关键成果的完成比例，就可以对员工工作的结果和关键过程进行清晰的展示并评估。当然例子和方案只是参考，应该根据自己的具体情况来拟定。

整体而言，OKR 法比较简单、轻量级，上手相对容易，机构可以借助市面上的专业软件来实现 OKR 管理。在谷歌，所有的 OKR 评分都是公开的，包括创始人和每一位员工的，大家可以在数据库中看到别人的目标和分数，以便做借鉴、对比、反省。

(5) 比较法。其实关于绩效管理的方法，机构无论采用上述几种方法中的哪一种，用好了效果都不会差。但笔者估计还是会有一些刚起步的创业机构或以个人教师驱动的小团队，认为对于他们而言，这些所谓的人力资源管理方法比较令他们头疼，觉得这些规章制度的各种方法太麻烦了，不适合他们。那有没有更简单、易操作的绩效管理思路和办法呢？有的。机构可以直接用比较法，做好三个比较即可，即员工与员工比较、员工与标准比较、员工与目标比较，如图 7.8 所示。这三个比较基本囊括了在线教育机构的岗位。

图 7.8　比较法考核

一是员工与员工比较。有明确量化指标的岗位，可以采用员工之间比较的方法。对于销售人员、体验课教师，机构可以直接根据业绩指标做降序排列，来做简单的绩效考评。

二是员工与标准比较。有明确考核标准的岗位，可以采用员工和标准比较的方法。对于系统付费课教师、售后服务人员、客服人员等，他们的学员好评率、售后跟进单量、学员投诉率等都会有明确标准，通常规定了最低的具体值或比率，机构可以按标准来考核。

三是员工与目标比较。虽然在当下没有具体核心业绩指标，但是有明确目标的岗位，可以采用员工和目标比较的方法。对于流量增长专员等，具体播放量、粉丝量等都可以用于拟定目标，机构可以根据目标的完成情况来做绩效考核。

这三个比较不是只能单独使用，可以复合起来用，还可以分配百分比按权重使用。并且其整体操作比较简单，用 Excel 就能完成。其应用方法比较简单粗放，全面性和系统性相对弱些。但对于刚起步的小团队而言，敏捷度和效率也更高一些。

以上几种绩效管理的方法都是为了提升组织效率而使用的，市面上也有不少专属的人力资源系统解决方案提供商，机构可以购买使用。如果出于团队规模有限及经济成本的考虑，机构也可以借助免费工具来辅助实施，重要的还是方法的应用。当然具体实施过程中，机构也会遇到不同程度的问题，例如形式主义、自上而下要求不统一、员工目标意识薄弱等，不同阶段的机构遇到的问题不同，但笔者相信每家机构都能用其独特的智慧去解决这些问题。

> 作者互动：请写出你所在机构常用的绩效管理方法，并从员工的效能分析一下，现在使用的绩效考核制度是否是最佳的。为什么？如何优化？

2) 绩效沟通

在介绍了常用的绩效管理方法之后，接下来，本书对绩效沟通环节做一下简单强调。很多机构不注意考核后的沟通，认为反正系统上已经告知员工了，或者发了信息同步，沟通就已经完成。但事实上这只是单方面的，是沟通方单方向的认定。

绩效沟通最好的方法是当面和员工进行一对一的沟通，总结上一个考核周期的优点和进步点，将希望对方改善或需要特殊说明的部分着重强调出来；也要听一听被考核人员的反馈，这样才能做到有意义的双向沟通。有的时候一个激励点、一小段沟通对话，对机构可能就会多得一个人才。

沟通总结还有一个点需要重视，就是淘汰制。尤其是中小型机构，很多机构早期是靠亲戚、朋友一起帮忙组建团队的,但之后团队中的有些人跟不上机构的成长速度、市场的需要,那么机构就必须有明确的淘汰制度,否则脆弱的中小型机构根本经不起人力内耗的折腾。

以上是我们对绩效管理制度建设从 HOW 的视角进行的充分探讨。最后笔者想提醒每一位有考核权的在线教育从业者:无论采用什么样的考核标准,都不要忽视"意愿"和"绩效"的平衡。

意愿强调的是员工的投入、积极性、对文化的认同感等,绩效就是指工作产出、业绩。有的机构太注重短期业绩,不给团队和员工留出时间,忽视员工在动机、投入度、价值观方面的行为内核,就容易错失优秀人才。也有的机构不重视业绩目标,过分看重"苦劳",不能对目标、业绩做良好的引导,团队绩效往往不佳。因此,优秀的绩效管理制度应该是二者都能兼顾到位的。

方法论之业务层

在对业务层进行概念剖析时,我们提到了业务推进基本上离不开用人、沟通、培训这些通用的管理主题,而且因为都是以团队为单位工作,所以也涉及团队效率原则等。按理说这些方面都可以通过建立相应的制度来规范,但从实际管理落地层面来讲,因为不同团队领导的个性和风格有较大的不同,所以实际上是个性化落地居多。下面从 HOW 的视角进一步给出落地方法供机构参考。

作者互动：你是机构或团队的负责人吗？你是如何识人、用人的呢？你觉得你在机构的价值有没有被最大化？为什么？

1. 用人

机构用人,从战略上看是在排兵布阵,战术上则要具体到每一场仗该怎么打,即每一支团队该怎么建立,每一个人该怎么用。最后是成是败,则依赖于全过程用人标准的建立以及对应有效用人策略的制定。这个用人的全过程包括人才的选择、培养、保留和淘汰。

机构运营的负责人或者部门、具体业务团队、职能的负责人，在用人角色上的定位要清晰。拿乐队做比喻，用人者是整个乐队的指挥，而不是乐手，一场完美的演出需要指挥将合适的人安排在合适的位置，并找对的乐手准确地演奏出乐曲，而不是自己做乐手，更不能错误地排兵布阵。下面我们按用人全过程模块进行逐一分析，如图 7.9 所示。

图 7.9 用人全过程模块

1) 选择人：前期花时间，后期省成本

从业务的角度看机构选人，一般能力和经验是筛选的主要条件。但一定要提醒各位需求方，选人更重要的是对价值观的选取，因为能力可以培养，但价值观、心性态度这些在短期是很难改变的，更重要的是这些要和机构的文化价值观相匹配。

除了需要注重价值观方面，选人具体有三个小技巧。机构运用这些技巧可以帮助提升优质人才的吸纳率。

(1) 最好要有现场面试。电话面试或线上面试，能给出准确判断的概率会比现场低很多，因为很多人只有面对面沟通后，通过对方的语言表达、肢体动作、情绪反馈，才可以相对准确地获得很多有价值的信息，这在心理学方面也有相关理论作为支撑。

现场面试可以了解候选人的专业知识/技能、通用素质、价值观等方面，还可以通过简历上的信息、现场候选人描述的信息做提问，然后从回答和行为上进行分析，选择与机构匹配的合适人才。

现场面试可以借助 STAR 面试法来做面试，STAR 是情境(Situation)、目标(Target)、执行(Action)、结果(Result)的缩写。假设你现在面试一名体验课教师，你可以借用 STAR 法则来对他进行面试。"请你分享你之前上体验课讲得最成功的情景。(S)"→"你当时的目标和挑战是什么？(T)"→"具体你是怎么做的呢？(A)"→"最后结果如何，以及你总结出来还有哪些地方可以做得更好？(R)"。

在面试时，这样问问题会比随意提问效果好，这也是很多企业觉得比较好的面试提问方式。一般在条件允许的情况下，机构应尽量要求现场面试，而且面试官要提前做好充分的准备，以便进行有效考查，而不要有"反正是我面试他，我不需要准备什么的心态"。

(2) 注意背景调查。大部分的大公司基本都会做这个事，但小公司做得比较少，而事实上背景调查还是比较重要的。背景调查本质上是信息换时间：上家公司花费了大量的时间才获得的判断，需求方可以直接拿过来做借鉴。

有的中小型机构觉得通过专业的第三方公司调研需要额外花费咨询成本。其实还有更省成本、更便捷的办法。大部分情况下中小型机构的人员流动会在同一个城市，甚至在同一个行业，圈子里很容易知道应聘的人之前的基本情况。这个时候，需求方可以直接和上家公司的朋友咨询，了解应聘者的情况，一个电话或一段聊天记录就可以获取很多有价值的真实信息，而不是只听面试者的一面之词。

背景调查可以有效地降低招人的风险。之前有机构准备招聘一名销售人员，该销售人员有他们需要的在线教育机构的销售经验，而且简历描述也比较对口，他在面试时也很健谈，表现不错。准备录用时，招聘者正好和应聘者所在上家公司的同事聊起这件事，从中得知这名销售人员离开公司的真正原因是做了一些违背职业道德的事情，被公司劝退了。知道这个消息后，机构就拒绝录用他了。

背景调查不仅有防范作用，有的时候还相当于古人的举荐制度，可以有效发挥人才推荐的作用。不少机构的人才梯队是通过靠谱人才间的相互推荐建立起来的，这其中很多是通过一些非正式调查获得的人才。

(3) 一定要有完整的试用期。所有帮助选人的方法，都不如试用期有价值，因为说的和做的、理论的和实践的完全是两码事。有了合适的试用期机制，可以帮助机构从实际业务视角判断应聘者是否真的适合这个岗位，而不是靠面试者的"自以为看穿一切"。

2) 培养人：千军易得，一将难求

企业的心态是要找到一批和企业共同成长的优秀的合作伙伴，成长性的企业需要一些有担当、有能力、有潜力的，为企业走好下一步路而奋进的核心员工。对于这些人，他们需要挑战，需要那种必须通过努力才能实现的目标，通过不断突破自己来带动企业的发展。随着企业的成长，这些人往往能成为独当一面的大将。

而作为机构的负责人和管理层，他们的任务是找到并培养这样的优秀人才。乔布斯曾经这样看待组织中的优秀人才，他说："最差的出租车司机和最好的出租车司机之间的差别可能有两倍，最好的可能在 15 分钟到达，最差的可能是半小时。但在软件开发这个领域里，最差的人和最优秀的人之间的差别大约是 100 倍或更多，一位好的软件开发人才和一位极好的之间的差别是 25~50 倍，动态范围很大。"

优秀的教师和普通的教师之间的差别是多少倍呢？或者说优秀的销售人员和普通的销售人员之间的差别是多少倍呢？相信每位机构负责人心里都有自己的答案。这就告诉我们对优秀人才的重视和培养要做到位。

尤其机构具有一定规模以后，机构的管理团队培养非常重要。在某种程度上，是否拥有一支强劲有力的管理团队，决定着机构发展的天花板在哪里。具体到基层、中层、高层，其干部培养方式又有不同的侧重点，如表 7.1 所示。

大部分机构遇到的管理问题，可能也是国内大部分企业遇到的管理问题，即"人不当位"。"当位"一词源于《周易》，是用来解释爻的位置和爻辞的一种说法，也就是天时地利人和的守正，简单可理解为当位为吉。

我们不是借此来谈凶吉，而是以此来说明机构不同层级管理者的定位和职责是否恰当。不同层级管理者所担负的使命是不同的，如果颠倒混乱，就是一种不当位，从而导致企业的管理内耗、成本上升、效率和效益降低。

像高层管理者本应该为机构的长远生存和发展谋思路、谋决断，但如果花了大量时间在日常经营的细节中，就会因为其所谓的"亲力亲为"而让中层和基层管理者无从下手，最后不仅管理混乱，而且影响了他们的成就感和斗志。中层和基层管理者也是同样的道理。

表 7.1 机构管理团队培养

	基层	中层	高层
为什么负责	为短期团队业绩和效益负责	为中期组织效率和稳定负责	为长期组织发展和变化负责
能力与目的	① 团队凝聚力 ② 结果和过程两手抓,目的是把事情做好	① 协调整合力 ② 关注战略的应用,目的在于多模块的平衡发展	① 取舍力 ② 选赛道、定方向、造土壤、找人才、做决断,目的是组织的长远发展
选培策略	① 经历业务成长 ② 充分授权,认真监督 ③ 业绩成就感,重视质量和成本 ④ 传道和赋能	① 擅长资源配置和整合 ② 建立能上能下的机制 ③ 人才管理,梯队建设 ④ 赋能、视野、领导力、管理理论、应变协作等	① 价值观和文化 ② 视野和战略 ③ 自我实现赋能和自我管理

从基层、中层、高层三个层面来看管理团队,具体不同层级的管理者的培养方式如下。

(1) 基层管理者培养。基层是为团队的短期业绩负责的。因此,基层管理者的选拔和培养,一定要在最具实战性的业务土壤中进行,基层管理者的核心目的就是带领团队打胜仗。所以基层管理者要为加强团队凝聚力而身先士卒,要做一切让团队能奋勇向前的事情。

但这并不意味着基层管理者要对所有的事情亲力亲为,他们要学会激发团队活力、科学分工、充分授权,然后做好业务的监督,围绕业绩目标的监控及时做调整,决策果断,而不是把细节都揽在自己身上。所以并不是所有的人都适合做基层管理者,有很多业务能力强的员工在晋升基层管理者后,发现自己的团队成员能力都不如自己,于是所有的事情都尽量自己做,这样只会越来越累,并且团队的信任感会越来越低,从而让自己变成一名不合格的基层管理者。

对于基层管理者的培养，机构需要给予管理技术和业务战术方面的双重赋能。前者帮助其举重若轻地做激励；后者帮助其拓宽视野，学习业务上的战术，提升自我，最终提升团队战斗力。

(2) 中层管理者培养。中层管理者更多是在机构的稳定和效率上发挥作用，提升多业务模块的整合效益。因此，中层管理者需要有较强的资源协调和整合能力，可以给予一线业务支持。由于中层处于长期和短期信息的交汇点，这就要求中层管理者可上可下。可上是要思维往上，在战略布局和方向上要往上思考，从高层的视角着手；可下是不能失去对一线业务的敏感度，要多和一线员工交流，为一线业务站台，保证战略和实际业务落地的准确融合。

所以能力上就要求中层管理者"又红又专"："红"是指价值层面上要和机构文化、战略高度一致；"专"是指业务能力、专业能力要突出，不能打不懂业务内核的仗。

对于中层管理者的培养，机构需要在战略布局、管理理论、组织变革等方面多多赋能和培训。对于规模稍大一点的机构，中层管理者往往需要一边开拓新业务，一边促进原有业务稳步增长，所以需要中层管理者有灵活的应变能力，能适应多元开放的组织形式，这样才能在运转过程中提升机构效率，发挥其领导和整合价值。

(3) 高层管理者培养。高层管理者需要为机构整体的发展和变化负责，需要构建并强化机构愿景、使命、价值观，需要有很强的取舍力，因为战略的本质就是在做取舍。管理学大师彼得·德鲁克曾在其《管理》一书中提到了类似的观点："为了实现未来的目标，要做的第一件事便是'舍弃过去'。"所以简单总结高层管理者的目的是"选赛道、定方向、造土壤、找人才、做决策"。

赛道的选择往往比较容易显示管理者战略制定的功力，是朝阳还是夕阳，未来有多大的发展空间，在某种程度上决定了机构发展的边界。定方向是指机构的核心定位在哪里，核心资源往哪里倾斜。造土壤是指要营造核心业务开展的基本环境，如果是有利环境，业务发展会更好。找人才、做决策是核心业务开展的直接前提，不少机构花大量的时间和精力才能找到合适的人才，帮助机构在后续的业务开展中获得后发制人的机会。对于以上这些事，机构高层管理者会不断动态更新、优化，推进机构长远健康发展。

对于高层管理者的培养，更多场景是通过外界渠道来助力提升，如聘请行业内外专家、学者来做分享，或者通过国内外商业学院长期或项目制学习来做跨界的自我提升等。当然还有更实际有效的方法，就是通过不断开创新业务，从新的实战中进行多维度、突破式的成长。

前文是关于管理者培养方法的探讨，而关于基层员工的培养，笔者认为最核心的一点就是"如何帮助他成长得更好"。如果员工成长得更好，团队业绩一定会给予正向反馈，长期下来就会对机构形成正向循环。因此，培养人要以成长型思维为基础，要学会带领员工成长，知人善任，鼓励员工寻求帮助。这样的团队才有活力，有主动性，有创造力，而不是只以短期业绩为导向，不参与员工的成长，长期以管理者视角压制推进，这样的团队更可能会变成一潭死水。

你认为你所在的机构会在基层、中层、高层管理者和基层员工的培养上采取哪些措施？请写下来。

当然，对员工也需要进行合理的培训，这部分的内容会在培训部分展开，本章不再赘述。

3）保留人：核心诉求总要有所满足

其实决定一名员工去留的原因有很多，没办法逐一穷尽，但机构要充分相信人的适应性。除非到了不得不辞职的地步，大部分人还是偏好稳定的。稳定不代表不上进，而是人总是有此类惯性思维。

一名员工离开一家公司，基本上是因为其核心诉求得不到满足，这种核心诉求关乎员工的幸福度，例如，升职加薪没指望、公司前景不明朗、与上司领导合不来、个人才华得不到施展、没有个人时间、自我成长迷茫等，这都会让员工幸福感降低。所以对于真正需要留住的人才，机构要在这些方面多注意，挖掘员工最核心的诉求，给予一定程度的满足。更本质上的做法还是要从机构文化、制度上打造一种幸福、积极、有弹性且充满挑战的工作环境。此外，沟通对于留住人才的重要性不言而喻，关于沟通的重要性和注意点会在沟通部分展开介绍。

4）辞退人：淘汰是为了更大的进步

对于那些影响团队凝聚力、与团队价值观有冲突、跟不上团队成长的员工，机构要淘汰。对于很多业务而言，"木桶理论"是发挥作用的，也就是短板会影响整体的发展。

因此，合理的淘汰制度能保证机构的人才质量持续提升。需要注意的是，淘汰时理应就事论事，给予员工充分尊重。而且对于一些人而言，并不是他不优秀，而是他没有被放到对的地方，所以机构也可以根据实际情况给予其合适的安排，要会用人之长。

有人说用人是一门科学，也有人说是一门艺术，在笔者看来，在如今纷繁复杂的信息环境下，用人是一门科学的艺术。

2．沟通

机构日常发生的所有经营活动，基本上离不开团队成员的沟通。所以在某种程度上，做好沟通就等于做好了一半的管理。具体来说，沟通是团队成员发生联系，并实现团队目标的黏合剂，没有沟通一切都无法开展。

对机构而言，建立有效的沟通环境有以下思路和方法。

1）建立良好的沟通机制

机构的所有业务推进都会涉及沟通，所以想要保证良好的沟通效率，机构需要建立一定的沟通机制。常规的周例会、月/季/年总结会、面对面交流、邮件汇报、视频沟通机制等，都需要根据机构实际的情况建立。

团队至少要做到每月沟通业务方向上的重要进展和变动，形式上不一定要线下面对面进行，有的负责人通过每月一次的视频会议也可以做好沟通，关键在于信息准确传递。

沟通一定是双向的，要注意上下级的双向沟通。管理者要设立一些机制来引导下属表达观点和看法，有的机构甚至都没有向下聆听的意愿和渠道，公司都只做向上沟通，最终会因为管理者对于一线业务的实际情况掌握信息有误，而做出错误的决策，导致机构走向失败。

适当的时候，上级要主动找下属沟通。另外，在日常沟通中，也可以通过 OKR 法、每日要事等工具来引导下属推进事宜、沟通进度，从而保证业务的高效开展。每日要事是非常简单的管理沟通工具，它充分发挥 80/20 法则，即指团队成员将每个人今日要做的最重要的一件事和目标同步到群里，并在工作结束后同步完成进展更新及总结。这样可以让团队的整体方向更清晰，且都围绕核心业务开展；而且团队成员可以互相了解彼此的业务进行方向和完成状态，及时调整关联业务，增加团队的整体输出能力。上级也能清楚地了解团队核心牵引方向是否正确以及团队成员的效能情况。

本书要提醒管理者和基层员工，要充分相信"电话之父"亚历山大·格雷厄姆·贝尔的那句经典名言——"阳光只有汇聚到一点，才能燃起火焰"。所以每日要事并不是今日要做的工作清单，而要把最充足的能量聚集在最重要的那项工作，才可能因此出现团队最有价值的那张多米诺骨牌。

沟通所发挥的作用还远不止如此，在很大程度上激励其实都是源于正向的沟通。我们可能会发现有的人从老板办公室出来后，战斗力十足，信心满满，这就是沟通激励的作用。所以管理者应适当通过业绩突破、绩效考核、加薪、团队调整等关键点和团队成员做正向沟通，发挥激励作用。

2） 建立良好的沟通文化

对接的机构多了，更加印证了笔者对于机构的团队文化基本源于公司创始人的言行的看法。有的团队创始人搞"一言堂"，机构整体的沟通文化就很差，员工表达得很少；有的负责人喜欢对竞争对手的行为小题大做，给予积极打击，所以整个团队基本也是这样的文化向导，机构运作的重心就有可能被带偏或者变得低效。所以机构的沟通文化要朝开诚布公、就事论事的方向走，而不应该是"一言堂"、情绪派、猜想派等低效沟通的现状。

"实事求是"是建立良好沟通文化的第一步。

3) 团建

团建也算沟通吗？当然算，而且是非常重要的沟通，沟通并不是我们想象的只有邮件、当面汇报这些形式。虽然工作中是以正式沟通为主，但如果人和人之间没有真实的交流，就会变成工作的机器，而且这种投入度也是有限的。如果不能把真实的自我发挥出来，就不能发挥最大的团队价值，所以机构需要组织团建。团建可以是学习分享活动，也可以是业绩突破的庆祝，还可以是欢迎新的团队成员的迎新会等。其重点在于大家之间的非正式渠道的交流，在这种情况下，人们可能会发现同事有不一样的闪光点。真正会团建的团队是有活力、有价值的团队。

"经营之神"稻盛和夫先生在其多部代表作中，都有提到"空巴"文化对他所经营企业的贡献。"空巴"源于日语，意思是联欢会、喝酒的聚会。稻盛和夫在其经营京瓷、KDDI、日航等企业时都会举行空巴，和员工一起喝酒交流。在《空巴：稻盛和夫手把手教你如何践行阿米巴》一书中，稻盛和夫对此进行了详细的描述："几杯酒下肚，大家就能敞开心扉、畅所欲言，而我说的话也很容易被他们接受。有了几次这种体验，我就不正儿八经地板着脸向部下讲述哲学了，而是设立'空巴'，让自己和对方都在轻松的氛围中交谈，这样来渗透自己的哲学。"

这是人性真实的写照，在神经紧绷的正式工作状态下，人们之间的交流难免会有所保留，尤其是上下级之间。但是一旦环境舒适了，心扉敞开了，很多人所释放的共情、能量就可以被很好地激发。因此，这种非正式渠道的沟通，有时可以收到《孙子兵法》中提到的"不战而屈人之兵"的效果，得人心，得人力。

当然，笔者并不是提倡团建一定要喝酒，显然喝得酩酊大醉或者过度失衡都会产生负面作用。团建目的是营造放松舒适的沟通氛围，有利于团队成员之间的沟通，也有利于组织人心的凝聚和战斗力的提升。能达到这个目的即可。

以上是从机制和形式等方面来提升沟通效果，那沟通从具体流程上是如何开展并发挥作用呢？

实际上，虽然每天有那么多人都在和别人沟通、推进业务，但其实很多人并没有把沟通的全过程理解到位，以为沟通只是表达观点、传达信息即可。而实际上，想达到沟通的目的，需要有发、收、懂、行四个环节的全流程落地，才算完成了真正有效的沟通，如图 7.10 所示。

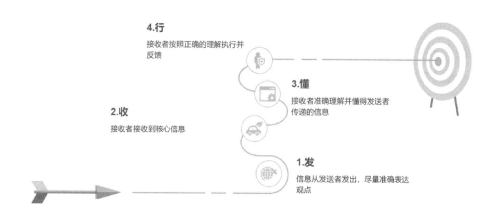

图 7.10　沟通流程

通过图 7.10，我们可以拆解出日常工作沟通中的每一个步骤。从信息的发出、观点或指令的传达开始，到接收者接收到信息，再到接收者真正理解了发送者所表达的意思，然后去执行，这个完整的过程结束了才算是一个有效的沟通，否则就会出现大量沟通无效的问题。我们经常遇到助教和教师说好了注意看直播间讨论的问题，但最后总是出现忽略问题的情况，这就是在发、收、懂上都做到了，却没在行上落地，所以这次沟通是失败的。同样，还有没发出、没收到、没有懂部分的问题，这些都会导致沟通失败。

所以除了让别人理解沟通是一个全过程之外，最好的办法就是让接收者复述一遍他接下来要做的事情，设置好反馈时间，这样会帮助接收者厘清内容，使信息准确落地。当然，当你作为接收者时，也要给出同样的反馈，而不是简单的"我说过了，就当作沟通了"。

> **作者互动**　请按上述的"发、收、懂、行"沟通步骤来重新梳理下近期你要跟进沟通的重点项目。

沟通对于机构或其他任何组织都很重要，它可以每次提到这个话题时都重复讨论，以及工作中沟通的不清晰、沟通情绪不佳而导致的低效和内耗。如果机构或团队可以把沟通上升到价值观层面、制度层面并有效推进落地，相信对于机构整体的业务提升能产生意想不到的效果。例如，笔者看到一些企业有会前阅读材料再讨论的公司文化及制度，可以有效提升沟通效率等。

3. 培训

业务上每天都会遇到新的问题，也在迎接新的挑战，所以团队每天都要有新的进步。这种进步除了在业务实际操练中积累经验使自己进化外，还需要做系统的培养和训练。而且从长远看，企业要发展，团队要进步，那团队业务中的每一位成员都需要跟上进度，在某种程度上还需要引领团队，才可以让企业立于不败之地。

 作者互动 你认同对团队成员的培训是在给机构做长期投资这个理念吗？你所在机构的培训体系是怎样的？

对于教育培训行业的从业者而言，培训可能是再熟悉不过的了，他们靠培训获取营业收入，也深知培训对于他人的价值。那具体需要培训他们什么？笔者觉得上到企业的价值观、文化、企业制度，下到业务具体需要的专业领域的技能、管理技能、办公技能，以及个人成长等相关主题，都需要培训。

大一点的企业会有比较完善的培训制度，有自己的培训学院，也会针对不同的群体定期开展不同主题、不同通道的培训，覆盖的内容也会比较全面。

那中小企业怎么做呢？除了对外购买企业培训系统或资源，对中小型企业来说更有针对性的是搭建自己机构的培训体系。这个培训体系要有明确的培训目标、预算、人力、计划等。而且除了底层的通用能力培训体系外，其他业务层的培训体系最好可以结合机构当下的业务目标、所遇到的问题、关键环节中的数据反馈、学员的调研来设计，这样培训的实效性会更强。

1) 对于管理者的培训

对于管理者的培训，机构可以按照前面提到的基层、中层、高层三层，进一步分为对应的雏鹰、雄鹰、飞鹰计划，制订不同的管理能力、业务能力、自我成长等的培训组合计划。

一些大公司都有比较系统的、丰富的培训计划，例如阿里巴巴有阿里夜校、阿里党校以及针对基层、中层、高层管理者的管理"三板斧"培训体系；腾讯有育龙、潜龙、飞龙、新攀登计划等。而且其培训形式非常多元化，头脑风暴、讲座、沙盘演练、实战模拟、分组学习、体验式学习、评审汇报等，机构可以结合自己的实际情况落地使用。

2) 对于员工的培训

如何通过培训赋能员工呢？常见的方法有以下几种。

(1) 请嘉宾做分享。每个业务层的机构成员都有机会对接各种专业领域的人，哪些对机构发展和员工成长有帮助，就可以邀请到机构内部做分享，并进行交流讨论。有时候，嘉宾的一句话可能会让一个员工醍醐灌顶，产生新的增量效能。

因此，机构可以建立一个邀请分享库，建立分享嘉宾评估机制，每位嘉宾可以获得一定的奖励，从而提升积极性。当然最重要的是要制定良性的分享机制和有效的落地机制，这样才可以增强机构整体的学习培训氛围。

(2) 团队分享会。一个团队最健康的表现，是每个人携带着团队的意志去战斗，而不是携带着自己的岗位职责去战斗。所以在充分了解团队或业务的共同目标的前提下，每个团队成员也需要对其他成员的业务思路和落地有进一步了解。具体怎样实现呢？

可以用分享会这种方式，让团队中的每一个人把自己专业领域、专业职责的内容拿出来和别人分享。实际工作中，我们往往会忽略身边人、内部人的闪光点，但实际上，他们可能是第一个方法中提到的别的机构邀请的外部人士。这是人性的"围城"，和钱锺书先生在《围城》中提到的"城里的人想出来，城外的人想进去"是一致的。

实际上内部的分享会这种方式是十分有效的。像谷歌就有"请最优秀的员工教学"这一个工作法则，也有"内部互学会"的机制，大家会各自发挥自己的优势，将优质内容分享给其他同事。下面具体用一个案例场景来看一下所提到的这种分享会的方式，在教育机构中可以如何开展。

假设这是 A 机构的一次主动分享会，主要内容是销售人员 S 分享自己私聊关单时的方法论、成功案例。在系统地分享后，新媒体小伙伴就知道原来他们做的免费流量的质量对于销售转化是这么重要；体验课教师就知道他们怎样想办法在课堂中把意向学员引导到销售人员那里，完成闭环；系统付费课教师就会想要销售人员那里的学员转化案例库中的学员基本情况，以做到有的放矢地教学等。这就是一次内部 1+1+1>3 的培训，也会让彼此对他人的领域和方法论更加关注，让自己可以快速学习并落地于实际工作中，从而产生价值。甚至可以更进一步，下次进行换岗分享，通过分享团队其他成员的部分来体验业务全流程的关键点和难点，威廉·科恩在《销售管理》一书中也提到成功团队一项必备的内容就是团队成员能彼此转换角色，担当对方的职责，并在工作中相互协调。

分享会的核心是让一个凝聚在一起的团队积极释放出"团队的最高产能"，内容和形式都可以灵活安排。当然，随着团队规模的扩增，机构应该建立专门的培训部门，除了横向的通识培训，还可以建立销售人员、讲师、教研人员、客服人员等垂直的培训学院，来提升培训的专业度和效果。

(3) 外界交流。外界交流对于员工开阔视野有很大帮助，机构要给团队成员一些参与论坛、讲座、大型峰会等的机会，不要闭门造车，这会让团队成员对本职工作有更多元化的思考和理解。同样，对管理者也是适用的。

除以上三种培训方式外，还有业务上的一对一培训、某一专项的集中培训等多种方式。不管何种培训方式，更重要的是关注培训的效果评价，而柯克帕特里克的"柯式四级培训评估模式"一直被作为培训效果评估的经典模型在使用，该模型认为评价培训效果有四种方式，分别是观察学员的反应(反应评估)、检查学员学习的效果(学习评估)、衡量培训前后的工作表现(行为评估)、衡量公司经营业绩的表现(成果评估)。

但实际上，很少有培训主导者能做到对后续培训效果的跟踪反馈，而是大多集中在观察学员反应的评价上，反而在小规模的集中制团队下，相对可以更好地践行后续三种评价方式，进一步通过培训带来团队业绩、个人成长方面的增进。

培训其实就是为未来投资，个体需要，机构同样需要。机构的竞争力取决于人才的竞争力，人才的竞争力取决于持续不断的学习和培训，因此机构能做到的，就要尽量去做好。否则，如今你不重视培训，几年后市场将不重视你。本质上，帮助员工成长就是在帮助机构自己。

以上具体培训方法建立的方式，机构可以结合第八章具体的科学学习方法来制定。借助科学学习方法可以实现最佳的学习效果，它对机构的内部培训也同样适用。

4．团队原则

以上内容主要从用人、沟通、培训这几个常见的机构管理主题切入，介绍了方法论在业务层面的应用。除了这些，具体业务开展的核心单位团队，有哪些重要的管理原则需要注意呢？是下面内容将要论述的。

瑞·达利欧在其畅销书《原则》一书中分享了他的工作原则和团队管理原则，包含用人、培训评估、分歧处理、公司治理等方面。他认为这些原则和公司透明求真的文化是他们团队取得成功的重要原因，而且这些原则会不断优化更新，帮助团队持续进化。想在国内推行达利欧的极度透明、数据驱动的团队文化有比较大的挑战，但大部分团队还是可以对一般意义上的原则进行总结借鉴，尤其是对于创业型团队。常见的有以下几个方面。

1) 工作态度方面

工作态度方面，创业和打工心态是比较典型的两种工作态度。在和一些机构负责人沟通时笔者发现，团队中有一些人完全抱着打工心态，每天准点上下班，最多是把自己负责的事做好，甚至有的会想办法拖延时间，让自己尽量快速混过这一天。尤其是很多在线教育机构都不在一线城市，三线、四线城市的员工总体没有一线城市员工的压力大，他们中的很多人把工作当成了一种获取基本生存工资的方式，这就更容易出现典型的打工心态。

而这样的团队是很难释放出高生产力的，因为团队的凝聚力太低了。那创业者的心态又是如何的呢？他们做事情尽量不设置边界，以团队成功、实现自我价值为目标，他们认为在公司的付出也有利于自己的成长，付出越多，自己成长进步得也越快。这两种心态的员工，你会选择哪一种呢？

2) 团队合作方面

关于团队成员之间的关系，信任欣赏和互相挖坑也是比较典型的两种表现。当然这里不是指那种极端化的，而是指更倾向于哪一种。为了团队的高效率，团队负责人就要从言行上推崇信任鼓励机制，而不是在对团队其他成员、竞争对手、合作伙伴的态度和行事规则上营造互相猜忌的氛围，建立损人利己的合作关系。

3) 对待问题方面

团队在运行过程中，遇到各式各样的问题在所难免，这时，求真务实和囫囵吞枣也是比较典型的两种表现。迈克尔·波特曾强调了求真务实的重要性，在商业领域，求真务实的态度是一个具有竞争力的武器，能够提高公司的效率，让公司成为一个令员工向往的工作场所。所以你的团队是要制定一些原则追求问题的真相和事实，还是允许"差不多"解决问题的存在，这就要取决于你的团队文化和团队机制。

以上关于团队原则的制定有很多方面，而且不同团队文化、团队负责人拟定的团队原则出入还比较大。因此，可以根据具体的情况来制定。

制定团队新原则时，或多或少都会有一些磨合或者不痛快。为了提升团队的凝聚力和效率，这里有一个技巧可供参考，就是在制定的原则前先充分了解团队，然后再开始制定新原则或新方案。一般先找到大于10%的及其拥护的成员，剩下 80%是多样化的，需要包容；如果有 10%在底线外，可以淘汰。团队原则制定之 10%理论，如图 7.11 所示。

图 7.11　团队原则制定之 10%理论

10%理论的依据来源于伦斯勒理工学院研究人员的发现：当新的想法或意见持有人数，或者赞同人数低于10%的时候，推广和传播难度非常大；一旦大于10%这个阈值，就会迅速蔓延，成为大多数人支持的观点。10%往往就是我们所说的引爆点，所以找到这10%的拥趸者就是我们推行新原则和使方案成功的关键路径。

以上我们从3WAE模型逐一分析了价值层、制度层、业务层的方法论。关于具体方法论在执行层面如何落地，我们在接下来的3WAE实践部分一并讨论。

方法论之执行层

对于机构各层的应用，我们从概念和方法论方面都已做过分析，接下来进入实践(A)的部分。实践过程中也会涉及环境(E)对实践的影响，我们一并讨论。到底机构能不能做好以上应用，使方法论发挥出具体的作用，最终还是取决于实践。有句话说得好，假设你听了10个有效的观点，最后能坚持执行好一个，那你也就能战胜90%的对手了。

关于核心概念、方法论在实践方面有没有技巧可以参考，有没有关键点需要注意，或者说一般遇到执行问题时可以参考哪些方面等，这是实践和环境部分会侧重论述的。

1. 关键路径是否找准确

具体到实践层面，最好在实践之前确认概念和方法论，充分了解背景和出发点，这样执行起来偏差就比较低。在此基础上，大部分执行问题可以通过准确的"关键路径"是否找到来判断。关键路径的思维我们在数据运营章节也强调过。

下面用一个例子进一步介绍一下。假设你是销转项目的负责人，目前出现的问题是"直播间转化率提升不上来"，你该如何让团队成员拆解关键路径呢？

你首先要对转化流程非常清楚，其次通过转化流程找到转化关键的因素和数据。我们可以借助"三板斧"来分析。

(1) 流量方面：要考虑学员流量的质量和特点。

(2) 转化方面：体验课教师营销、课中互动答疑、课中营销机制、助教配合。

(3) 产品方面：课程内容质量和服务质量。

最后通过三方面的分析，你发现关键问题是体验课循环周期和内容设置的问题，从而进行了新的优化，盘活了新流量，转化率也有了提升。

但实际运营中，往往有机构不做关键路径拆解，而是简单粗暴地把问题归结到销售人员能力不行上，不断给销售人员施加压力。这样不仅事倍功半，而且不利于销售团队的培养，容易造成人员流失，得不偿失。

2. 合适的人是否在合适的岗位上

有的时候，你会发现团队成员的执行力比较差，对一些事情比较拖沓，推进得很慢。每次催促都说"好"，但最终落地效率很低，而且你发现他还比较努力，每次处理事情都到很晚。这个时候就要考虑是不是目前这件事不适合他，或者岗位不适合他。例如一个心思不够缜密的人，你让他去做数据分析的工作是没办法做好的，不是指标少算了，就是数据源出问题了，最终事情自然没法推进。但他的沟通表达比较好，愿意和他人打交道，那么你是不是可以让他做售前的工作呢？或许效果会好很多。

因此要充分沟通，发掘并解决员工的执行动机问题，如果是岗位匹配问题，就需要酌情调整，重新激发员工的执行动力。

3. 是否有反馈机制

1) 实践反馈

实践的时候最怕没有闭环，闭环是指有始有终，很多人知道要事事有回应，处处有反馈，但真正做到的人并不多。那为什么需要反馈呢？因为从概念、方法论到实践这一拟定、分析到执行的过程中，外部环境也在悄悄发生变化。更明显的是，在实际实践过程中，环境会通过反作用给予我们实践反馈，这样我们才知道概念、方法论如何，实践如何。所以我们需要建立反馈机制，它包括对概念、方法论、实践的反馈。

我们需要从实践层面引导团队成员在每天的固定时间节点反馈事情进展，或者在每件事对应的关键节点反馈进展，同步待决策事宜，这样可以使大部分不够优秀的人的执行效率变高。

例如，销售人员每周除了会同步他本周的销转业绩之外，还会对未转化的学员按一定周期做触发回访。那很早就要制定好这个回访机制，并将其作为周汇报的部分，而不是嘴上说要重视未转化学员，并定期跟进那么简单，要有具体的实践反馈制度来做保障。而且最好能用数据的形式进行反馈，也可以借鉴一些在线文档工具来做更新。

2) 方法论反馈

方法论不是永远不变的，也需要使用者在实践后对其进行进一步的调整，这就需要建立方法论反馈的机制。

团队或个人在实践业务的具体过程中，如果多个人遇到了执行相关的问题，且上述参考点都不是对应原因，那么这个时候就有必要思考一下是不是方法论的部分遇到了问题。例如团队的目标制定是否清楚，传达是否到位，公平和激励问题有没有解决好，奖惩制度是否介绍清楚，工作流程是否清楚。关键是从团队成员视角来看，他们是否清楚。

例如，团队近期在做付费广告的投放，但发现效果不是很好，销售人员和教师都在尽力转化，但出单率很低。最终，这是因为目前这个类目不适合用此类案例广告做投放，新渠道的投放没有办法获得同其他领域的机构一样好的投放效果。所以，今年在此类新渠道的投放策略可能不适合机构所做类目，最好的解决方案就是调整新的流量解决方案，而不是沿着原有的每个人的执行路径去做检查，判断为什么实践不成功。总之，我们要有跳出现有思维限定的能力。

3) 概念反馈

同样，再往上就是业务逻辑有没有问题，商业模式有没有问题，制度本身有没有问题，愿景和使命有没有问题，这些也是层层递进，需要动态反馈优化的。当然一般情况下，核心概念层出现问题的概率很低，但还是有这种可能性的。例如，很多在线教育机构在早期做线上线下一体化结合的时候，很多都是商业模式没有跑通，下面用再好的技巧、方法论、实践都是很难探索出一条有效的道路来的。出问题不可怕，只要及时发现并调整，就还是有力挽狂澜、重新获得胜利的机会的。

4. 了解一下"一分钟管理"

对于一些小型团队负责人，他们希望可以实现敏捷化管理。因此，为了方便团队快速执行、快速反馈，笔者建议适用"一分钟管理"的方式来对团队进行管理。"一分钟管理"的概念源于肯·布兰佳和斯宾塞·约翰逊合著的《一分钟经理人》，这本书曾位列《纽约时报》畅销书的榜首。

《一分钟经理人》中介绍的"一分钟管理"包含"一分钟目标""一分钟称赞""一分钟更正"三个部分。一分钟目标是指管理者和员工需要共同制定工作目标，并将核心的目标、衡量标准以及交付时间用一两段话说明，其间员工会进行目标对齐、反思调整，自我管理好目标。一分钟称赞是指及时对员工做出的成绩进行肯定和赞扬：前半分钟要讲清楚是哪里做得好，对团队有多大的贡献；后半分钟表达期待，让其接下来再接再厉。一分钟更正是指对员工做的不正确的事进行及时沟通矫正：前半分钟讲清楚具体哪里做得不到位，对业务目标和团队有什么影响；后半分钟表达对员工的能力的信任，以及他可以做得更好的期待。一分钟管理可以大大地缩短管理流程，尤其是对于创业型团队、敏捷性项目团队，可以有效提升他们的执行效率，促进业务高效开展。

以上我们应用 3WAE 模型，从概念、方法论、实践视角对机构的价值、制度、业务、执行四个层面做了展开分析。虽然还有很多部分没有涉及或展开，但机构常用的、可以直接借鉴应用的基本覆盖了。机构如果能用好，相信其整体的管理能力会有较大提升。希望每个机构的负责人或团队、项目负责人可以寻其一二参考落地，打通机构管理的"任督二脉"。

机构负责人的自我管理

李嘉诚先生曾经说过:"自我管理是培养理性力量的基本功,是人把知识和经验转化为能力的催化剂。"

关于在线教育机构的管理,本书分享了很多管理别人的理念和方法。而实际上,对于机构或团队的负责人,学会自我管理同样重要。在某种程度上,管理好自己才有可能管理好团队。

关于自我管理,有八条原则可以供机构或团队的负责人参考。

1. 不要自以为是,学会尊重他人,看清自己

自我管理的开始就是要有自知之明,能够看清自己,不要自以为是。在线教育在快速发展阶段,一旦抓住一个好的机会,是比较容易获得风口上的高回报的。这时,有些人会错把机遇当能力,迷失自我,过度膨胀。实际上,只有认清自我、谦卑为要、用己之长、尊重他人,你所在的机构才会将眼光聚拢到真正的人才身上,才有可能保持常青。

2. 做好自我控制,减少情绪化

自我管理的一个重要表现,就是做好自己的情绪管理。虽然适当的情绪会对团队成员产生一定的促进作用,但并不等同于情绪化,不能经常无端地让人不知所措。发脾气、语言暴力是弱者的表现,对情绪的控制才是自己风度的体现,也是机构风度的体现。把情绪的刺激转变成多样化的激励方式,这才是真本领。

3. 先想责任,再想权力,学会约束自己,滥用权力会让你迷失方向

有的人是看清自己不易,有的人是管理自己的情绪不易,还有一类机构负责人,是放下权力不易。放下不是不作为,而是不偏执。对于负责人而言,在遇到不满或团队表现不佳的时候,先想想自己的责任是否尽到,是否

有其他的方式可以解决问题，然后再思考借助权力可以改善些什么。凡是依靠权力推进的事，大体上都不是最优的驱动方式。

4. 学会反思，不要把错误都归结于下属

曾子曰"吾日三省吾身"，稻盛和夫也说自己每天会在镜子前反省自己的所作所为，从而不断改进自己；但很多的机构负责人没有自省意识。团队管理者中能居安思危的本来就不多，而工作上遇到进展不顺、业绩没有达标、团队动力不足等问题时，不少负责人都将其归因于下属，从来不认真反思自己的问题。实际上，作为团队负责人，团队所有的问题都是你的问题。而且，经常反思的好处多多，它会让人更加平和、谦卑，决策起来会更加无欲则刚，团队基石也会更加牢固。

5. 给团队成员建设性的意见以帮助推进，而不是纯粹的批评

笔者见到过一些机构负责人这样训斥团队成员："这件事情你怎么搞成这样？本来还挺好的，你看你，弄这么久，居然做成这样。"

这样的批评其实无益于任何问题的解决，不是人听不得批评，而是批评得有效果。一味地批评不如给出建设性的意见，然后用"是不是可以尝试下某种方式，换个角度试下，下周看反馈，会不会更有价值些"这样的表达结尾。

能理解机构负责人是想通过压力来给予团队成员动力，但压力管理的目的还是在找到动力去解决问题，如果有其他动力能长期促进问题的解决，何乐而不为呢？而且这种动力可能会使效率更高。

6. 做好最重要的那一件事

笔者发现不少机构负责人非常有活力，精力很充沛，什么事情都要参与，什么事情都要开会来解决。从能量方面来看，这是正能量，值得肯定。但从效率和效益上来看，这有较大的改进空间。因为人的精力有限，但凡你想做到面面俱到，那就意味着不可能把一件事情做到极致。在日益激烈的竞争环境下，机构负责人还是要把时间用到刀刃上，把最宝贵的时间留给影响机构发展、构建核心竞争力的人和事上。帕累托法则已经告诉我们，绝大部分所得恰恰是靠较少部分付出而获得的,所以"勤劳"要放在最重要的那一点上。

加里·凯勒在其畅销书《最重要的事,只有一件》中也强调过这样的观点,他建议读者可以将工作内容分成两部分:最重要的一件事和其他事,把那一件最重要的事做到极致,其他事情过得去就好。请作为机构负责人的你想一想:"当下,你最重要的那一件事是什么?你做了吗?"

7. 学会自我突破、自我学习

不少机构负责人都在不断突破自己的边界,看书、培训、分享、参加新的挑战等。而且在不断地和身边的人学习,身体力行孔子所说的"三人行必有我师焉"。尤其是那些业绩快速增长的机构负责人,在顺境的时候能做到丝毫不懈怠,有强烈的忧患意识,这种机构基本上会走得更长远些。

唯有终身学习,才能自强不息,也才有机会创造一切的生生不息。

8. 言行一致,做团队的榜样

言行一致,表里如一,做好团队的榜样,建立起企业的文化灵魂,是每一位机构负责人时刻要提醒自己的事。

作者互动 还有哪些长期实践得出了让你受益匪浅的自我管理原则?请写下来。

任何时候,机构负责人都应该竭尽全力去激发团队成员的斗志,以实现组织目标;与此同时,也要尽可能帮助每一位成员获得属于他们的成功。

🏆 本章要点

1. 本章通过 3WAE 模型对在线教育团队管理进行了系统分析,包含概念、方法论、实践三大部分。概念是 WHY 和 WHAT 的部分,解决的是出发点和内涵的问题；方法论是 HOW 的部分，解决的是如何和环境(E)积极作用的问题；实践(A)是正式和环境(E)交互的部分，环境(E)会进一步反馈作用于团队。

2. 借助 3WAE 模型对机构的价值、制度、业务、执行四个层面展开分析，可以有效地了解机构各个层级的管理策略。

3. 对于机构管理，价值层面重点分析了愿景、使命、价值观，制度层面介绍了职业发展、薪酬管理、绩效管理等制度，业务层面从用人、沟通、培训、团队原则等实际高频场景做了探讨，还列示了实践过程中常见的原则技巧。

4. 机构或团队负责人要做好自我管理，这样才可以管理好团队。自我管理有八条原则可以借鉴。

第八章
科学学习方法及对应教培策略

"教育不是灌输,而是点燃火焰。"

——苏格拉底

本章我们需要从学员"学"的视角探寻，了解他们的学习策略、惯性以及遇到的困难和挑战，从而帮助机构加深对学员的了解，在未来"教"的环节上更有针对性和有效性。本章也会涉及一些"学习科学"研究的理论，帮助机构开拓思维，回归教学效果本真，制定行之有效的策略。

重新了解你的学员

作为在线教育机构从业者，我们需要经常问自己，我们真的了解我们的学员吗？我们需要去思考学员在和机构交互的整个过程中，哪些环节是对学员有启迪帮助的、需要加强的，哪些环节是可以省略掉的，或者哪些是我们没有考虑到，但对于学习效果有很大帮助的。

如果我们还是只停留在学员学习视频，有问题问我们就足够了的思维模式上，我们是没办法在未来在线教育市场中站稳脚跟的，就更别提获得先机了。接下来，我们从学习科学的视角来看一下哪些学习方式是真正需要我们重视的，哪些我们认为有效的传统学习方式是存在误区的，从而有的放矢地进行优化调整。

R.基思·索耶在其经典著作《剑桥学习科学手册》一书中提到："学习科学包含认知科学、教育心理学、计算机科学、人类学、社会学、信息科学、神经科学、教育学、设计研究、教学设计以及其他领域。"

从覆盖领域我们就可以知道，学习科学的学科交叉性非常强，其研究目的简而言之就是了解"人到底是如何学习的，以及如何教和学可以提升人的学习效果"。在本章中，我们不会从学术的视角去展开，更多是从不在学校课堂场景的非正式学习、社会培训的视角来介绍一些科学有效的学习方法，但其中会借鉴学习科学中已有的理论成果，从而帮助机构更好地了解学员、了解学习。

科学学习方法

我们先来看一下现在大部分在线学习方式存在的问题。

虽说在线教育已经有很广泛的普及，各种关于在线教育理念和技术的创新也层出不穷，但实际上，像本书中第一章所提到的，在线教育还处于非常初级的阶段。

目前大部分的在线教育机构还是采用录播或直播方式来让学员学习，基本处于学员单向、被动接受知识的状态。录播学习场景一般是学员在听教师输出内容，而其中大部分的学员在听讲时，也很少做理解、总结和应用的反馈。视频学习完成后，学员基本上也忘得差不多了。比较有心的学员可能会做下笔记，但当时也无法做及时反馈。

直播的互动反馈会稍微好些，在直播间直接问教师问题，带着主动的思路学习、理解的一般就算是优秀学员了。而社群中的学习往往出现的情况是，很多学员把学习群设置成消息免打扰，或者在群里一言不发等。

这样的学习离真正的有效学习还有较大的差距，真正有效的学习状态应该是由学员主动驱动，教师有效反馈，即螺旋式前进的学习模式。

从建构主义(建构主义被认为当今学习科学的理论基础之一，强调将学习视为任何情境下建构知识的过程，强调学习者的主动性，也强调知识在任何社会层面相互联系的本质)的视角来看，学员需要从自我的知识经验基础出发，建构属于自己的知识框架体系。

在建构这个体系的过程中，教师的视频、直播、答疑、辅导等都是学员建构的辅助手段，最终学员会搭建一个只属于学员自己的，但高效无比的知识体系。通俗来理解，学员由之前某种程度上的"观众"变成了"演员"，而教师由之前的"演员"变成了"导演"，帮助学员在学习的舞台上绽放光芒。

接下来,我们来具体看一下哪些方式可以帮助学员有效学习,建构自己的知识体系。

1. 回想有利于长期记忆

我们经常认为有效的学习方式是再重复一遍,例如看书就是重读一遍,看视频就是重看一遍。而实际上,有学者的研究显示,单纯的重复对长期的记忆和理解几乎没什么帮助。所以抛开短期应试的需求,重复一遍的学习方法有效性很有限。那对长期而言,什么方法比较有效,芭芭拉·奥克利在《学习之道》一书中提到:"回想比重读更能加深理解。"

回想的过程是你主动创建组块、提取信息的过程,信息一旦被提取出来,就是属于你自己记忆体系的内容。科学的实验表明,一旦第一次提取信息成功,后续继续提取的概率要远高于第一次就没提取成功的情况。

那是不是要在看完后马上回想刚才学了什么内容?虽然这样做至少比重新再看一遍效果好,但更好的办法是隔一段时间,例如间隔几小时、几天或者更长时间再去回想,这样形成的记忆模块会更加牢固。

例如看视频,间隔一段时间后去思考之前视频中讲解的核心要点是什么,尝试回想输出。如果哪里有卡壳,一定不要着急去翻看视频,要努力回想,以刻意加强记忆提取的能力。时间久了,神经元之间的链接能力也会得到加强。

如果一开始回想不起来就马上翻看视频,那基本上下一次也还是回想不起来,而且核心上会养成这种不太锻炼大脑提取记忆的习惯,总以为回看了视频后就掌握了知识。事实上,那只是把视频中的信息又重复了一遍,不代表你的大脑真的可以独立输出信息,这个时候就是被大脑"欺骗"了。

如果真的遇到了怎么回想都想不起来的地方,再去做回看和理解,然后在下一次的回想中刻意巩固这个知识点,确保回看后的记忆链接点有准确关联。

2. 交替学习的价值

在学习中,可能有人会有学习顺序的疑问。因为实际上在我们的学习过程中，很多时候不是只学习一科或者同样的内容，我们可能需要背单词，也需要阅读和计算。如果我们既要复习数学，还要复习历史和英语，那采取怎样的学习策略更好呢？

是学一天的数学后学一天的英语，还是再学一天的历史？或者周期更长？还是学一会儿数学再学习一会儿英语，然后再学一会儿历史比较好？

认知心理学的研究表明：在相同时间情况下，不同技能或概念交替式学习，穿插开，学习效果反而比单一只学习一个技能或概念更好。效果好指的是长期记忆，而不是学习过程中短期的反馈。这是因为虽然学习过程中的练习会受到不同概念交叉的困惑，但长期而言，却提升了问题与解决程序配对的能力。更强的辨识力和匹配力会帮助提升理解度和解题正确率。

交替学习的适用领域不仅有我们常提到的语法、外语学习方面，运动技能类的学习也有类似的研究支持。羽毛球运动员在三种发球方式之间交替练习(ABCABCABC)的效果要比集中练习(AAABBBCCC)好；其他诸如乐器学习方面、鸟类种类学习方面、化学化合物种类学习方面、不同艺术家绘画风格学习方面以及数学解题方面，都有对应的研究支持。

本质上交替学习之所以效果较好，一方面是前文提到的不同内容的练习，可以帮助提升区分、辨识的能力，会让大脑想办法提供不同的解决方案，提高对关键概念的理解能力；另一方面交叉效应也会增强记忆之间的关联，提升回想的质量，从而增强学习效果。

3. 建构专属于自己的知识体系

在回想的部分我们有提到学会建构自己的知识框架、知识体系，为什么这么做呢？从心理学的视角来解读，其归因于生成效应，又称自我生成效应。它是指在学习的过程中，人们自己生成的信息记忆效果要好于单纯阅读所取得的记忆效果。因此，知识体系的生成会更加系统，生成效应发挥也会更加明显。而且其中自主建构的概念也符合建构主义的基础原理。

那具体如何构建呢？根据学习科学研究的重要发现，学习总是在原有知识背景下发生的，学员在学习前并不是一个空容器在等着被填满，而是一个对知识或文化已经有一定模糊概念的有机体。所以其实所有新知识的学习都是经过旧知识的拓展和联系获得的，而这种拓展和联系需要学习者用主动的视角去理解，而不是被动地接收。基于主动视角的学习，有常见的方法可以借鉴，即联想和类比。

联想和类比的好处是可以帮助你的大脑主动构建已知和未知的关系网。在理解新概念的时候，你经常会发现，它好像和之前学习的什么概念有点像，或者可以用之前已理解的某个概念来进行理解。这可能就是你联想的开始，大胆地去想象，去建立关系，你就能理解它。

很多学习记忆法的选手，都是通过联想的方法，把需要记忆的事物和自己熟悉的编码进行联想，进而获得快速有效的记忆。在联想记忆过程中，你会自然地用到类比的方法，去加深对新事物的理解。例如，有效地区别新旧事物的相似和不同之处，这样就知道新概念在各个方面具体是什么情况。联想帮助你拓展思维宽度，类比帮助你的大脑建立新旧联系，它们均可以帮助你获得更好的理解和记忆。

最大的问题并不是联想和类比的方法有多难，而是有多少人会有意识地使用它们。我们的教学某种程度上会局限我们的想象力和思考力，很多教师告诉学生的是，"你把这个记住就行了"，所以学生学习的视角基本上是这个事物有什么特点。记住了，能通过考试了，就好了。但这种记忆很快就会消失，因为它不是自己通过主动思考，应用联想、类比这种稍微复杂一点的大脑活动去转换成的大脑记忆编码，所以并没有出现生成效应，也没有内化于心。

在学习达人斯科特·扬的《如何高效学习》一书中，其实介绍过关于建立大脑自己的理解模型的重要性。他提到在学习编程中的函数时，自己会把函数的作用想象成铅笔刀，钝铅笔进去，锐利的铅笔出来。这就是一个给自己的知识体系想象建模的过程，只有经过这样的思考和训练，才会有质的理解。

4. 一定要有反馈

关于反馈，笔者认为这是目前我们的在线教育做得最不好的部分，却可能是最重要的部分。教育家本杰明·布鲁姆曾说过："掌握学习策略的实质是群体教学并辅之以每个学生所需的频繁的反馈与个别的矫正性的帮助。"从学习者的视角来看，我们在学习时，都会建构自己的理解和思考，这可能与实际学习要求有偏差，但如果其间没有反馈，我们自己是不知道的。所以学习者需要在学习的过程中获得相对客观、准确的反馈，来帮助自己改善学习效果，从而达到更优。常见的反馈机制有自我反馈和他人反馈两种。

1）自我反馈

一些学习场景下，自我反馈会更方便，自己可以通过"刻意练习"的方式来洞察本质、举一反三，做到高效的自我反馈。

笔者讲的刻意练习是一个概念集合体，它包括围绕目标学习效果的一系列自我反馈方式，例如多形式输出、实践练习、对比总结、测试等，凡是你能想到的自我再次加工的方式都算。

下面通过一个案例来简单理解一下这其中的一些方式是如何应用的。

假设你近期想通过学习古诗陶冶情操，提升自己的心性，于是你决定先从学习一首古诗词入手。你学习的初步目的是能准确理解古诗词的意境，如果能在人前出口成章，增强表现力，则是非常好的附加值。你具体会怎么学呢？

（1）诵读几遍后，你可以通过回想把古诗词的金句或整篇默写出来，其中也可以借鉴多种记忆方法来同时训练你的记忆能力。例如通过联想、类比做记忆链接，也可以通过诗词还原填空等方式练习测验。这些都是有效的自我反馈方式。

（2）你也可以通过写一段心得或评论来发表你的看法，再和专家的评鉴做对比，借鉴一下有价值的思想。发表新的评论时，你可能去阅读古诗词对应时代的历史书籍，来增加你对故事背景的思考深度，进行有效的拓展对比。这里既有自己理解后的输出，也有总结对比，并进行了二次思考和提升，自我反馈的效果会好很多。

（3）你也可以通过思维导图整理一下诗词中的人、事、环境等，再和原意做比较，看是否贴切准确。这里借鉴了思维导图来输出，对大脑中的信息进行了二维甚至三维的整合，让自己产生了更深一层的理解。

（4）你也可以通过录制音频或视频来讲述你对这首古诗词的理解，并做PPT展示给他人。在这个过程中，你需要反复校验对核心知识点的理解以及查漏补缺。这种通过听觉和视觉的展现来输出的方式是很好的快速学习方式。

（5）如果你是一名音乐爱好者或者表演爱好者，你可以依托这首古诗词及你对作品的理解，把它写成一首歌或者编成一段舞台剧，或者以某种其他的形式表现出来。这需要比较强的想象力和跨学科的结合能力，这种刻意练习的要求更高，但通过这种自我反馈的方式，你的举一反三的能力也会更强。

（6）当然如果你是一名写作爱好者，你可以依托古诗词中的意境，拟写出一段新的诗词。这种基于原意的二次创作，需要你对原作有更深的剖析和感想。你可能需要了解作者的生平，站在他的视角了解作品的背景，来做更匹配的新创作。当然你也可以假设自己身处那个时代，基于作者的背景，你会写出更相似的作品。

这种换位思考的方法，据说作家冯唐在读《二十四史》的时候也采用过。冯唐的方法是假设自己是皇帝，看到大臣的奏折，他会如何做决策。这种学习方式看似辛苦，但通过这样的刻意训练，可以拓展出一个新的理解和层次，对学习大有裨益。

类似的学习方式还有很多，而且有很多名人大家也在用类似的刻意练习的方式来学习。例如美国著名作家富兰克林的写作学习方法就很有影响力，安德斯·埃里克森在《刻意练习》一书中将此方法拆解得比较细致，笔者简单做了总结，如图8.1所示。

图8.1 富兰克林写作学习法流程

具体的流程，富兰克林在他的自传中也有详细描述，大体过程就是：首先，富兰克林会选取几篇他认为写得很不错的文章，并把每句的大意摘录出来；其次放置几天；再次对自己写的摘要加以引申复述，完成后的内容要表现得和原意一样完整；最后和原作进行对比，进而优化改正。富兰克林后面为了增加难度，还把摘要打乱，并回头重新梳理，目的是刻意训练自己的行文逻辑能力。国内也有一些作家借鉴这种方法训练写作，并且这种方法也可以应用在其他领域。

有细心的读者会发现，为什么富兰克林会隔一段时间，即几天或几周后才进行复述，而不是直接进行复述？当时的富兰克林应该只是觉得及时复述会受原作者较重的痕迹影响，所以先放置一段时间。但实际上这个原理的背后，就是记忆领域为人所熟知的间隔效应。也就是说，相对于一段时间内集中学习相同数量的内容，间隔一段时间再学习的效果更好。这个概念最早是由德国心理学家艾宾浩斯发现的，是的，就是我们所熟悉的艾宾浩斯遗忘曲线的发现者。

自我反馈还可以通过一些实践练习来体现，做练习题掌握和深化知识点就是一种有效的实践练习。同样如果你学习了运动健身视频课，教师告诉你怎么训练肱二头肌，那你需要按步骤花一定的时间去刻意练习，你的肌肉才会给你学习训练的反馈。

测试也是一种很常见的自我反馈方式，其对于学习的重要性是不言而喻的。测试不是以我们常见的应试教育的视角来思考，而是对学习的检测反馈，是学习的辅助手段而不是目标。只有通过检测，我们才知道自己具体掌握得如何，如果心态上就害怕测试，怕对学习成果进行检测，那就会错过一个非常好的反馈机制。

Karpicke & Roediger 的研究也为测试对于长期有效掌握知识的重要价值做了实验支撑。

实验是这样设计的：先让学生共同阅读一篇课文，然后将学生分成 3 组，接着第一组学生再读 3 遍；第二组学生再读 2 遍，加 1 次自由回忆测试；第三组学生进行 3 次自我回忆测试。然后这些学生分别在 5 分钟及一周后完成最终的自由回忆测试。最终第一组再读了 3 遍的学生在 5 分钟后的自由回忆测试中表现最好，第二组次之，第三组最差。但是在一周后的自由回忆测试中，回忆测试次数最多的第三组反而表现最好，第二组次之，第一组最差。所以从长期来看，为了在学习中获得很好的效果，测试还是非常有必要的。

对于考试型的类目，通过上面提到的模型构建，自己对知识的理解内化后，你到底能否掌握好呢？这个时候测试就可以帮忙做很好的反馈。而且对于大部分的考试型学科，其测试题库是经得起实践验证的，如果你发现自己哪个环节比较薄弱，便会在测试上一览无遗。所以测试后最重要的是找到薄弱环节，重新从概念出发构建模型，通过联想和类比加强理解，举一反三，在升级了认知后再去做测试，就会有明显的提升。

所以这个时候测试是帮助你查漏补缺，找到你的不足，让你的知识体系更加牢固，而不是判定你成败的工具。

而对于非试卷考试型的技能学习，例如学习演讲、辩论这种实用性很强的技能，靠做题测试保证最后的效果是不可能的，它最多能让你知道一些基本原理知识。这个时候，测试可以是你能否按所学习的演讲或辩论框架去做表达，然后进行自我分析总结。

值得注意的是，对于此类有实际使用场景的技能学习，最好的办法是结合具体场景进行练习或测试，让学习者站在实际场景中理解和应用。例如线上演讲训练营中，学习效果好的往往是那种有学员基于某个主题进行实践分享或者比赛的机构，而不是单纯将演讲知识讲解得很精彩的机构。

总之，刻意练习概念下的多种自我反馈的手段都是在帮助你对知识、技能理解得更深刻，记忆得更牢固，应用得更熟练，让你进化到新的学习圈层。

2) 他人反馈

从严格意义上来说，自我反馈在一些学科领域里无法获取客观的反馈，例如学习唱歌，你可以自己录音输出，通过自我反馈的方式训练。但假设你是初学者，那可能你的听觉系统还没有建立起很强的声音识别能力，也就是说，你无法区分自己唱得是否达到标准，是否真的足够好听。这个时候，要请他人来给你反馈，最好是你的教师、教练等有专业能力且能直接给予反馈的人，这样你的进步会更快。

对应自我反馈，他人反馈同样也可以借用文字、语言、视频、演练等方式，当然练习、测试、应用等方式也是少不了的。形式上的应用就不再赘述了，重点说一下现实场景下最理想的技能学习方式——"教练及时反馈"。

如果有可能，学习者最理想的学习方式应该是围绕某一主题目标，带着强烈的学习动机，主动去构建自己的学习脉络，想尽各种方式来达到学习目标；其间，有一个或多个围绕目标领域解决需求的学习教练及时反馈学习者的问题，并做到高效引导和错误纠正。这样学习者的学习效果近乎最大化。

但实际上这样的场景比较理想化，没有教练可以完全像自我意识一样跟随学习者的节奏，做到完美同步。但我们了解到，通过教练一对一这种方式，至少是可以让教练根据学习者的表现或掌握情况逐步推进，对每个层级和关键节点给予及时的反馈和跟进指导，这样的进步也足够快。例如世界级的象棋大师、竞技运动员等，他们基本上有专属于自己的教练，而这些教练大部分也曾经是顶级选手，或者培养了很多顶级选手，他们的教学经验非常丰富，能让学习者快速且有质量地进步。

所以在很多学习领域里，学习者如果有条件请优秀的教练或教师，并让其与自己做合适的匹配，会是非常好的一种学习方式。当然，在这个过程中，学习者还是学习的主体，不可替代。而且好的学习者对教练会产生促进作用，从而教学相长，能够达到更好的学习效果。

5. 其他

按道理，根据上面的步骤进行学习，基本上就实现闭环了。但事实上，科学有效的学习方法还有很多，本书再分享几个比较有意思的概念或定理，它们对提升学习效果也会产生至关重要的作用。

1) 元认知

元认知(Metacognition)如今已经不算是新概念了，但它在学习领域的应用成效还比较有限。元认知是指对认知的认知，简单来说，就是对大脑思维过程的思考。

就学习而言，更重要的问题往往是"我刚才思考这个问题的思路是否全面，有哪些遗漏""我有没有具体的办法来衡量我对这个问题的理解程度"，这类问题就是引导我们用元认知去思考问题，它会让我们更清楚自己的思维模式、运作过程以及最终效果，它发挥的作用远比我们想象得惊人。

专家马塞尔·威茵曼的研究结果表明：元认知对学习效果的影响要远高于智商方面的影响。也就是说，那些能管理好自己思维过程的学习者，成绩表现往往更好。进一步从学习科学领域的研究来看，除了进行自我反思，学习者还可以通过和专家的想法或思考模式进行比较来学习。例如你在线学习视频课程，正在对某一概念或知识点进行认知分析时，作为学习者，你可以先按暂停键，然后把自己的思考过程、方法与讲课的专家或教师进行比较，从而分析出自己的认知过程，提升学习效果。

其实，元认知思维不仅可以在学习领域发挥作用，在其他任何领域都可以产生很强的推动作用，因为凡是涉及思维本身，对思考的再思考就是一个本质的视角，养成这种思考习惯，对于洞察事物和做决策无疑都会有较多帮助。

2）费曼技巧

费曼技巧，又称费曼法则或定理，大体上是说诺贝尔物理学奖得主理查德·费曼在普林斯顿大学当教授时，和该大学的数学系教授打赌，不管这些教授告诉费曼多难懂的数学知识，只要他们使用简单的术语去表述，费曼就能得出同样的结果。

费曼技巧有两个关键操作，是这个技巧具有高价值的地方。一个是你学习后，要把自己设想为教师，去教别人，让别人理解并且学会。这其实和美国教育学家埃德加·戴尔提出的"学习金字塔"的观点比较吻合(具体学习金字塔的出处和版本有一定出入，但核心理念应用方向是相同的，且其实效性有经过经验证实)，都是在模拟的实战中把自己理解的教给别人，获得的学习效果，要远好于简单的听、看、读。

当然,这也是能力上的证明。学习科学领域也有这方面的研究支持:当学习者外化并表达自己正在形成的知识时,学习效果会更好。

另一个是你教的这个人必须是一个零基础者,你必须用通俗易懂的概念解释清楚。事实上,后者也是前者的前提条件。别看这两个关键操作很好理解,但做起来其实并不容易。想想你在某个领域非常熟悉或者精通,你是否可以把这项技能或知识通过你的描述,让一个零基础者完全学会呢。可以用费曼技巧的应用流程,如图8.2所示。

图 8.2 费曼技巧应用流程

当然,这个技巧的目的并不是鼓励大家去教别人学习,而是要知道自己学到什么程度才可以教会零基础者。在拟定教学内容和教学环节中,你可能就会发现,原来的很多概念你不是很清楚,还可以做很好的提升。

3) 蔡格尼克效应

蔡格尼克效应又称蔡加尼克效应,是苏联心理学家发现并以其名字命名的心理学效应。该效应的内容大体是:人们总觉得有一件"未竟之事"要去做,指人们对未完成的事情比对已完成的事情的印象要深刻很多。

很简单,例如你看一本小说,如果小说很精彩,你会总想一口气读完,即使中间吃午饭,心里也还惦念小说的情节,想尽快吃完午饭去读完剩下的章节。其中的原理在于人们处于情绪的待处理和大脑紧张后待缓解的状态。一旦事情完成,你会发现自己很可能有很长时间不会再接触它了。

所以反过来,在学习时我们经常留好待解决、待完成的学习口,就可以让大脑带着你去完成事情,这样循环起来,可以让自己总有尽快解决它的冲动,从而可以提升学习效率。

4) 空间感的重要性

我们通常都是通过认知上的表现来学习，例如概念认知、语言认知、逻辑认知，学习者往往会忽略借助空间感知来学习。但事实上，人们从小就会借助身体的空间感来训练平衡能力，像建筑、艺术等领域的杰作更是证明了人在空间学习和应用方面的突出能力。但在平常学习中，我们借助空间来理解、记忆的场景并不多，从而把这件学习利器雪藏了起来。实际上，我们可以很好地借助空间感知、想象、输出等来提升学习效果。

曾经有学者做过研究，5 天之内给人们展示一万张图片，然后把一些没展示过的图片和展示过的图片糅合在一起呈现给人们时，发现人们辨别展现过的图片的正确率为 83%。这充分说明了人类大脑可以存储大量的图片记忆。

所以在学习过程中，可以有效地把知识联系用图的形式展现出来。例如教师教你在演讲中需要注意五个力，分别是思考力、视觉力、表现力、互动力和现场力，如果你单独通过文字来记忆会很容易遗忘，因此，可以自己构建空间来帮助记忆，演讲五个力的空间感知，如图 8.3 所示。

图 8.3 演讲五个力的空间感知

想象自己站在演讲现场的讲台上，你要思考今天讲什么，你脑海中的思想决定了你今天所讲内容的高度，这就是思考力。

你是演讲内容的主导者，所以你在演讲台上的表现、动作都非常重要，这就是表现力。同时你需要借助精彩的 PPT 或其他展现形式来表现你的思想，这个时候就要注重视觉力。

讲台下面还有观众，你只有不断和观众互动，才能提升观众对你所讲内容的兴趣度和分享效果，这是互动力。现场是一个整体，是一个分享的环境，它是变动的，需要你有较强的现场力来有条不紊地推进你的演讲。

这样从脑海中构建的图片就可以经历如下动态变化：一个思考的头→一个动态姿势的人→一块精彩的屏→一群人→一个台上台下完整的空间。构建这样的动态画面或立体空间，就更容易帮助你记忆和理解。

包括近年来随着脑力科学类节目的热播而带动的记忆宫殿的方法，也是一个很好的空间记忆方法。

空间记忆和理解中最重要的事，是学习者能把知识构建成平面空间或立体空间，让知识点和空间结构融合在一起。对于现在盛行的思维导图，其实大部分学习者并没有发挥很好的空间想象的作用，更多使用场景还是在分类的作用上。一般情况下，越多地把自己的理解建构在空间上，理解和学习的效率就会越高。

5）提问的重要性

哈佛大学有句名言：教育的真正目的就是让人不断地提出问题、思索问题。而对于我们大部分的学员和培训机构而言，更多关注的却是解决问题，忽略了解决问题最重要的两个前提——提出问题和思考问题。

尤其对于大部分中国学生而言，学会提问好像比记住答案还要难。我们通常意义上认为的好学生往往是能把教师所讲的内容，认真做好笔记并记住的学生。却很少把提出好问题的学生当作好学生。实际上，学会提问比记住答案更难，我们大部分人选择的还是容易的方式。

问一个好问题究竟有多重要，教育研究专家戴维·珀金斯在其著作《为未知而教，为未来而学》一书中举了一个例子，是1944年诺贝尔物理学奖获得者伊西多·拉比的亲身故事：大部分母亲在孩子放学回家后会问一句："你今天学到什么了吗？"自己的妈妈当年却问："拉比，你今天有没有提出一个好问题？" 伊西多·拉比在后来回忆童年时说："我母亲无意间把我变成了科学家"，可见，学会高质量的提问对伊西多·拉比获得如此成就有多重要。

那提问为什么能产生如此强大的能量呢?事实上,一旦你愿意且能提出一个高质量的问题,意味着你对事物有过深入的思考,更核心的是你拥有探索世界非常宝贵的好奇心、想象力、质疑精神,而且这为后续的探究知识、创造创新也奠定了坚实的基础。

真正的好问题会激励我们探究某个问题的多场景、多表述方式,从中寻找能够提供真知灼见和解决问题的具体办法,可以打破学科的思维界限,使得学习更加深入和广博,获得更多的启发。多想一下"为什么",多问一句"怎么做",会让你的思考更加深入、全面,学习反而更主动。

以上介绍的科学学习方法,学习者在实际应用时,也可以多种方法融合使用。

高效学习对应的教培策略

前文本书介绍了一些科学学习的方法,虽然没有涉及很多、很深,但应用得好,相信对学习者还是有较多帮助的。与此同时,这意味着机构可以据此调整对应的教培策略。只有真的站在学员视角去了解如何学习更有效,才可以制定出更高效的教培策略,才可能服务好学员,以获取长期口碑。具体的教培策略可参考如下内容。

1. 学习过程中的主动引导

前文提到,学员想要高效学习,主动式学习是最重要的前提。因此,我们需要在教学过程中对学员进行有意义的引导,充分激发学员主动学习的乐趣和内在动力,即使只在一些常见环节的细节中做一定的优化,也可以有不错的改善。

例如,机构可以在录播视频中设置学习视角思考的环节,给一个停顿,让学员拿起笔来,或者在线上笔记区写下他对知识的理解和梳理;而直播过程中，机构可以引导学员在讨论区进行知识点回顾。这时直接用一些教师的独特的方法论和框架来引导，假设教师用的是事实—价值—实践模型，那么每位学员就可以通过讨论区分享一下自己对这个知识点的理解、它存在的价值，以及实践时会怎么用等。

这种引导做得多了，学员慢慢就会思考，这 15 分钟讲了什么，这段内容我怎么理解，从而渐渐养成良好的学习习惯。只要到了习惯这一步，那学员的学习效果自然会提升一个层次，机构整体的教学质量和口碑就会大幅提升。

这种方式的关键还在于机构在课程设计、服务安排等 SOP 中注入"学员是学习主体，要想办法激发他们主动学习"这样的意识和核心环节。

2. 强化输出反馈

根据金字塔学习原理和学习科学的研究，学习后的输出提升对学习效果有直接的帮助，是提升学习效果行之有效的重要手段之一。所以机构在课前、课中、课后需要对学员做进一步的输出引导，尽可能把输出的场景细分，在不同环节设置合适的输出环节。

例如课前可以引导学员整理一下自己对目前主题或核心知识点理解的思维导图，建立一个基本的学习目标；课中直播时留出 2 分钟的知识点整理时间，让学员在线上笔记区输出；课后让学员现场做练习题，这在很多平台都可以轻易实现。这种互动输出看似简单，其实能帮助机构了解学员的学习情况。课后作业提交时每人输出一个笔记图，或每人作一个新概念的类比理解图，或者是小组分组输出一个相对完善的解决方案等。

如果有条件，机构也可以开发智能系统，重新整合每个细分环节的输出部分，并形成功能反馈。输出环节细分参考流程，如图 8.4 所示。

假设一节一小时的课程，按照课中和课后两部分来划分。课中先进行 5 分钟的开场和 20 分钟的核心知识点讲解，接下来就由教师引导学员用事实—价值—实践模型来吸收内容，也可以用其他任何方式，例如类比联想、逆向思考等方式，目的是让学员输出他们的理解视角的内容，而不是一直由教师做单向的讲解。

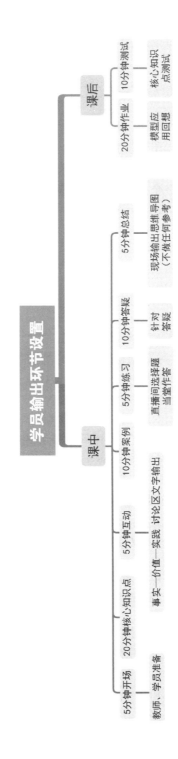

图 8.4 输出环节细分参考流程

之后进入 10 分钟的案例应用讲解，然后结合案例和知识点做 5 分钟的练习。大班可以通过现场互动来得到反馈，小班可以采取更灵活的输出方式进行反馈。

练习后教师结合前面环节进行有针对性的 10 分钟答疑。比如，有的学员在借用模型内化输出的时候，其实对概念的理解与正确理解是有出入的，这个时候教师正好可以通过答疑和学员确认是否理解正确，以及解决其他的针对性问题等。

最后，教师让学员进行 5 分钟的总结，不管是用纸笔还是用计算机，输出一份自己理解的今天课程的思维导图，或是逻辑图、关系图、象限图等，只要能相对高效系统地输出清楚即可。但是教师记得告知学员不要着急翻阅资料和课件，尽量通过回想输出，这样才能强化提取记忆的能力，也和前文介绍的科学学习方法吻合。

然后进入课后环节，通过 20 分钟左右的作业巩固，学员可以对所学内容有进一步的理解和应用。作业进行提交后，学员需要再做 10 分钟的测试，看看当天学习的知识点和案例应用是否真的掌握了。教师需要给一个相对可测量的测试题目，引导学员做一个考评，可以有分数，并直接同步到系统中，进一步形成个人知识点掌握程度图例、错题分布图例等，再之后按周、月发送巩固复习的提醒，发挥间隔效应的价值。最后教师结合系统对学员的输出反馈情况做进一步的统计分析，借助科学方法和系统管理来进一步高效推进教学。

以上流程录播课也可以借鉴，具体可以在视频中的某个知识点后设置案例理解题，学员如果没有掌握，答错题是不能继续学习的，直到回答正确为止。这样也可以引导学员认真学习，通过交互输出更好地掌握知识，而且机构在教学管理后台也可以看到学员对知识点的整体理解程度、盲区，以便决定在哪些部分增强或削弱解释，从而有效提升学员学习效果。

当然，这些环节中的互动输出设置对于不同机构可能完全不一样，机构不必照搬例子，重在学意识和引导方式。例如，有的课后环节是在社群中完成的。以写作训练营为例，要求每个人围绕某一经典主题，输出不少于 300 字的使用结构化写作方法的短文，这就是对当天结构化写作方法一个好的输出学习方式。机构可以将短文发在自己的公众号上，让学员互相拆解对方的逻辑思路；还可以引导小组展开竞赛，从而评定输出效果，进而提升输出率和输出质量，提升学习效果。

我们强调了要激发学员主动学习的动机，也强调了要引导学员进行学习后的输出，还有更重要的是主动输出后的反馈。只有做好这个反馈，才能有更进一步的学习质量的提升。

因此，教师需要对上述每个环节中学员的输出进行有效反馈，甚至有的机构在课前预习阶段都需要做反馈。至于反馈到什么程度，机构要建立具体的反馈机制。比如学员作业输出后，作业对错是以什么形式来评判，是谁来反馈？是授课教师评、助教评，还是小组互评？需要打分吗？是否有反馈的错误档案？下次反馈是什么时候？教师会做综合的反馈分析吗？这一链条的反馈机制要建立起来。

3. 其他策略

针对其他科学学习方法也是一样的，也有很多可设置和优化的部分。具体如元认知，教师完全可以引导学员去还原思考过程，以及对自己解题思路的分解。思考方式一旦发生变化，对学习效果的影响会非常大。

如费曼技巧，可以想办法把一本你觉得有意思的书讲给另一个对这本书或这个领域完全不了解的人听，使他听得懂，能输出一张核心知识点的思维导图并且基本正确。这个路径基本应用的就是费曼技巧。

那蔡格尼克效应呢？有些教师是这样应用的：在教学开始的时候给大家用一个课程相关的谜题做引子，吸引大家思考，告知大家该谜题在课中会有涉及，并且在课后会公布答案。这样学生就会对这个谜题非常关心，听课的注意力也会集中很多。设置合理的情况下，应用蔡格尼克效应的效果还是不错的。

交替式学习对学习吸收的效果比单一重复更好。那交替式学习怎么实现呢？其实现方法其实就是将不同知识点进行适当穿插讲解和训练。我们拿健身来举例，往往在训练时，一个项目做一组或两组后进行休息，休息后接着不同的项目去做，这样可以在刻意练习的基础上，得到系统训练。

主动构建知识体系这部分，机构可以结合教学类目进行设计，并对学员进行刻意训练，引导学员做联想、分析、对比，巩固和加强学员对内容的理解；还可以适当地结合激励体系，引入学习小组，刺激学员高效输出。

模拟实战对学员学习效果改善比较显著，机构可以设置对应的模拟实战来提升学员的理解和应用。像书法机构可以办一个在线书法比赛，现场出作品，现场评分，这在线上完全可以实现，学员动力也会很强。还有声乐类的，机构可以准备一个线上练歌房供学员进行汇报演出；考试类的，机构可以办模拟冲刺大赛；平面设计等一些实操技能类的，机构直接可以帮助学员对接需求方，做免费或低价交付等。这些真实的需求环境，会使学员对知识的理解更立体。

在线教育在科学学习策略的应用上还只是刚刚起步，相信机构一旦有了这方面的意识，必然花大量心思在产品的设计和服务的提供上，从而有更多的方式让学员学习效果更好。因为市场也会不断竞争，驱动机构推出更有效、更高效的学习方式和教学方法。

本章要点

1. 只有真正了解学员是怎样学习的，才可以制定出行之有效的教培策略。

2. 高质量的回想往往比简单的重复对大脑的长期记忆和理解帮助更大。

3. 高效学习一定是教师和学员双向互动的过程，而不是教师单向讲解输出。它是以学员为中心来引导学员输出，并给予及时反馈，同时反向作用于教师，是有利于双方的。

4. 学习一定是越主动效果越好，所以对于机构来说很重要的一个课题就是如何激发学员的内在学习动机，有趣、成长性强、即时激励、节奏紧凑的课程设计和及时的反馈都是可以尝试的方法。

5. 学员要学会构建自己的知识体系，采用各种各样的办法，如发散、聚合、联想、类比，通过自己构建复杂的链接，学员对知识体系的理解会更加透彻和牢固。机构要学会做这方面的借力和引导。

6. 元认知、费曼技巧、蔡格尼克效应、富兰克林写作学习法等，都是有效的学习方法，机构可以结合此类科学学习方法制定有效且可落地的教培策略。

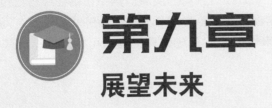

第九章
展望未来

"知之者不如好之者,好之者不如乐之者。"

——《论语·雍也》

通过前几章，对在线教育机构运营及学员科学学习层面有了比较多的了解，本章侧重展望一下未来在线教育的发展。其中包括在线教育技术的演进路径和进化意义，教学模式的创新形态和未来可能的应用思考，商业模式的趋势和变化，以及未来什么样的在线教育机构有可能发展得比较好等核心主题。

在线教育技术发展

在线教育早期，通过互联网技术将教学内容搬到网上，拉近了无数有学习需求的人和优秀教师的距离，产生了一系列的空中教室、网络学堂，在一定程度上改善了地域不便、资源不均的教学情况。

人工智能

随着在线教育技术的不断应用和发展，AI 已经渗透获客、教学教研教辅、机构管理、教师管理、学员行为分析、教育数据可视化的方方面面。市场上广泛应用的 AI 技术如图像识别、语音识别、自然语言处理、距离检测等，出现了英语 AI 评分、口语机器翻译、拍照搜题、识别解题、智能答题、智能推荐等一系列新的学习体验。下面我们就部分常见 AI 技术应用场景进行讨论。

1. 上课状态和情绪捕捉

我们都知道，大部分在线教育很难对线上另一侧的学员有较好的学习状态监控，不能像线下那样，通过了解学员的学习状态、情绪、动作等进行对应课程方案的调整。因此，就有一系列在线教育机构在借助 AI 去做这方面的应用尝试。像好未来的魔镜系统，借助摄像头捕捉学生上课时的练习、举手、听课、发言等状态和情绪的数据，产生对应的数据报告，帮助教师有针对性地分析以及有效地调整教学方案，尽可能做到因材施教。同时这个系统还会将小视频和专注力曲线分享给家长，帮助家长及时了解孩子的学习情况。

而情绪识别技术，有一些机构已经尝试将其应用在学员上课状态的判别上，它可以有效地捕捉学生的面部表情和情绪指标，甚至比线下做得还系统化，从而帮助教师了解学生的学习状态，以进行有效指导。在这方面美国的 Affectiva 公司建立了强大的基础技术能力，还能提供情绪识别 SDK，部分教育 App 已经在使用。

2. 学习过程定制化分析&反馈

对学员的分析还包括知识的掌握程度，结合大数据分析，教师可以有效地判别学员对于知识点的掌握情况。对于正常的一对多授课，在课中环节，教师基本上没办法做到同一个知识点照顾到不同阶段的学生，所以对于哪些知识点哪些学生已经达到了掌握的标准，单纯地靠教师来做判断是非常难的。

而借助 AI 系统可以做到信息统计的千人千面，后续系统还可以进一步安排对应提升学习，必要时可人工干预调优，从而实现效率和效益的最大化。

像作业盒子发布的 AI 驱动"小盒课堂"，它基于学科知识图谱拆分出大量的知识切片，并借助三维画像做了比较精致的 3D 建模和迁移，通过手势、语音、表情等多媒体互动，同步运行 AI 机器自动评分和反馈，并加入趣味化、视觉化的元素。对于小学生，这种沉浸式体验效果相对更好，而且全场景数据采集会给小学生千人千面的个性化推荐，可以让他们较好地把控自己的学习节奏，也有效地解放了真人直播的人力。这样的产品正在逐渐增多，尤其是在少儿英语、少儿数学素质教育等细分类别上。

可预估的是大数据下个性化反馈的学习方式，全生命周期的学习决策指导，在未来可能会成为一件比较常见的事情。

3. 图像识别

图像识别领域也有相关应用，比如猿辅导推出的"小猿口算"，以及借助深度学习等技术实现的热门学习软件"小猿搜题"等。国外也有类似的，比如 Volley 搜题软件。除了在识题算题方面的应用外，图像识别还可以用在一些教学画面的捕捉上，例如舞蹈、器乐教学等，精准的动态图像捕捉和注释反馈会让线上教学变得更加流畅。

4. 智能评测

借助 AI 评测系统做个性化学习的机构比较多，如沪江的 Uni 智能学习系统、英语流利说的自测系统、松鼠 AI 等。

像多邻国这样的产品，是全世界非常受欢迎的外语学习软件，它会对你的语言能力做一个基本诊断测试，然后定级。这种方式已经被广泛应用在各语言类学习 App 上。其中的逻辑很简单，只有做基本诊断才能做出水平评估，才能有个性化学习的基础。

而智能评测打分有专门的公司提供系列的技术解决方案，像 GradeScope 在这方面的应用就比较成熟，可以借助 AI 帮助教师批改试卷、作业、代码等，可以通过拆解关键步骤给出评分，已经在客观题、主观题，数、理、化、生等多学科上进行应用。物理考试试卷的 AI 打分界面，如图 9.1 所示。

图 9.1　物理考试试卷的 AI 打分界面

资料来源：GradeScope 官网

国内类似的如科大讯飞也在语音识别、手写文字识别、作文自动评阅等技术领域有所推进及应用。相信随着技术进步和应用普及，人工智能评测的应用既可以大幅节约教师的精力和时间，又可以维持较高的评测准确率，提升整个教学环节的效率和质量。

5. 自适应学习

目前，国外在人工智能教育应用方面，涌现出不少基于自适应学习(Adaptive Learning)技术理念的 AI 教育软件公司。自适应学习核心就是根据学习者的特性来进行动态优化，给学习者提供相应的环境、知识库及多种个性化资源，从而让学习者达到最优的学习效果。这就需要了解每个个体的情况，需要对学习者做诊断测试来判断学习者的水平，然后基于此提供个性化的内容，找到学习者的盲区，弥补学习者的漏洞，从而达到最优学习解。

这方面的领先者如美国 AI 教育领域的独角兽 Knewton，它在自适应作业、辅导以及跨学科方面有比较明显的优势。而且有研究表明，使用 Knewton 平台的学生的成绩比未使用 Knewton 平台的学生的成绩平均高出 11.5 个百分点。

还有美国教育大型公司 McGraw Hill 旗下的 Aleks，也比较有影响力。Aleks 是 Assessment and Learning in Knowledge Spaces(知识空间中的评估与学习)的简称，至今已经成立 20 多年了，它主要在 K12 和高等教育领域发光发热，可以说是美国 AI 自适应学习应用的先驱。

Aleks 基于其核心的"知识空间理论"(Knowledge Space Theory)，即通过算法构建和应用特定学科的知识结构，把不断描述学生和知识的交互场景构建出函数关系，为每一个知识点建模，并和学生动态交互确认，进一步更新学生已掌握和未掌握知识点的状态，评估出学习的决策路径，这样就可以准确地评估每一位学生的知识掌握状态。

这点与测试分数反馈的 AI 系统不同：Aleks 主要对学生知识掌握情况进行可视化展现，让学生准确了解其知识掌握情况。当然知识状态的更新展现要依赖于大量题库数据的覆盖。其间还会借用 RTI(Respone to intervention)，即回应性介入的方式来系统地识别和帮助陷入困难的学生进入适当学习干预，从而最大化地保证学习质量。

其他的还有被培生教育并购的 Smart Sparrow，以及有效改善退课率的 CogBooks 等。而且其中一些基于自适应学习的模式，不仅覆盖学生科目学习的考试解题方面，还会采集学生在实习、团队项目沟通等方面的软技能数据，未来进入职场后，机构可以将这一数据打通，作为长期价值的解决方案。

6. 教育机器人

教育机器人近几年也在快速发展，尤其是在 Steam、语言教育类。像 Wonder Workshop，就是通过对机器人的指令以及交互来帮助学生学习编程的。对于不同年龄段的学生，Wonder Workshop 有不同阶段的机器人用来帮助学习编程，这对传统以硬件驱动的乐高教育机器人而言，也是新的挑战。

当然，教育机器人实际上在很多非教育场景也发挥着教育作用，例如社会公共安全教育机器人、医疗领域的看护教育机器人，还有工业制造领域的培训机器人等。

7. AI 技术和大数据结合

AI 技术和大数据的结合应用会越来越重要。海量的学习数据会帮助机构做更准确的学习行为判断，帮助机构朝着高效率、因材施教的方向不断推进，做到真正激发每一位学生的潜能。

除了上述提到的自适应等教学场景的应用外，AI 技术和大数据的结合也可以帮助机构提升运营效率，例如，机构可以借助销售人员和学员沟通的海量语音和文本数据，通过语音识别及语义分析来实现智能化的 CRM，可以帮助销售人员快速推荐海量大数据中的高转化率的回复，提升整体销售的业绩水平，也可以通过对公海中未转化的线索归类或建模，提升优质线索响应的效率。而且数据量级越大、类型越丰富，相关应用范围会越准确。包括后续的教学辅导、售后客服环节，也均可以借助 AI 技术提升整体机构服务的效率。

不过总体看来，AI 技术目前在在线教育领域的应用还处于初级阶段。除了很多可量化的事情要不断校准、不断升级外，AI 技术应用的逻辑和视角也需要不断变化，对于教育学习本身的问题也需要思考更多。

VR 相关

VR(Virtual Reality)是指虚拟现实技术，基本原理是通过计算机模拟逼真的虚拟环境来实现在虚拟世界的沉浸和交互。虚拟现实技术对于在线教育的意义主要有两个方面：一方面是学习沉浸感的打造，另一方面是虚拟学习世界的创建。

1. 学习沉浸感的打造

对于大部分学习场景而言，学员比较难产生高投入和沉浸体验，尤其是对于大部分应试、就业导向的非主动式学习。而沉浸代表着对当下状态的着迷和投入，对教学而言，能高度投入肯定是一种积极的表现，是有利的。因此，对于某些学科，可以借助 VR 技术或配合游戏化设计，营造沉浸式学习环境，也可以借助机器人等硬件设备配合实现。

2. 虚拟学习世界的创建

在实际教学中，我们发现，很多学科没有办法在现有技术情况下展示逼真的教学环境。例如地质学、物理学、天文学、考古学等基础学科，学员在学习上的体验大部分还是靠图像或动画来构建，逼真感、投入度相对有限。因此，市面上也有一小部分产品，通过立体影像以及动画技术的结合，呈现比较逼真的虚拟环境，让学员置身其中，进而产生更深刻的学科理解。

以一门线上演讲课程为例，未来实现的形式很可能是学员通过屏幕或者其他硬件学习，机构通过动态环境建模使教师和学员置身于虚拟讲台的演讲环境。学员可以进行立体显示的交互，学习参与感就会大大增强。

而且除了拥有和线下一样逼真的虚拟演讲环境外，还可以通过建模优化线下实现不了的场景。例如在线下演讲培训机构学习，上课环境基本就只有教室，但我们可以借助 VR 技术，让各小组做讨论分享时可以置身于草坪等轻松的环境中，实际操练时可置身于几千人的会议大厅中，还可以融合一些游戏模式来解锁技能，让学员把所学所用尽可能地同步一体化。这样的教学体验，在某种程度上可能比线下效果还要好。

除了 VR，相关如 AR(Augmented Reality，增强现实)、MR(Mix Reality，混合现实)以及其他关于虚拟现实相关的技术等也逐步和在线教育的结合中发光发热。例如国内的 AR/MR 教育平台 ARSEEK，已经出现在一些中小学行星观测、化学实验、生物观察的课堂上了。

当然，从整体来看，目前虚拟现实相关技术的应用和商业化普及，也都还在比较初级的阶段，需要不断进化才可以实现更高价值的教学场景诉求。

硬件结合

在在线教育方面，我们论述了很多关于与软件结合的场景，基本上以手机或计算机载体应用居多。但事实上，除了上面提到的机器人，其他的物联传感设备也有很好的应用场景。

例如 Switch 的健身环，这款热门的健身教学游戏。它的核心传感设备就是 Joy-Con，借助其接收和传递身体的运动信号，运动信号对身体动作进行了精准的解码，加上视频教学和演示，会让运动教学相对比较准确。而且加上游戏化的设计，运动、学习新的健身动作成了一件非常有趣的事情。

还有诸如家庭教育场景的大屏硬件，低龄儿童的智能音箱、学习机、点读机、智能台灯等都可以和线上学习内容做进一步结合。总之，随着技术的发展，未来的教育形式一定会越来越多样化、趣味化，会有越来越多的人通过技术在教育上的应用，高效、趣味地完成学习。我们对于在线教育的学习场景也会随着全息影像、三维图像、硬件等技术的发展，拥有更多的想象空间。

关于技术和教育的结合，笔者同样想强调一个观点，就是一款在线教育产品，虽然它是教育产品，但它也是一款互联网产品。凡是互联网产品一定要有用户思维，机构要洞察场景的真需求，要注意产品的体验，要将用户视角的全方位测试做到位。因为笔者发现不少这类产品的技术愿景和价值驱动都很好，但最后上线的产品在用户体验方面做得很差。

怎么看待一系列新技术带来的教育变革？笔者认为技术最大的价值是为学习者个性化地提供解决方案。甚至通过技术可以帮每位学员找到适合的学习节奏和学习方式，让学员高效率、轻松地完成学习，而不是单纯的技术驱动，解题不解惑。本质上，思考并拥有看待世界的视角和思维，以及解决问题的能力是教育的终极落脚点。

从技能培训的关键路径达成角度来看，AI 等一系列前沿技术会让教学的精度、效率、质量都获得较大提升。但人与人的交流、思考的感悟、心智的启发，却也是永远难以数字化的教育灵魂，所以修心修行和技艺学习是互利共赢的，都要抓，也都要硬。

未来教学模式创新

在线教育最终还是要回归最大化学习效果和效率这件事上，所以随着技术的发展和学习场景的演化，未来的课程体验也会以更多样、更精准的形式展开，而不仅仅是单纯的录播、直播、社群、AI 等学习形式。

由于未来工具和产品形态的丰富性，正式学习和非正式学习的边界会越来越模糊，这也就意味着，一个教学产品或者培训产品会存在多种交付形式，其满足需求的场景也会更加精细化。

不同类目教学形态展望

接下来，我们逐一思考一下未来考试、技能、兴趣知识类的在线教育教学形态的可能性。

1. 考试类展望

对于考试类的学习，学员的核心诉求是通过考试或拿到高分。机构想要更容易实现这个诉求，需要管理好教学的全链路。但现在不管是直播教学还是录播教学，都还是把"教、学、练、测、评、考"割裂开，在多个场景中完成的。就未来理想的产品形态而言，这些环节可以同时在一个场景或产品形态下完成。

理想中的场景之一可能是这样的。

教师在直播课堂上进行 15 分钟左右的理论讲解，理论讲解是机构提前制作好的，是根据课前学员做的测评了解到学员的整体知识掌握情况后定制的课程内容。其形式是打磨了很多遍的 AI 交互程序，里面有动画、视频、案例的准确拆解，学员点击交互学习后，基本就可以掌握最核心的知识点原理。

之后教师开始针对刚才学员学习知识点过程中产生的问题进一步交互答疑。

然后学员开始练习指定习题，每一位学员解答练习题的状态、答题时长、准确率、知识点盲区、错题等关键信息，都会通过系统交互直接反馈到教师的管理后台。其间的作业批改也都是系统完成的，需要教师主观评测的部分也直接由教师在交互系统中进行批改。

接下来，教师针对没有达到标准的学员重点进行反馈确认，或者对需要重点强调的知识点给予统一分析。并且根据刚才系统中反馈的知识点掌握程度，系统会生成对应每位学员的不同的测评考卷或真题题库，并记录测试档案，后续持续动态优化。

最后再根据考试复习全周期管理，按不同阶段进行考试测验，强化学习效果，获取全网数据，显示学员测验的评分排行榜。更为重要的是，系统会将学员对各个知识点的掌握程度，按照正确率、耗时效率等指标做立体的分析展示，让学员清晰地知道自己的哪些知识点薄弱，并给予再次学习哪一部分内容的建议或提供求助教师等专属解决方案。系统也可以横向对多个考试科目做交叉分析。总之，系统会让学员对自己的学习情况了如指掌，这样才可以有的放矢地优化。

以上的形式可能是未来众多教学形式的一种，也可能是该形式在不同机构中还有新的变种，但其核心是机构可以借鉴技术工具和服务的全方位发展，无限逼近于实现自己产能状态下的最优解。

2. 技能类展望

对于大部分技能类培训机构而言，其核心是帮助学员掌握某方面的技能,并通过学习技能后的应用达到预期的实践效果或目标。对于很多技能,其直接面临的刚需场景就是就业和赚钱,范围再大一点的场景就是自我提升。未来的在线教育除了在课程授课形式方面得到优化外,还可以更多地和技能的结果导向对齐。

下面我们以企业管理中的销售技能课程为例,进行分析。

现在我们的线上销售课程一般是怎么授课的呢?大部分是理论型的宣导,教师通过视频、直播或音频课程,给学员讲解销售有哪些方法论,需要洞察哪些人性的弱点,讲师自己是如何做销售的,有哪些经验可以借鉴等。由于学员基本上来源于不同行业,而且销售提供的是一系列个性化、非标准化的服务,所以没有办法像解题一样做出明确的培训和考核。但事实真的是这样的吗?是不是没有更好的办法了?

其实,仔细思考一下,不见得如此。笔者觉得未来布局实践在这两个方面就会有很大程度的改善:一方面在整个工作系统中做场景化的还原;另一方面从实际技能反馈视角来验证学习效果。

1) 场景还原

如何还原?为了更好地还原真实的组织场景,教师让报名的销售在课程中也按 CEO—销售主管—销售经理—销售人员这样正常的组织架构去建立,根据学员情况直接组织成一个新的虚拟组织,并在线上形成对应的组织关系。

这个组织有对应的虚拟销售产品、销售虚拟金、成本管控、财务管理等,在这些学员推进线上虚拟销售项目的过程中,都会安排对应的学习教练进行指导练习,提升学员具体业务场景中的能力,并给予及时反馈。教师还会设置每周直播的复盘,而且由于有较强的真实性,在一定程度上还原了对应的社会压力,也激发了学员的内在学习动力,可以让学员主动参与进来,并且和其他同学一起体验真实场景中团队作战的快乐和困难,使其学习效果大大提升。当然,这对于教学者课程设计的基本功和业内知识体系的洞察要求很高。

2) 技能反馈验证效果

对于此类企业管理培训而言,最难的是做后续的应用跟踪,学员理论学得头头是道,但一应用起来就有各种问题,然后继续学习更多更新的理论,陷入学习怪圈。所以,我们需要对实际技能的应用做到相对准确的反馈。

回到销售课程这个例子,销售在线上课程的虚拟项目中也需要做各种和实际场景一样的工作,例如销售计划的制订、销售 pipeline 的管理和质量评估、销售流程的确认、客户生命周期管理等。然后,机构通过量化的数据指标和构建的业务场景来进行实际反馈,让学员在一些落地细节中也能得到相对准确的反馈,而不是悬在理论层面上。

与此同时,机构也可以让学员根据自己的业务情况,提交具体的实践技能反馈列表,然后机构根据具体情况,可以通过在线文档、语音、视频电话、系统等形式跟进反馈,直到学员基本达到预期水平。这样通过延长教学服务到实践产出的关键环节,学习会更有针对性,也更容易获得良好的口碑。

总之,技能类的需求场景比较多样化,所以需要结合实际应用场景需求来做课程开发。这样虽然前期课程开发投入成本较高,但只要解决的是真需求,就一定会受学员青睐,也可能成为机构的竞争优势。

3. 兴趣知识类展望

兴趣知识类课程的学习应该是最灵活、最个性化的,也是最容易创新的。现阶段兴趣知识类线上课程的教学普遍还是用普通的方式教学,没能结合兴趣具体场景发挥出最佳的教学效果。

我们知道,不少常见的兴趣知识类学习是需要依托工具进行的,例如球类学习、乐器学习、手工手艺学习等。它们往往难以在线上学习得到精准反馈和有效提升的原因是,教师对学员学习后的应用没有办法触及和反馈。最常见的也只是靠视频直播反馈,但视频直播的细节处理程度非常有限。

下面以兴趣知识类常见的钢琴线上课程为例,进行分析。

例如，学习钢琴需要同时关注学员的坐姿、指法、表情等，这对直播的机位协调和画面呈现要求非常高，而且绝大多数学员无法具备和机构一样专业的设备条件。

但未来的设备可以比较轻便，以实现学员动作捕捉回传，然后教师通过在线系统直接反馈。或者通过全息投影类技术以及借助脑科学对大脑创造的积极偏差，对实时教学进行虚拟呈现和交互反馈，甚至通过高性能传感器帮助工具和学员的交互做到准确反馈等。这些场景可能重新定义工具类教学，且在未来都有可能发生。

以上是笔者对不同类别的教培类目进行的初步展望，而实际上未来的应用场景要远比以上案例多得多。但无论如何，机构都需要多关注技术的变革，当然，更重要的是从行业和学员需求出发的技术变革。

接下来再论述一下，有哪些重要的教学理念对未来在线教育有深远的影响，笔者会重点介绍以学员为中心、在线协作式学习、线上线下深度融合(Online Merge Offline，OMO)的发展、游戏化教学四个部分。

以学员为中心

如前文提到，现在的教育基本上是以技能、知识为中心，而不是以学员为中心。在未来"以学员为中心"的教学模式会得到更普遍的认可。

笔者认为未来应该构建一个自适应的智能学习系统，以学员为中心，其中教师、学习内容、学习节奏等都是个性化、多元化的。

1. 教师的变化

教师的角色将变为学生自主学习的指导者、陪伴者，教师传授知识的时间会减少，会通过技术最大化实现教学内容的覆盖和整合，而个性化指导、陪伴、作业反馈的时间占比会提升。教师也会花较多的时间设计、打磨"学员主导、高效学习"的各种实践、特色类型的课程。

2. 学习场景的变化

学员学习在未来会更具自发性，学习时间和场景也会更加灵活，学员的主动性会随着机构教学的科学设计以及智能系统的优化应用得到进一步提高。学习目的和诉求也会更加多样化。

3. 学习内容和节奏的变化

和以往千篇一律的教学方式不同，以学员为中心的教学方式，应该根据学员对内容的掌握程度、学员的学习进度来推进教学节奏，教育专家朱永新先生在其《未来学校：重新定义教育》一书中提到未来学习形式时说道："每个学生可以自己来制订学习的计划，确定学习的节奏，定制学习的内容。"学员可以参考系统的测评和推荐来选择适合自己的教学内容和产品。

4. 学员终身学习档案

类似于个人信用积分一样，未来会围绕学员有一套学习积分体系，可以终身构建和更新，也就是说，学员学习办公软件课程和烘焙课程，都可以获得对应学习积分，形成学员个人的"知识积分体系"，未来进一步可以和人才中心、就业单位等进行联动，成为人才衡量的重要参考。致力于建立"终身在线学位平台"的 Degreed 就在做类似的事情，他们建立了一套学分系统，支持上千门技能证书认证，并对接就业市场，在职业市场中形成了较强的影响力和认可度。

在线协作式学习

为什么本书把在线协作式学习拿出来重点讨论？因为我们之前所介绍的教学互动大多建立在纵向的师生之间，优化方案也基本都是想办法让学员和教师之间的互动更加高效、及时，想办法通过技术提升双方的交付效率。

但事实上，在学员学习的横向层面，即学员和学员之间也同样有待进一步提升的空间，而目前大部分机构都忽视这种在线协作式学习发挥的效力，或者说没有找到合适的方案去落地。

那到底怎样才算作在线协作式学习呢？根据研究在线协作式学习的专

家，加拿大西蒙弗雷泽大学的教授琳达·哈拉西姆博士在其文章《协作学习理论与实践》中的介绍："在线协作式学习既是一种在线教育理论也是一种在线教育教学法，它强调在教师或知识社区成员的指导下小组讨论和团队合作的重要性，以及需要知识社区成员能清楚讲解如何构建本学科知识、探索创新以及解决问题。"

通俗一点讲，在线协作式学习需要有教师或者学员作为引导角色，引导学员以线上的研讨、辩论、角色扮演、头脑风暴等方式作为主要的学习手段来开展教学活动，当然这需要机构结合课程和学员情况做专门的课程和机制设计。这样做的好处有两个方面：一方面，可以提升学员的参与度和到课率；另一方面，可以激发学员协作效应的势能，产生学习增量，获得更好的学习效果。

从目前了解到的情况看，国内机构学员的到课情况并不是很好，国外的Udemy、Edx等平台也遇到了同样的问题，而在线协作式学习可以很好地利用团队力量、协同效应有效提升学员参与度。

1. 具体怎么做

例如，可以建立分组讨论群，让学员围绕知识点或学习主题进行讨论，或分享学习资料一起学习。通过小组分工，学员可以围绕某一学习主题进行项目输出，如产品培训可以输出原型图，企业培训可以输出商业画布或PPT等。

还可以借助团队整体激励来提升小组学员学习的主动性，有效的有排行榜、奖学金激励等。那教师发挥的作用是不是就很小了？其实不然，教师需要全过程参与和引导，保证学科的核心概念、学习实践标准以及协作目的原则等都按预期有条不紊地开展。如果简单地让学员之间互评，学员是没有相对准确的标准来判断的，而且有的会把协作式学习当成任务交差，不能很好地达到激发团队学习价值的目的。

短期来看，这种在线协作的模式广泛普及有一定难度。一方面，从协作形式和学员主动性上来看，二者结合并没有那么容易，对学员的配合度有一定要求。另外，大部分学员认为自己是花钱来找教师学习，而不是找同学一起来学习的，尤其是非传统学校的机构，本身就侧重商业服务，让"顾客"自己做那么多事，确实有点难度。

但从长期来看，对学员有帮助的学习形式就要用。一些少儿类的、有明显个人 IP 类的机构推动起来相对容易一些。前期机构在环节设置上要有一定的多元性，可以先在部分环节中开展在线协作学习模式，然后就具体实际情况来进行拓展和深入。

2. 在线协作学习和 PBL 的结合

在线协作式学习也可以和项目式学习(Project-Based Learning，PBL)法结合起来使用，会更容易推进。PBL 法也叫问题驱动学习法，源于医学教育，早期主要应用于解决医学实际问题的场景，是以学生为中心，以解决问题为目标的学习方法。所以，此时在线协作式学习会更好推进，因为协作小组的团队目标感变强了，大家共同解决目标的动力就会更强。

尤其对于技能类和兴趣知识类，机构可以通过以问题为学习的起点，围绕如何解决问题来进行小组协作式学习。同时在以学员中心主导解决问题的过程中，教师作为教练在关键环节进行引导和梳理，帮助学员团队走对关键路径，最终小组讨论分析，协作解决问题，教练进行评价且学员进行小组和自我评价。项目式学习简易流程如图 9.2 所示。

图 9.2 项目式学习简易流程

这些环节看似简单，想做到高标准却不容易。整个过程中需要考虑的方面太多，例如问题的提出是否合理，一个好问题既要在尽量保证真实性的前提下有明确的待解决点，又要有充分的发挥空间挑战，而且项目制学习并非完全开放式的，教师需要参与进来，帮助学员进行项目设计及给予指导；小组成员搜集信息的能力，也会在某种程度上决定问题解决的层次；还有在线协作讨论的质量和频次等方面，都需要有较好的制度和落地，如此才可能让项目式学习有效实施，也才能发挥出其和在线协作式学习的协同作用。

笔者用曾经负责过的一个基于 PBL 的在线协作学习的案例来做简单说

明。该项目想解决的问题是：如何提升企业线上化培训的内容丰富度和培训效果。在了解项目背景和目的之后，各学员根据各自擅长组成了 5 个在线协作式的小组，每组 4~5 人，然后笔者在线上和大家进行项目介绍并做一些重要的项目提醒之后，各小组就着手收集资料，目的是想通过一套实际的线上化产品的雏形落地来解决问题。

各小组各自分工准备，然后中间不定期讨论对齐，笔者也会在他们每个小组的社群及线上会议中观察他们的准备及讨论工作，并给予建议，但学习的中心、解决问题的驱动力是在于他们自己。在此期间，他们为了充分了解到企业线上化培训在内容方面的诉求和"痛点"，会在不同类型的企业找到 HR 接口人、员工、培训师调研，并找到行业专家做访谈；也会充分了解市场相关产品的行业现状及产品模式；还会学习培训、产品、运营、商业相关领域的各种知识。

最终经过团队两周时间的在线协作，各小组分别展示自己的项目成果和产品，他们分别给出了他们认为最优的企业培训平台的产品和运营方案，来回答最初驱动他们行动的问题，并表达了在此期间他们的感受、心得和收获，笔者作为该项目的教师也针对每一组的作品展示和学习过程给予了反馈与建议。虽然该项目的整体时间只有两周，但各小组学员进步很大，他们基本上了解清楚一个商业化的企业培训产品如何实现落地，并能实现产品价值，解决实际问题。

其中，有的学员学会了用 PEST 模型做市场分析，有的学员学会用商业画布洞察一款真实产品的商业价值，还有的学员通过大量真实的用户调研，发掘到了用户需求的重要性；有的学员通过绘制流程图、原型图来实现产品原型，并反复在视觉设计上打磨，期待能给到用户良好的体验；还有的学员学会了如何构建运营的北极星指标等。这其中难能可贵的是学员形成了自己探索商业产品满足用户需求的视角，并可以用自己亲手设计出来的产品进行验证。

通过以上的案例我们可以发现，PBL 项目式学习会让我们自发地去探寻解决问题的方式。就像 PBL 专家苏西·博斯所著的《PBL 项目制学习》一书中提到的："从实践中学习作为一种学习方式，它不仅增强了学生的学习积极性，同时也提高了学生解决问题的能力和高阶思维能力。" 还有非常重要的是，PBL 和在线协作学习的结合，会帮助学员感受协作的能量，互相取长补短，为小组的价值最大化共同学习进步。

OMO 的发展

线上线下深度融合(Online Merge Offline，OMO)的提法在近几年才出现，背景是基于对共享单车、新零售等行业快速兴起的讨论，并逐渐衍生出其他行业，包括在教育行业的渗透。

为什么需要进行线上线下的深度融合？

一方面，从线上来讲，头部在线教育机构的获客成本在快速增长，而且人们对在线教育的学习效果还处于逐步认可和接受的状态。另一方面，从线下来看，线下教育门店成本高、扩张难度大，规模有限，而且 2020 年的新冠肺炎疫情又极大地加速了线下机构对线上融合的认同。但线上线下的融合是一个动态过程，它不是一蹴而就的，接下来，我们分别从线下融合线上、线上融合线下、成熟型 OMO 模式 3 个视角来分析，现阶段的 OMO 是如何进行的，以及未来成熟型的 OMO 是怎样的。

1. 线下融合线上

在某种程度上，现阶段的 OMO 更多是指线下教育机构的线上化，也涉及很多线下机构常提到的难题："我们到底该怎么转型线上？"

想要转型其实没那么简单，对于大部分机构而言，最应该先做的就是思维转型，也就是思维上的融合，这是最重要的。很多线下机构想要拥抱变化，尝试线上，但从来不去了解线上到底是如何完成 0 到 1 的招生、续报。他们当初也是花了很多精力把线下一步一步做起来了，但对线上就没有对应的耐心和精力投入，最终大部分的机构都是一边忙着自己的线下，一边抱怨着线上不知道从何下手，白白错过了时机。

虽说线上和线下都要考虑流量、成本、转化、投入产出，但这些指标的含义、重要性对于线上和线下而言，有很大的不同。所以要想转型的线下机构应持空杯心态，去学习如何做好线上，再去结合自己的优势，做好线上线下融合。

一般线下机构常见的融合有三个方面，由轻到重分别是流量、转化、产品和服务。没错，就是我们在前文提到的在线教育运营"三板斧"。

1) 流量线上融合

流量融合是指线下机构的流量线上化，初步是指可以通过线上渠道拓流。这对于机构而言成本最低，最为方便，也确实可以有效参与到在线教育运营环节。其实机构早期做线下时使用的 SEM 投放就是比较典型的模式，但对于后续的信息流广告等付费广告的合作模式，不少线下机构就没有跟紧脚步。另外，免费流量也是同样的情况，不少国内的线下教育大品牌也是到了 2020 年才开始布局短视频内容流量，更别说利用各种线上的成熟工具来获客了。

线下机构需要注意的是，要想办法在线上获取流量，而不是机械地把线下的流量搬到线上来交付，因为这个过程本质是不产生增量的。所以机构要通过社群裂变、新媒体免费流量、付费广告等方式来获客，也要通过流量分类、二次分发来提升线上流量获取的质量，这样才能算在流量方面做了线上的融合。

2) 转化线上融合

沿着线上流量融合的逻辑，机构获客后可以直接在线上转化学员，让其购买系统付费课程。不管课程是在哪里开展，确定购买关系这个过程是在线上进行的，这和流量是紧密联动的。这也就意味着线下机构需要拥有在线上进行各种各样的活动运营、转化的能力，拥有了这样的能力，机构才能说做了转化的线上融合。

这两方面看起来简单，但和线下有较大差别，运作模式和对应人才需求都是不同的。所以线下机构需要花心思、投入人力和财力跑通线上线下这两种模式，要把线上运营起来，然后再去做深化。可以先通过某一科目、某一品类、某一教师做尝试。

3) 产品和服务线上融合

除了流量和转化上的融合，本质上，线下机构还可以在课程和服务体验方面进行融合，慢慢地，把线上也做成核心体验交付环节中的一环。例如，我们了解到的线下线上双师模式，线上名师通过视频、直播或 AI 教学讲解内容，线下教师做辅助答疑和作业批改。还有些机构是线下授课，但是在线上完成并交付作业，或者借鉴智能评测工具来减轻教师的负担。

还有比较典型的就是一些理论和实践结合的课程，融合得会更加好。例如，教授电气、汽修、工业编程等学科的机构，在线上通过小班直播学习核心知识点，并在线上打卡交付作业和分享汇报，等到成绩合格后去线下进行一个月左右的实操训练，最终毕业时机构会颁发机构证书和线下推荐就业。

再进一步地，有的线下机构想把全部或者部分学科全部转到线上，这个时候就要对前文提到的流量、转化运营、课程服务做系统规划了。简单来说，这就意味着完全线上化的部分要有独立的营收。

本书要强调的是，由于从线下到线上学员的心理和学习场景都发生了变化，这就要求机构不是简单地对人力和课程进行复制，而是需要系统地满足需求。甚至机构要重新招聘人才组建团队，重新开发课程，包括借助数字化教材、题库等，不断校验打磨，和线上学员做互动确认，对在线上的教学场景进行从 0 到 1 的实践，才有可能全面转型成功，否则机械的搬运是没有灵魂的，也没有市场。

2. 线上融合线下

线上机构同样也可以通过线下的渠道或方式来做融合。例如，有机构研发出线上名师 K12 的视频课程，然后在四线、五线城市招募城市负责人，并由其负责线下场地、采购设备和教具、招生等，就可以为当地学员提供优质的线上名师课；也有机构通过线下体验店的方式引流，当面转化，然后在线上完成交易；还有机构采用零售等传统行业常用的分销商模式，通过对代理商的分级管理以及代理商渠道的优惠激励，来实现线下对线上的流量及付费拉动，这些都是线上内容在线下获客获益的方式。

随着在线教育在非一线、二线城市的普及以及线上获客成本的不断增加，线下的代理、加盟等传统的形式还会持续发挥作用，甚至有的机构会依托线上内容和品牌在线下做相关多元化的战略布局。还有诸如 B 端合作、高校合作、线下学科业务结合等都会有进一步的融合，而不是绝对意义上的只经营线上。在产品和服务体验方面，线上机构也有很多可以向线下机构学习的地方，例如学习场景感的营造、同学关系对学习的促进作用等。

3. 成熟型 OMO 模式

不管是线上融合线下，还是线下融合线上，机构融合的动机一定是整体利益相对最大化的，所以每家机构会有属于自己相对成熟型的 OMO 模式。成熟型 OMO 模式，如图 9.3 所示。

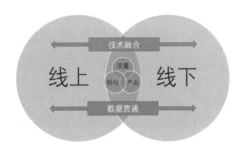

图 9.3 成熟型 OMO 模式

笔者理解未来成熟型的 OMO 模式应该是在流量、转化、产品及服务方面都进行了深度的融合。那深度的标准又是什么？深度的标准一方面要依托于垂直行业的特性、资源来参考，另一方面要结合机构在流量、转化、产品及服务的融合收益来看。所以不同类型机构的"深度"融合是不同的，但所有机构深度融合有个必要条件是"数据贯通"，即线上线下在流量、转化、产品和服务各环节的数据要融通，这必然涉及传感技术、人脸识别、图像视频分析等一系列技术的融合，这样线上线下交互的场景才能真正智能化起来，OMO 模式的纽带才能被真正建立起来。另外，这种融合也是动态的，线上线下在流量、转化、产品和服务方面的融合程度和占比也会动态发生变化和更新。

从长期来看，随着硬件技术、AI 技术、大数据应用的快速发展以及学习场景的深化，以及实教学、教研、管理等多维度的数字化，相信未来 OMO

模式有可能实现真正的随时随地高效学习，线上线下数据一体化的"零成本"学习模式。

游戏化教学

在充分探讨游戏化教学之前，先对游戏进行一个简单的了解。

从小孩子们玩的捉迷藏、过家家、荡秋千，到成年人玩的各种竞技类的游戏，再到老人们玩的下象棋、打麻将，游戏给我们的生活带来了无数乐趣，游戏基本上会贯穿人们的一生。我们如此离不开游戏，也难怪历史学家赫伊津哈将"游戏人"列为与"理性人"和"工具人"同样重要的概念。而且游戏的历史远比我们想象的久远，考古学家在中美洲发现了距今有 5000 年历史的筛子记分牌的圆孔，这可能是人类最早的游戏活动的证据。

游戏到底有何魅力，让我们如此着迷？

Malone 等学者认为，人们对游戏乐此不疲的原因是游戏激发了人们的深层内在动机，这些动机包含挑战、好奇、控制、幻想、合作、竞争和自尊。

作者互动 请你把 Malone 列出的每个动机，用游戏的例子来做说明解释。

也有不少研究者认为，人对游戏着迷的状态和心流理论所描述高投入忘我的状态比较吻合。米哈里先生在其代表作《心流》一书中对心流状态进行了描述：当你进入心流状态时，你所有的注意力都集中在当下的任务状态中，所有的心理能量都集中在这里，如同流水铸龙，晶莹剔透，势如破竹，极度地享受和充满能量。相信不少经典的游戏都能给人带来这样的心流体验。

笔者认为游戏最厉害的地方在于，它营造了一个充满一系列挑战目标的系统环境，这个系统环境通过大量细分的明确目标，激励游戏者乐此不疲地挑战，并能及时地给予游戏者准确的反馈；而反馈可以激励游戏者进一步挑战更复杂的目标,让游戏者在用自己双手打拼出的虚拟环境中沉浸。尤其是这些目标又由于许多游戏者的参与而变得更具竞争性和社交性,这让目标变得更具挑战性、趣味性、成就感。

作者互动 请你用前面提到的马斯洛需求层次理论分析一下,游戏满足了人的哪些需求,具体是如何满足的。

那什么是游戏化教学呢?我们基本上可以把游戏化教学理解为将游戏思维和机制应用到非游戏场景中来。那具体怎么做呢?我们可以从两个方面进行探讨:一方面是偏轻度借鉴的教学游戏化设计,另一方面是借鉴得比较彻底的教育类游戏。下面我们对这两个方面进行逐一讨论。

1. 教学游戏化设计

早期的游戏化设计应用基本是在游戏化元素的借鉴方面居多,例如借助游戏角色、动图、配音等游戏元素的简单交互来加强教学的生动性,尤其是在低龄化的教学中应用比较多。但随着技术和游戏应用的发展,这种单纯借鉴游戏元素的方式发挥的作用有限,相当于给苦涩的学习裹了一层糖果外衣,影响得不够透彻,需要进一步借鉴游戏化的思维或机制才能发挥更大的作用。

谈到游戏化思维,笔者首先想到的一个例子是 20 世纪 90 年代的时候,国内风靡一时的学习机。那个时候大部分人还不会用电脑打字,为了和未来接轨,很多家长都给孩子买学习机让其学习打字。

笔者记得其中有一个应用游戏化思维教学的场景就是,在规定的时间内,屏幕上装着字母或汉字的气球会在你输入正确的时候破掉,与此同时会积累分数,速度越快分数越高。虽然这个设计非常简单,而且小孩子很快就把兴趣转移到游戏卡带里的游戏上,但至少从学打字这个过程中来看,游戏化设计的良苦用心还是没有白费。笔者盲打的手速就是在那个时候玩这些游戏练出来的。

应用游戏化机制再系统一点的是"少儿编程之父"米切尔·雷斯尼克和

其团队开发的 Scratch 编程语言及在线社区平台，还有挪威的游戏化学习平台 Kahoot、印度的 Quizizz 等。它们都是非常好的游戏化设计教学平台，平台会提供游戏元素来与学习过程中的各种测验和及时反馈结合在一起，让学生轻松、有趣、高效地学习。

1) "学习的远征"

下面要重点介绍的是在简·麦戈尼格尔的经典著作《游戏改变世界》一书中提到的"学习的远征"（Quest to Learn），这是一种通过游戏化思维来对教育进行设计和改革的项目。

美国一所特许公立学校是全世界第一所专门建立的以游戏为基础的学校，主要针对 6~12 岁的学生，学校获得了比尔·盖茨等基金会的资助。其课程是由耶鲁大学教师、教育局管理人员、游戏产业资深从业者、儿童教育专家等组成的联合小组共同设计规划的，覆盖了普通学校都有的数学、外语、物理、化学、生物、历史等学科，但不同的是学生从早到晚都在从事游戏类的活动。

以英语课为例，学生们每完成一个任务就会得到点数作为成绩，且能获得对应的称号，如"故事大师""写作大师"等，可以一路升级到顶级。而学生在某个方面有很强的积累后，可以升级自己在"专业技能交换"中的某方面资料，进而可以让别人通过社交系统找到你，促成合作。

这种尊重就像心理学教授简·M. 腾格在《我一代》一书中提到的："我们希望别人不是因为'我们是什么人'而尊重我们，而是因为我们做了某些真正重要的事而尊重我们。"学生们从小通过做出贡献而建立的自尊对于他们的成长太重要了。

学校里还有一个名叫"贝蒂"的虚拟人物，学生们可以和她互动，互动些什么呢？主要是让学生去教贝蒂，去详细地展示解决方案和步骤，直到贝蒂明白。贝蒂就相当于一个测评软件，会有各种不明白的特定问题，学生需要教会她。不难发现，这个学习场景充分应用了我们在科学学习方法里介绍的"费曼技巧"。

除此之外，还有秘密任务、点数升级等详细的游戏化设计，旨在给学生营造一个发展自己、解决问题、不怕失败的学习环境。据后续报道,其第一届毕业生中不乏被耶鲁大学、麻省理工学院等美国名校录取的学生,且部分学生反馈学校教学让他们的思维变得更加严谨,也更具启发性。

2) 八角理论

其实,每一个游戏化理念的应用,背后都有对应的心理学和行为学的支撑。本书借鉴 Yu-Kai Chou 在其代表作《游戏化实战》中介绍的八角理论,帮助我们洞察游戏化背后的原理及应用。《游戏化实战》核心驱动力整理,如表 9.1 所示。

《游戏化实战》介绍了 8 种游戏背后的核心驱动力,简单来说就是使命、成就、创造、拥有、社交、稀缺、未知、逃避。表 9.1 对这 8 种核心驱动力也做了对应的解释,从游戏的视角也比较好理解。本章还重点补充了教学游戏化设计方面该如何借鉴的部分。

表9.1 《游戏化实战》核心驱动力整理

核心驱动力	行为学解释	游戏行为	教学游戏化设计参考
使命	人们需要意义来强化自驱力,提升存在感和参与度	英雄之旅类的游戏,需要靠游戏角色拯救世界	角色融入,少儿编程闯关类学习
成就	人们会因为游戏里的强大,将自信心迁移到现实生活中	进度条、勋章、积分、排行榜等	进度条、勋章、积分、排行榜等全方位应用
创造	自主选择的权利	钢琴楼梯、英雄打造、自定义路径设定等	垂直行业整合,项目式学习
拥有	人类想要增加、保护自己所拥有的东西	兑换积分、收藏集等	学习积分兑换奖励、周边等
社交	我们的行为会受到他人言论、行为等的影响	多人在线网络游戏、兴趣小组、师徒挑战、分享点赞、社区等	在线协作式学习,兴趣小组

续表

核心驱动力	行为学解释	游戏行为	教学游戏化设计参考
稀缺	稀缺会带来渴望，物以稀为贵	充值付费、限量发售等	"大咖"一对一限量指导名额，专属VIP教学限量礼包
未知	未知会激发人的好奇心	变频变量的随机性增强了游戏的探索趣味，如彩蛋、随机盒子等	神秘学习任务
逃避	人人都害怕失去，沉没成本	倒数计时器、折扣促销等	巩固学习奖励

（1）使命可以帮助人们找到存在感和意义。此类的教学设计像少儿编程中存在角色扮演类的就可以借鉴，通过《西游记》《葫芦娃》《蝙蝠侠》等英雄拯救路线来实现游戏化的设计和学习。

（2）成就驱动力应该是可以从游戏中借鉴最多的部分，因为不管是游戏还是教学或是其他，人都需要通过成就感来获取自己的存在价值。而且这些成就感在游戏中通过游戏反馈可以及时获得，通过进度条、勋章、积分、排行榜这些应用非常广泛的方式，极大地提升了游戏者的参与度。

同样，教学上也可以通过围绕核心知识点的学习，以进度条的形式及时反馈；而通过多线任务可以获得多样的勋章、奖牌，来激励学员多方位巩固学习任务。积分、排行榜更能直观地对学员的学习成果进行横向对比，我们通过学习时长、准确率、答题数量、解锁知识点数、掌握技能等指标，可以构建合理的排行榜激励学员不断竞争，提升学习效果。

（3）创造，更多的是体现人们自己所拥有的选择权，人们可以在游戏环境中构建自己的模式。教学中，我们同样可以给予学员充分的空间来让他们在沉浸式环境中创造。例如，基于某个实际教学问题，学员可以通过扮演多个不同角色来感受不同的解决方案，把选择权交给学员，我们需要对空间做一定的个性化设计。

(4) 拥有，行为学告诉我们，人们总是想要增加或者保护自己所拥有的东西。所以在教学设计环节中，我们可以借鉴游戏中常见的积分累计、勋章获得等让学员获取学习周边、福利等权益，提升其在学习中的投入度。

(5) 社交和游戏在某种程度上是互相成全的，在有些场景中，游戏即社交，社交即游戏。那学习呢？学员之间完全可以通过线上的兴趣小组来进行社交激励、解决问题等。而且答题可以和积分、排行榜等做融合应用，也可以借助趣味项目来发挥社交价值。

(6) 稀缺，其实在游戏场景中，稀缺在不少情况下都是以营销场景出现的。教学设计中也可以借鉴，例如通过游戏化场景达到一定的教学标准，可以解锁相关福利，如"大咖"教师个性化一对一辅导或专属教学礼包等。这些福利可以结合教学科目来设计。

(7) 未知会激发人的好奇心，凡是有好奇心就有可能参与。一些经典游戏中的彩蛋、盲盒设计等，非常受玩家欢迎。在教学设计中，我们也可以给一些做特殊任务的学习者设计一些特殊的题目。例如 K12 学科类有学习者解锁了隐藏任务，就可以获取一次解答奥赛题目的机会，并有机会获得奥赛勋章。这种模式通过复杂设计或频次限制，可以让学习者更加投入。

(8) 逃避，更多讲的是沉没成本，人们不愿意轻易失去已获得的，所以我们可以设置一些巩固学习的活动或者方式来获取学习者更多的学习时长。例如有些语言学习类的游戏化设计软件，学习者都是通过每一个教学周期来巩固自己的段位的。如果背的单词或学习量达不到对应标准，段位就会下滑，所以学习者会尽量在能力范围内持续学习，至少要做到保持原有段位。

以上就是基于游戏化八角理论的教学应用，更重要的是给机构一个教学设计的参考维度，具体如何做好，需要结合具体科目、机构实际情况而定。对于游戏化设计的实施，尚俊杰教授在其《游戏化教学法》一书中对教授、练习、总结、复习等教学各环节，以及不同教学模式下如何应用游戏化设计都进行了比较详细的介绍。尤其是对于 K12 低龄阶段的教学，很多方法可以直接借鉴。

3) 心流的应用

另外，前文提到的心流概念在游戏化教学中也可以得到很好的应用。米哈里提到过心流的几个成因，包括注意力、目标、即时的回馈、全神贯注、达到忘我的状态等。只要我们所设定的游戏化学习模式可以让学习者沉浸其中，全神贯注地学习，拥有清晰且与能力比较契合的目标，并即时获得反馈，让熵值最低化，内心高度秩序化，那么通过在线教育的游戏化学习，学习者完全有可能获得很好的心流体验，这样的设计会让更多人享受学习的快乐。

严格意义上讲，心流理念的应用不局限在游戏化设计，它既可以作为教育机构研发课程和教学设计的参考，也可以作为在线教育产品的奋斗目标。每一位教育行业的从业者通过他们提供的产品或服务，能让学习者产生更多由这种学习所带来的心流体验和幸福感，想必就是每一位从业者最大的福祉了。而且随着未来 VR/AR 技术的发展，会有更强的心流体验，更好的游戏化设计应用和更好的教学模式出现。

2. 教育类游戏

在教学设计环节中进行游戏化思维的应用，可以借助游戏化来提升教学的趣味性、活跃度等。但如果有比较明显的教学场景，再进一步地，我们可以把这种思维和机制应用得更深一些，做成教育类游戏。

《Metaari：2019—2024 全球教育游戏市场研究报告》的测算显示，教育类游戏目前在全球处于快速增长的水平，其中当前早教类、认知类、角色扮演类、语言类游戏的收入排在前 4 名。

格雷格·托波教授在其经典著作《游戏改变教育》一书中，分享过一款名叫《美国任务》(Mission US)的免费游戏。游戏邀请孩子们通过角色扮演，化身美国历史关键时期的青少年，了解当时的历史环境并参与决策，从而学习美国历史。

因为游戏是免费的，注册也比较简单，所以笔者也体验了一下游戏，发现不管是游戏配乐、游戏环境的渲染、历史关键事件的介绍、交互体验和细节，都有非常好的代入感。游戏让笔者扮演一个美国历史的参与者，通过执行任务，笔者不仅在游戏中获得了成就感，也一并学习了历史事件、关键名词(都会有专属解释)。

这种游戏化的设计，把那个时代的人、物、环境刻画得非常逼真，而且通过角色扮演亲身参与，不仅不枯燥，高还原度和强沉浸感还大大增加了孩子们学习历史的投入度。游戏中还会涉及对孩子们的价值观、政治信仰、经济环境、市场交换、个人性格等多方面的教育，让其在历史、社会中快速学习和成长。

这款教育游戏能把历史教育做到如此立体、丰富、高价值，是值得我们学习的，实际上从功能技术视角来看，国内完全有能力制作。美国短短几百年的历史尚且如此，我们中华民族五千年的兴衰荣辱，若能做成一款普及性强的、喜闻乐见的历史教育类游戏，相信要比现今大多数学校或教培机构，通过教学生如何用各种记忆技巧背历史考试条目来得更直观、更深刻，也更有价值和意义。当然这也和国内的游戏商业模式、版权环境、教育或功能游戏的结合度、专业内容方和渠道方的高效整合等都有关系。综合来看，路还很长，但未来可期。

此外，还有一些行业已经上市了一些口碑还不错的教育类游戏。例如汽车类的《自动化：汽车公司大亨》，专业度就非常高，让你可以通过游戏了解每一个汽车的功能配件是如何发挥作用的；还有 Production Line 将汽车建造、流水线生产、市场方案等做了全面化的呈现，对于汽车爱好者、汽车行业从业者来说都是一个系统、有趣的教学产品。

笔者前文提到的汽修培训，也有比较不错的汽修类教育游戏。例如《汽车修理工模拟》，里面涉及对汽车的诊断、维修及模拟运营，既能让学习者体验到接近真实状态的维修过程，像更换机油以及检查滤芯、制动器、轮胎、刹车片等实际过程中的操作都会覆盖。而且和现实修车需要对模糊点进行判断的情况一样，学习者也需要通过经验的积累来寻找并解决问题，最终要达到客户的要求。游戏也不会太过烦琐，影响游戏体验，而且为了提升游戏探索空间，学习者还可以通过维修、升级改装，打造专属于自己的爱车。

还有团队管理类的游戏《好公司》，它是一款商业经营类的游戏，游戏玩家作为机器人制造业的 CEO，需要通过培养员工、分配业务、流转货流系统、自动化经营等手段来实现企业的最优化经营。

游戏中会通过一些新产品上新、系统优化等运营策略来让游戏玩家更快地了解制造类企业的运营,也会有对应的财务指标供游戏玩家进行分析和参考运营。通过这款游戏,玩家会对生产类企业的运转流程,例如为什么会特别重视物流系统的建设;对技术研发需求的持续投入和成本该如何平衡等问题,有进一步深入的了解,也能感知到创业的不易。

当然,我们希望企业管理类游戏在教学场景上可以发挥得更好。一方面,可以在游戏中通过实际经营给出决策判断后给予业务上的反馈,让玩家进行经营学习。另一方面,可以在企业管理中的一些细分环节中再做深入一些的教学场景设计,例如提供一些公司理念文化的普及、组织升级、销售策略、财务预算、产品理论等实际层面的教学辅导,通过多角色的模式,把教学内容和场景进行更深入的结合,这样呈现的教学价值会更大。当然教学部分的互动比例也要参考游戏大局观和趣味性、游戏受众等方面的要求来看。

其他类目还有很多有价值的教育类游戏,本书就不一一列举说明了。同样前面提到的 8 种核心驱动力也可以用在教育类游戏设计上,因为都是从游戏化实战应用的总结角度来说的,所以在教育类游戏中同样适用。

关于游戏化设计,从借鉴落地的视角,我们简单总结了两个核心点,一个是及时反馈,另一个是场景化。

虽然我们常说学习、教育是个慢功夫,但过程慢和过程中的细节有即时反馈并不矛盾。因为再慢的事情也是由一系列任务组成的,所以教学设计者需要想办法把这个"慢"的过程拆解成一系列可即时反馈的任务,并设计好对应的反馈激励体系。那学员感知这个"慢"的过程其实就是"快"的,因为每一步的互动反馈都让他知道自己离心中的理想状态又近了一步,于是就越投入,从而时间感知越快。

场景化未来一定会越来越重要,场景的系统性越强、"痛点"越明显、探索空间越大,带来的教育价值就越大。《游戏改变教育》一书中有提到比德曼及其合作者爱德华·韦赛尔的研究,他们发现场景越是具有"丰富的可解读性",就会产生越多的内啡肽(让大脑产生愉悦感的一种激素)。因为大脑正在竭尽全力地去理解其所见的事物，并努力将新鲜陌生的东西与其经验相适配。

教育游戏的场景化在设计时就可以充分考虑其冒险性和探索性，给予学习者更大的可解读空间，这样才可以在融合中更好地激发学习者的热情。

而且场景不仅在游戏化设计中重要，在各个视角中都很重要，因为它代表着需求发生和持续加强，是各种形式化的源头。尽管在现在的初级阶段连标准化都很少有机构能做到，但未来在实现标准化之后，机构必须结合新的场景做进一步的深化，这样才能不断推陈出新，促进百花齐放。当然，做好场景化不仅需要机构对学员有更深刻的了解，也需要对科目、行业、人群、行为等有较强的洞察力。

总之，尽管游戏化设计对于教育有非常大的帮助，但游戏化教学不是万能的，或者说想要做到恰到好处是非常不容易的，要结合具体的学科和学习场景来看。不要一味地说自己机构的课程不适合做游戏化设计，但也不要在每个环节都只想着游戏化，设计不当也会产生负面作用。就整体而言，未来的游戏化教学会随着脑科学、AI、VR/AR、智能硬件、大数据等科学技术的发展而发展，相信会有值得期待的应用场景出现。

我们强调游戏化的同时，不要忘了还有其背后的游戏精神。也就是在人类文明不断前行的路上，人们会潜意识地去追寻自我世界的自由，我们要重视这背后的游戏精神，未来可能会有更多的人到达乐此不疲地学习、追求自我的精神世界。

面向未来的三个立足点

关于未来的在线教育，本书不仅在技术方面，还在课程和服务模式创新等方面进行了讨论。虽然当下还有很多困难，但整体上我们对未来在线教育的整体发展持积极乐观的态度。

未来在线教育的覆盖人数会更多，学习模式也会更好，会有更多的在线教育从业者，商业模式也会更加成熟。那么，立足当下的运营，在线教育从业者可以从哪些方面着手准备呢？笔者认为有三个方面需要重点关注。

1. 流量在哪里

教育贯穿人的一生，未来更是会这样，所以作为在线教育从业者，要去了解我们的学员未来可能在哪里，并在两个方面要保持灵敏和果敢。一方面是新媒体，新媒体聚集着最活跃的流量人群，作为从业者，我们要时刻有意识地观察最新的流量产品，了解最新的人群聚集产品是什么。

在线教育从业者一定要保持敏感和果敢，该投入时要快速投入。之前建议机构发力短视频领域，如今布局好的和没有布局的，其流量成本和营收不可同日而语。所以从运营的视角来看，做在线教育一定不是学究精神，用户思维一定不能少。

另一方面是要注意流量场景化，未来的学习场景会更加多元化，流量会更加细分，会渗透各行各业本身的人群中。例如大学生、考证群体会有越来越多的人在备考期间集聚在云自习室，职场人士在酒店通过电视等载体学习职场类课程等。更进一步地，我们需要挖掘所从事行业需求发生的上下游关系和可能出现的新用户场景，结合新的场景拓展新的流量，多一份洞察，就可能会多一群目标用户。

除此之外，还可以关注各种特殊人群的在线教育发展，如军人、老年人、流动人员、残障人士等，他们未来在在线教育的覆盖度上，也有较多的上升空间。

2. 服务有多重要

前文提到，未来的在线教育运营会越来越精细化，所以对服务的效率和质量要求也会越来越高。就中短期而言，在技术无法替代很多功能的前提下，服务价值和服务效率就可能成为核心竞争力。而且服务的外延边界也会不断扩大，包括学前、学中、学后的各个环节，在某种程度上也都会囊括在服务范畴里，这样可以给机构提供充足的个性化和标准化的服务空间。

个性化是强调独特价值的体现，让不同需求类型的学生可以通过机构的特色服务和优势获得个性化服务。这就需要机构的服务越来越精细化、复杂化，而教育在服务满足方面又天然具有多样性，这样可以充分地释放机构服务的艺术美。

标准化是指通过一系列标准来制定运营流程，达成在一定范围内的最佳秩序。但仅做到标准化也还不够，还需要具备规范性、可控性等特质，这些总结起来基本就是我们常提到的工业化思维。工业化思维必然成为未来教育服务的主导思维之一，它会让教学服务产生井井有条的高效率、低误差的工业美，也会加速行业的整合效率，提升机构的品牌价值。

从脑学科的研究来看，左、右脑结合的全脑开发是我们常听到的热点话题。那对于服务而言，左手和右手结合的全栈服务就是未来在线教育的有力抓手：左手标准化拥有逻辑思维的严谨和效率，右手个性化拥有艺术思维的多样和活力。

3. 技术+教育=？

技术和教育的碰撞如今还处于非常初级的阶段，但可以断言的是，新的科学技术应用会是未来在线教育机构生存发展的重要着力点之一，无论是我们前面提到的目前已有一定应用基础的 AI，还是可能在游戏化设计方向发光发热的 VR/AR 等技术。

所以，对于现在有比较好的用户规模和现金流的机构，根据所从事的教学类目，可以多关注并考虑产品和一系列技术的结合，提前布局。当然技术本身还是以服务教学为目的，需要从挖掘用户真实需求的角度出发，否则开发出来的也可能仅仅是为了技术而技术化的鸡肋产品。

无论如何，教育的本心要永远在，未来一定属于那些坚持在自己专业领域反复锤炼、用心打磨的专业耕耘者。他们既有专业的运营技能和优质的课程，又有一颗启迪开明的诲人之心，时刻挥洒着运营的汗水，呈现着教育的美。

本章要点

1. 在线教育技术应用有较大的增长空间，尤其是在 AI 领域的相关技术应用，会给教学形态带来质的优化。

2. 以学员为中心、在线协作式学习、OMO 模式的发展、游戏化教学都是未来在课程和服务方面比较重要的创新点。

3. 面向未来，需要在流量、服务、技术上给予更多的关注，机构可以提前布局，抢占先机。

结　　语

我们做在线教育的初心是什么？除了想获得更好的商业化回报之外，是否也有梦想的力量？笔者一直认为凡是从事教育行业的人，都应该有一些理想主义的情结或情怀，这样做出来的产品才会有温度，有生命力，而不单单是研究怎样获取收益。所以笔者在前言部分也提到，本书旨在追求商业价值和社会价值的平衡。

当然，你可以反驳说好的产品就是最好的公益，而且每一位教育从业者都需要生存，不是只有对情怀的追求，因为这不是一个理想国。

诚然，在商品经济时代这些并没有错。笔者只是想提醒每一位教育行业的从业者，有的时候，回归教育本身，多想想终身学习、优质教育、教育公平的问题，会让我们的思想更开阔，修行更勤勉，初心更坚定。

相信处在信息化时代的每一位教育从业者，都不可否认终身学习的重要性。作为学习个体，我们追求知识上的进化、技能上的精进、品性上的提升，这是一个终身学习的过程。同时，作为在线教育的从业者，我们希望自己能通过终身的学习和成长，为其他人做终身的赋能和助力。

心理学教授卡罗尔·德韦克在她的代表作《终身成长》一书中，提到过成长型思维模式。和认为自己的天分、智力水平、当下的能力等都不会再有所改变的固定型思维模式不同，成长型思维认为一切都有进步和变化的可能。

笔者觉得终身学习是一种很典型的成长型思维，它不仅是对个人，对机构也是如此。机构每多一次成长型思维的精进，就可能多一位忠诚的学员，多一份好的口碑，产生更积极的商业变化，教育也就多一份价值。每多一次以发展的眼光看待学员、鼓励学员，就可能多一颗有潜力的心，多一个有成长潜力的灵魂，教育就多了一份意义。

笔者一直认为"教育是一个国家、一个民族发展的'天花板'",而其中教育的"天花板",在某种程度上取决于教育的优质程度。优质是优秀和品质的结合,优秀是培养优秀的人才,品质除了强调品德方面的培育外,我觉得还应该有产品的品质,即教学是优质的。现行的社会太缺乏优质的在线教育产品,在线教育机构应该有一种追求优质教学的使命,一种反复打磨产品的态度,以竭尽全力地输出最好的教学产品。

而且,社会教育培训机构应该承担起部分培养人才、育人品格的使命来。可能你会觉得,培养人才、育人品格是学校的事,与社会教育培训机构无关。诚然,学校的作用很大,但社会教育的作用也很大,只有全方位、合力地往优质教育方向使劲,才能培养出更多优秀的人才,市场才会更良性,国家也才会更加强大。这需要靠学校和社会教育培训机构共同努力,一点一滴做出来。

笔者了解到确实有这样的机构,坚守自己教育的初心,开发高质量的课程,培养高标准的人才,他们已经潜移默化地影响了行业里成千上万的人,无形中为社会优质教育做出了贡献。当然,这并不是一蹴而就的。但是只要有人坚持做,就一定能带动行业的良性进化。

笔者认为教育应该是公平的,人人都有获取教育的机会,我们也一直在朝这个方向努力。而其中在线教育对于教育公平的推动,无疑作用是巨大的。每次想到在线教育可以帮助那么多不同国家、不同地区的人获取同样的学习资源,笔者就觉得这是一件很伟大的事。在线教育拉近的不只是人与人之间的距离,还有人与知识的距离、人与梦想的距离,甚至人与命运的距离。

每当想到这里,笔者就坚信在线教育的明天会更好!